Frederik Weinert

Hilfe, mein Kind ist ein Smombie

Frederik Weinert

Hilfe, mein Kind ist ein Smombie

Unsere Kids im digitalen Rausch

Tectum Verlag

Frederik Weinert
Hilfe, mein Kind ist ein Smombie
Unsere Kids im digitalen Rausch

© Tectum – ein Verlag in der Nomos Verlagsgesellschaft, Baden-Baden 2019
ISBN 978-3-8288-4266-3
E-PDF 978-3-8288-7171-7
E-Pub 978-3-8288-7172-4

Umschlaggestaltung: Tectum Verlag, unter Verwendung des Bildes
181902792 von Georgiy | www.fotolia.de

Druck und Bindung: FINIDR, Český Těšín
Printed in the Czech Republic

Besuchen Sie uns im Internet:
www.tectum-verlag.de

Bibliografische Informationen der Deutschen Nationalbibliothek
Die Deutsche Nationalbibliothek verzeichnet diese Publikation
in der Deutschen Nationalbibliografie; detaillierte bibliografische
Angaben sind im Internet über http://dnb.d-nb.de abrufbar.

Inhalt

Einleitung

„Immer mehr Kinder und Jugendliche werden in Unfälle verwickelt, weil sie durch ihre Smartphones abgelenkt sind."[1] Das ist keine spekulative Binsenweisheit, sondern das wissenschaftliche Ergebnis einer Untersuchung der Klinik und Poliklinik für Kinderchirurgie des Universitätsklinikums Leipzig (UKL). Ärzte der UKL „haben nun die weltweit erste Fall-Serie von Unfällen bei Kindern und Jugendlichen veröffentlicht, bei denen die Nutzung von Smartphones eine Rolle spielte"[2]. Untersucht wurden Fälle aus den Jahren 2008 bis 2018. Laut Studie sind vor allem Mädchen gefährdet. Eine 16-Jährige fiel durch ein Glasdach, während sie versuchte, ein Selfie zu machen. Einige Kleinstkinder erlitten leichte Blessuren[3]. Die Dunkelziffer dürfte deutlich höher sein.

In vielen Ländern gibt es mittlerweile „Smombie-Pfade". Das sind spezielle Fußwege für unaufmerksame Smartphone-Nutzer. In Vilnius, der Hauptstadt von Litauen, müssen die Fußgänger nicht einmal mehr aufblicken, weil ein Gehweg mit weißen Pfeilen auf dem Boden den Weg vorgibt.[4] Das mag eine geschickte PR-Aktion sein, um als Stadt besonders modern zu erscheinen. Doch die Aktion hat einen wahren Kern, wie ein Blick nach Deutschland zeigt: Kinder und Jugendliche laufen mit Ohrstöpseln durch die Welt, kleben mit ihren Augen am Display ihres Smartphones, ohne die wirklich schönen Dinge um sich herum überhaupt noch wahrzunehmen. Lieber fotografieren sie sich alle fünf Minuten, um die Selfies dann auf Facebook, WhatsApp und Instagram hochzuladen. Mädchen halten das Smartphone in der Hand, wenn sie mit ihrem Pferd einen Ausritt machen. Jungs fahren einhändig Fahrrad, um nebenbei Sprachnachrichten zu verschicken. Das ist nicht nur gefährlich, auch der der Erholungseffekt dieser Aktivitäten ist gleich null.

Eltern gehen mit schlechtem Beispiel voran. Ich erinnere mich an eine Situation in meiner Heimatstadt Passau. Es ist ein schöner Sommertag in der freien Natur. Beim Wandern entdecke ich eine Familie: Vater, Mutter, Tochter und Sohn. Sie alle sitzen nebeneinander auf einer Bank – wie Hühner in einer Legebatterie. Der Vater und die Mutter halten ein Tablet in der Hand, die Kids spielen an ihren Smartphones herum. Sie sprechen kein Wort miteinander, sie sitzen einfach nur da und berauschen sich. Aber nicht an der Natur: Die Sonne scheint und die Vögel zwitschern, doch diesen vier Menschen ist das egal. Die digitale Welt scheint viel spannender zu sein. Freunde und Bekannte berichten mir von ähnlichen Situationen. Smartphones und das mobile Internet haben unser soziales Zusammenleben offensichtlich bereits stark verändert – und das ist erst der Anfang.

Die repräsentative „Kinder-Medien-Studie 2018" ergab, dass sich 41 Prozent der Kinder ein Handy oder Smartphone wünschen, „gefolgt von der Spielekonsole mit 33 Prozent und dem eigenen Tablet mit 32 Prozent"[5]. Befragt wurden übrigens Kinder zwischen 4 und 13 Jahren. Erschreckend: Laut Studie besitzen 44 Prozent der Achtjährigen ein Handy oder Smartphone, bei den Zehnjährigen sind es 71 Prozent, bei den Zwölfjährigen satte 90 Prozent.[6] Smartphones sind dabei nicht nur Spiel- und Kommunikationsgeräte, sondern in erster Linie auch Statussymbole. Kinder, die ohne solche Geräte herumlaufen, haben soziale Nachteile, weil sich die Kommunikation unter Gleichaltrigen zunehmend online abspielt.

Bei den Eltern gibt es zwei Lager: Die einen sind schockiert, weil die Kids so viel Zeit im Cyberspace verbringen. Die anderen freuen sich insgeheim über die ständige Erreichbarkeit der Kids, denn so haben die Eltern die volle Kontrolle – was natürlich ein Irrglaube ist. Tracking-Apps ermöglichen zwar die Überwachung der Kinder, doch dieser Trend kann das Vertrauensverhältnis nachhaltig zerstören. Beim Tracking können Eltern auf einer digitalen Karte sehen, wo sich das Smartphone des Kindes gerade befindet. Außerdem lässt sich ein „Geozaun" errichten: Überschreitet das Kind diese Grenze, wird ein Alarmsignal an die Eltern verschickt. Einige Apps bieten sogar eine Wanzenfunktion an. Ich bin froh, in den 80er- und 90er-Jahren aufgewachsen zu sein. Apropos Nostalgie: Ich erinnere mich an die Star-Trek-Folge „Gefährliche Spielsucht", die am 26. Oktober 1991 das erste Mal ausgestrahlt wurde. Commander Riker bringt ein elektronisches Spielgerät aus dem Urlaub mit auf die „Enterprise". Schon bald macht das Gerät auf dem Raumschiff die Runde, bis die ganze Mannschaft süchtig danach ist. Das fiktive Spielgerät belohnt die Spieler nämlich mit einem körperlichen Glücksgefühl. Heute ist dieses Spielgerät Realität. Es nennt sich Smartphone, und wir nutzen es jeden Tag.

Kinder sind im Internet vielfältigen und nicht zu unterschätzenden Gefahren ausgeliefert. Die entsprechenden Zusammenhänge werden von den meisten Eltern und Pädagogen nicht richtig erkannt. Sie ignorieren die Risiken und nehmen die Bedürfnisse der Kids nicht ernst, die in den digitalen Welten sowohl nach Selbstverwirklichung als auch nach Selbstdarstellung streben, die beide mit dem Drang (oder gar Zwang?) nach Selbstbestätigung einhergehen. Gerade die Sozialen Medien wie Facebook und Instagram bläuen uns täglich ein, wie wichtig virtuelle Likes und Herzchen für das eigene Selbstwertgefühl sind. Ähnlich ist es in Online-Spielen. Nur wer in den Ranglisten ganz weit oben steht, wird respektiert. Auch sehr viele Erwachsene haben ihren Online-Konsum nicht im Griff. Wie also sollen das die Kinder und Jugendlichen hinbekommen?

Endlich geschieht etwas, die Problematik wurde erkannt. Medienerziehung und Medienpädagogik gelten als notwendig. In diesem Buch zeige ich, wie wichtig Empathie und Verständnis für die Kids ist, die sich mit ihren Smartphones in den digitalen Welten austoben. Gerade dadurch wird deutlich, dass die Kids nicht allein gelassen werden dürfen und ab sofort digital begleitet werden müssen. Wir alle, vor allem Eltern und Pädagogen, müssen die Kinder und Jugendlichen schützen, aber auch respektieren. Weder pauschale Verurteilungen noch lehrerhafte Unterweisungen werden genügen. Vielmehr braucht es eine Auseinandersetzung mit den grundlegenden psychologischen, sozialen und technologischen Mechanismen, um die Hilflosigkeit zu überwinden.

Gebannt wie kleine Zombies tauchen die Kids mit ihren Smartphones und Tablets in ihre Social-Media- und Spielwelten ab. Und wir alle bekommen Panik: „Hilfe, mein Kind ist ein Smombie!" Die Panik ist verständlich, hilft aber nicht weiter. In diesem Buch präsentiere ich Ihnen, liebe Leserinnen und Leser, das richtige Rezept für den Umgang mit den digitalen Kids. Es basiert auf eigenen Forschungen und Beobachtungen zum kindlichen und jugendlichen Umgang mit Smartphones, Spielekonsolen und den Sozialen Medien. Es decodiert die geheimnisvolle Jugendsprache, erzählt von gefährlichen Abenteuern in den neuen Medienwelten und deckt die Chancen der Digitalisierung auf. Damit ist ein interdisziplinärer Ratgeber für Eltern und Lehrer entstanden, der auch zur humorvollen Selbstreflexion anregen soll. Ich wünsche Ihnen viel Spaß beim Lesen – sofern Sie zwischen der letzten WhatsApp-Nachricht der Yogachatgruppe und dem nächsten Foto, das Ihr Arbeitskollege gerade von seinem Restaurantbesuch postet, etwas Zeit finden.

Passau im Juni 2019   *Dr. phil. Frederik Weinert*

Teil I: Vom Kind zum Smombie

1. Max und Moritz im Cyberspace

Eine Einführung in die digitale Kindheit

„Er kommt gleich", ruft Max seinem Kumpel Moritz zu. Die besten Freunde warten auf den Schnellzug. Das Geräusch der Maschinen wird lauter, der Zug rauscht heran. Plötzlich ertönt ein schrilles Warnsignal. „Jetzt, jetzt!", schreit Max. Moritz zückt sein Smartphone und setzt sich auf die Bahngleise. Er grinst in die Kamera und drückt ab. Genau in diesem Moment ist ein lautes Quietschen zu hören. Der Zug bremst, und Moritz springt dem Tod gerade noch so von der Schippe. Die Lausbuben rennen weg und lachen. „Das wird das Foto des Jahres", freut sich Moritz. Max klopft ihm bewundernd auf die Schulter: „Yeah, Mann!"

Zwischen Oktober 2011 und November 2017 kamen 259 Menschen beim Knipsen eines Selfies ums Leben. Das fanden Forscher der Universität Bhopal (Indien) heraus, die allerdings nur Berichte in englischer Sprache analysierten.[7] Allein aus diesem Grund dürfte die Dunkelziffer weitaus höher liegen. Es scheint derzeit der ultimative Kick zu sein: Selfies auf Klippen, Bahngleisen, vor gefährlichen Wildtieren oder in der Nähe einer gigantischen Welle. Im Februar 2019 wurde die Bahnstrecke zwischen Leipzig und Hof gesperrt, „weil ein Pärchen auf der Göltzschtalbrücke im Vogtland Selfies machen wollte".[8]

Auch Promis, für die viele Kinder und Jugendliche schwärmen, machen den Quatsch um gefährliche Selfies mit. Anne Wünsche, Jahrgang 1991, ist Star der Serie *Berlin – Tag & Nacht*. Sie hat unglaubliche 415.000 Fans auf Instagram.[9] Und was macht Anne Wünsche? Das TV-Sternchen setzt sich auf eine Straße – direkt hinter einer Kurve! –, lässt sich fotografieren und schreibt dazu: „Die Entfernung zwischen deinen Träumen & der Realität nennt man Disziplin."[10] Immerhin bekommt Anne Wünsche sehr viel mediale Aufmerksamkeit – und vor allem darum geht es, wenn man in den Sozialen Medien erfolgreich sein möchte. Ebenso im Trend liegen aber auch geschmacklose Selfies. Im Januar 2016 posiert Carmen Geiss, bekannt aus der Trash-Sendung *Die Geissens*, in Kolumbien „mit einem offenbar berauschten Bettler in Lumpen".[11] Das Selfie kommentiert sie mit den Worten: „Aber modisch ist er!!!" Die Konsequenz: Der Münchener Reiseshoppingsender Sonnenklar-TV beendet die Zusammenarbeit mit den Geissens.

Selfies dienen der digitalen Selbstdarstellung und sind bei Kindern und Jugendlichen sehr beliebt. Das Rechtschreibwörterbuch Duden definiert *Selfie* als „spontan aufgenommenes Selbstporträt einer oder mehrerer Personen"[12] mithilfe eines Smartphones oder Tablets. Die (vermeintliche) Spontaneität ist das Erfolgsrezept in den Sozialen Medien. In Wahrheit machen sich die Kids im Vorfeld aber sehr wohl Gedanken, welches Fotomotiv die Internetgemeinde begeistert. Ein Selfie mit der Oma? Uncool. Ein Selfie mit einem bekannten Fußballer? Bisschen cool. Ein Selfie vor einem geilen Sportwagen? Sehr cool. Ein Selfie auf einer Klippe mit perfekter Aussicht? Extrem cool.

Digitale Streiche im Milieu

Die Sozialen Medien sind Unterhaltungsmedien. Bereits 2014 ließ die sogenannte *Biernominierung* aufhorchen. Egal ob Teenie, Bürgermeister oder Familienvater: Menschen exen vor laufender Kamera einen halben Liter Bier „und bestimmen über Facebook Freunde, die es ihnen gleichtun sollen".[13] Es entsteht ein viraler Effekt. Bei diesem Phänomen verbreiten sich Videos, Bilder und Texte im Eiltempo – und jeder will dabei sein oder es zumindest gesehen haben. Wie lässt sich ein solcher Internet-Hype erklären? „Der Sinn ist, selbst mal diese fünf Minuten Ruhm zu haben, im Mittelpunkt zu stehen, die Kamera auf sich zu halten, in der Hoffnung, gelobt zu werden oder Likes zu bekommen".[14] Unterhaltung allein scheint es also nicht zu sein, auch Selbstbestätigung ist ein ganz wichtiges Motiv, wenn Menschen in den Sozialen Medien erfolgreich mitmischen wollen.

Der deutsche Soziologe Gerhard Schulze erkannte bereits 1992 so etwas wie eine Erlebnisgesellschaft, die er in fünf Milieus unterteilte. Das Unterhaltungsmilieu, dem vor allem junge Menschen angehören, manifestiert sich demnach durch das Streben nach Stimulation und Bedürfnisbefriedigung.[15] Schulze ist der Meinung, dass das Unterhaltungsmilieu nur „wenig in der Öffentlichkeit sichtbar" ist, weil die Jugendlichen in „Angebotsfallen" wie beispielsweise Kinos, Videotheken und Fitnessstudios verschwinden.[16] Das war damals, vor gut zwei Jahrzehnten. Inzwischen haben die Sozialen Medien das grundlegend geändert, denn nun gehen die Kids nicht einfach ins Kino, sondern teilen das ganz bewusst auf Facebook und Instagram mit. Das hat immer ein bisschen was von Selbstinszenierung. Im Fitnessstudio stellen sich die Boys und Girls halb nackt vor den Spiegel, fotografieren sich mit dem Smartphone und laden das sexy Selfie, ohne weiter darüber nachzudenken, ins Internet hoch. Analoge Videotheken gibt es heute kaum noch. Stattdessen gilt die jugendsprachliche Floskel „Netflix & Chill", die unter jungen Menschen übrigens auch als Code für unverbindlichen Sex Verwendung findet.

Die Sozialen Medien mit ihren halb nackten Selfies und schrillen Gags werden regelrecht *konsumiert*. Allmählich schwappt der Konsumrausch vom sumpfigen RTL-Dschungelcamp in die digitale vernetzte Welt, wo nun fast jeder ein kleiner Star sein kann. Die mediale Selbstdarstellung der Kids korreliert mit dem Wunsch nach Selbstverwirklichung. Neben dem Unterhaltungsmilieu gibt es nämlich auch das Selbstverwirklichungsmilieu, das der Philosophie aus Narzissmus und Perfektion folgt.[17] Besonders die Stileigenschaften „ausgefallen", „originell", „cool" und „provozierend" sind im Selbstverwirklichungsmilieu sehr angesagt.[18] Diese soziologischen Erkenntnisse, die weit über 20 Jahre alt sind, lassen sich wunderbar auf das digitale Zeitalter übertragen: Nur wer originell, cool und provokant ist, fällt in den Sozialen Medien – und damit anderen Menschen – auf. Und nur wer auffällt, bringt es vielleicht irgendwann zum Social-Media-Star oder findet eine andere Form der digitalen Anerkennung.

Ein Schwenk auf das Videoportal YouTube zeigt, welche Form der Unterhaltung bei den Kindern und Jugendlichen im Trend liegt. Besonders beliebt ist der sogenannte „Prank". Das Wort kommt aus dem Englischen und bedeutet *Streich*. Im Deutschen gibt es bereits das Verb *pranken*, zum Beispiel in dieser Verwendung: „Hey, lass uns nachher den Mathelehrer pranken!" Und was passiert, wenn man die Schlagwörter *Prank* und *Lehrer* in die YouTube-Suche eingibt? Richtig, das beliebte Videoportal schlägt das Video „16 Pranks für die Schule" vor, das über eine Million Abrufe verbuchen kann.[19] Doch ob es wirklich eine gute Idee ist, den Lehrer mit einer Wasserbombe zu überraschen? Da ist es doch viel harmloser, die eigenen Freundinnen und Freunde zu veräppeln – könnte man glauben.

Es ist Weihnachten 2016 im beschaulichen Wickede (NRW). Fünf junge Leute zwischen 15 und 22 Jahren wollen ihren schlafenden Kumpel erschrecken. Einer der Jungs holt eine Kettensäge und startet sie neben dem schlafenden 18-Jährigen. Die Kamera läuft mit, denn der Prank soll später zur allgemeinen Belustigung ins Internet gestellt werden. So zumindest ist der Plan. Plötzlich wacht der Kumpel auf und schlägt aus Reflex nach der laufenden Kettensäge. Er verletzt sich schwer. Die jungen Leute, darunter auch zwei Mädchen, sind geschockt. Der Verletzte wird in ein Krankenhaus eingeliefert. Die Polizei stellt das Video sicher.[20] Berüchtigt ist der Bomben-Prank des YouTube-Stars „ApoRed". Satte 2,5 Millionen Abonnenten, darunter vor allem Kinder und Jugendliche, folgen ihm auf YouTube. Was war passiert? ApoRed warf Passanten eine Tasche vor die Füße und rief: „Lauft lieber, wenn euch euer Leben etwas wert ist!"[21] Das Hamburger Amtsgericht verurteilte den jungen Mann „zu einer Bewährungsstrafe von sieben Monaten sowie 200 Sozialstunden" (ebd.). Die Erwachsenenwelt rümpft (wohl aus gutem Grund?) die Nase, doch die Jugend bewundert solche Aktionen. Anders lassen sich die vielen Klicks nicht erklären.

Menschliche Bedürfnisse

Viele Menschen inhalieren die Medien geradezu. Das gilt nicht nur für Kinder und Jugendliche, sondern vor allem auch für Erwachsene. In den Sozialen Medien passiert immer etwas. Blinkt das Smartphone mehrfach am Tag auf, entsteht schnell das Gefühl, dass irgendjemand an einen denkt. Bunte Mini-Spiele und Chats mit Bekannten und Unbekannten füllen den Alltag mit Leben. Zwischendrin sorgen Katzenvideos, Zeitungsmeldungen und Kettenbriefe für Abwechslung. Gelegentlich und wohl eher im Hintergrund stellt sich die Frage: Warum machen wir das?

Menschen nutzen Medieninhalte ganz gezielt, um die eigenen Bedürfnisse zu befriedigen. Das belegt der Uses-and-Gratifications-Ansatz. Es wird davon ausgegangen, „dass die Mediennutzung intentional und bedürfnisorientiert erfolgt".[22] Es kann sich um basale Bedürfnisse oder den Wunsch nach konkreten Problemlösungen handeln.[23] Die Bedürfnispyramide nach Maslow nennt beispielsweise Sozialbedürfnis, Anerkennung und Wertschätzung sowie Selbstverwirklichung als Grundbedürfnisse. Die passive Rezeption, die für die klassischen Massenmedien (Zeitungen, Fernsehen, Radio) charakteristisch ist, schlägt in den Sozialen Medien in eine aktive Rolle um. „Es werden normbrechende Bilder, Videos und Beiträge" veröffentlicht, weshalb der Eindruck entsteht, „dass das Medienpublikum abstumpft".[24] Alles muss immer lauter, schriller und bunter sein, um überhaupt noch herauszustechen.[25] „Die Sozialen Medien sind Fastfood für die Sinne".[26] Das ist gar nicht mal schlecht, denn in der Kürze liegt bekanntlich die Würze – und der schnelle Austausch untereinander ist ein großer Vorteil der Sozialen Medien und Messenger-Dienste wie beispielsweise WhatsApp.

Gesellschaften erzeugen oftmals Güter, die der Bedürfnisbefriedigung dienen.[27] Steht die Befriedigung möglichst vieler Bedürfnisse durch Konsum im Vordergrund, spricht man von einer Konsumgesellschaft. Viele denken in diesem Zusammenhang an teure Smartphones, riesige Flachbildfernseher, schnelle Autos und exklusive Handtaschen. Die Sozialen Medien haben jedoch inzwischen einen Paradigmenwechsel herbeigeführt. Nun sind es die Menschen selbst, die Produkte in Form von *User Generated Content* herstellen, also beispielsweise Texte, Bilder, audiovisuelle Storys, Sprachnachrichten und Memes (oftmals lustige Motive aus Text und Bild). Kultur wird zur Ware. Damit erscheint der Begriff der *Kulturindustrie* ganz passend, den Max Horkheimer und Theodor W. Adorno bereits 1944 geprägt haben.[28] Dating-Apps wie Tinder, die bebilderten Produktkatalogen ähneln, lassen auch Menschen wie austauschbare Güter erscheinen. Das wiederum spiegelt sich im oberflächlichen Umgang miteinander wider.

Mittlerweile ist bewiesen, dass die für Soziale Medien typischen Likes das Belohnungszentrum im Gehirn aktivieren. „Die Wirkung der [sozialen][29] Netzwerke im Hirn ist bisweilen vergleichbar mit der von Schokolade."[30] Beiträge und Bilder, die in den Sozialen Medien bereits viele Likes erhalten haben, werden als bedeutsamer wahrgenommen als Beiträge, die wenig Likes erhalten haben.[31] Das erinnert an das Prinzip der Schweigespirale, die besagt, dass sich viele Menschen nur dann öffentlich zu ihrer Meinung bekennen, wenn sie davon ausgehen, das allgemeine Meinungsklima hinter sich zu haben.[32] Ein gut gepflegter Social-Media-Account mit vielen Freunden, Abonnenten, häufig kommentierten Bildern und entsprechenden Likes wirkt wie der dokumentierte Nachweis sozialer Anerkennung. Dieses psychologische Phänomen nennt sich *Social Proof.* Es ist ein natürliches Bedürfnis des Menschen, sich geliebt zu fühlen. Vor allem wenn Komplimente in der Familie oder Schule ausbleiben, erweisen sich die Sozialen Medien für Kinder und Jugendliche als besonders attraktiv. Hier können sich die Kids so darstellen, wie sie gesehen und wahrgenommen werden wollen. Das lässt aufhorchen.

Mediale Behütung

Die Stöpsel sind im Ohr, der Kopf ist gesenkt und die Gedanken kreisen nur noch um das Smartphone. Die Kids kommunizieren jugendsprachlich, indem sie *chillen, checken* und *bashen.* Die Eltern verstehen kein Wort und glauben, dass eine vernünftige Kommunikation am Mittagstisch schon bald nicht mehr möglich sein wird. Die Verwandlung in einen Smombie scheint in vollem Gange. Was kafkaesk klingt, sollte allerdings mit ein bisschen mehr Humor und Gelassenheit genommen werden. „Smombie" ist eine Wortkreuzung aus Zombie und Smartphone und eines der wichtigsten Jugendwörter der letzten Jahre. 2015 gewann es den Wettbewerb zum Jugendwort des Jahres. Danach beschreibt „Smombie" jemanden, „der von seiner Umwelt nichts mehr mitbekommt, weil er nur noch auf sein Smartphone starrt".[33] Das klingt arg nüchtern. Sind Smombies nicht vielleicht eher kleine süße Wesen, die überdreht auf den Spielplatz rennen und dann putzig in den Sandkasten stolpern, weil die Augen am Handy kleben?

Der kleinen Lena ergeht es tatsächlich so. Sie plumpst in den Sandkasten, und das superneue Handy fällt ihr aus der Hand. Plötzlich erklingt ein hubschrauberartiges Geräusch. In dürren Blättern säuselt der Wind, es sind die Helikopter-Eltern, sie suchen ihr Kind. Die kleine Analogie auf Johann Wolfgang von Goethes „Erlkönig" verdeutlicht die Dramatik, die schnell entsteht, wenn übervorsichtige

Eltern um ihr Kind bangen. Oft macht man sich in Büchern über solche Mütter und Väter lustig, die ihre Kinder überbehüten und wie im Hubschrauber ständig um sie kreisen. Was den Umgang mit Smartphones und Tablets betrifft, ist ein wachendes Auge allerdings tatsächlich wichtig. Schließlich findet die Primärsozialisation in der Familie statt – und dazu gehört auch die Medienerziehung.

Die behütend-pflegende Medienerziehung ist ein bewährtes Konzept der Medienpädagogik.[34] Anfang des 20. Jahrhunderts wurde vor „Schmutz und Schund" in den Groschenheften gewarnt,[35] heute ist es „der digitale Trash (Hetzparolen, Gewaltvideos, Nacktbilder etc.), der den Aufenthalt der Kinder und Jugendlichen in den Sozialen Medien zum Risiko macht".[36] Die behütend-pflegende Medienerziehung möchte die Kinder und Jugendlichen vor medialen Gefahren behüten und beschützen. Dieser bewahrpädagogische Ansatz hat allerdings den Schwachpunkt, dass die Kids grundsätzlich als „unmündige Rezipienten verstanden"[37] werden – „ohne Chance zur Auseinandersetzung"[38]. Es besteht kein Zweifel daran, dass Kinder und Jugendliche bis zu einem gewissen Grad schutzbedürftig sind. Doch wie weit dürfen und sollten Eltern gehen?

Viele, viele bunte Smileys

Sie sind bunt. Sie sind lustig. Sie sind süß. Die Rede ist nicht von den *Smarties*, einer beliebten Nascherei für Kinder, sondern von den Emojis im Messenger-Dienst WhatsApp. Emojis – sie werden auch Emoticons oder Smileys genannt – sind kleine Comic-Gesichter, die Anhaltspunkte über den Gesprächsinhalt und die Stimmung geben. Es handelt sich um nonverbale Zeichen, die im WhatsApp-Chat die Gestik, Mimik und den Blickkontakt ersetzen.[39] Werden die bunten Gesichter allerdings falsch interpretiert – und es gibt Hunderte von ihnen –, können sie auch Missverständnisse auslösen. Dennoch macht die digitale Unterhaltung einfach mehr Spaß, wenn die niedlichen Emojis über den Bildschirm tanzen. Um WhatsApp kommen die Kids sowieso nicht mehr herum, denn so ziemlich jeder nutzt die coole Smartphone-App. Wer eine normale SMS ohne Emojis verschickt, gilt als altbacken und macht sich zum Außenseiter. Die neue Jugendkultur kennt hier kein Erbarmen.

Rund 100.000 Kinder und Jugendliche in Deutschland sind süchtig nach Sozialen Medien. Das ergab eine Umfrage der Krankenkasse DAK.[40] Ein weiteres Ergebnis der Studie ist: 85 Prozent der 12- bis 17-jährigen Kids nutzen etwa drei Stunden täglich digitale Dienste wie WhatsApp, Instagram und Snapchat. Programme wie WhatsApp sind natürlich komfortabel. Ohne viel Aufwand lassen sich Texte, Bilder und Sprachnachrichten verschicken – beliebig lang und ohne Begrenzung. Vor 15 Jahren gab es so etwas noch nicht. Die schlichte SMS war auf 160 Zeichen begrenzt. Die Kinder von damals, die jetzt im Erwachsenenalter sind, mussten sich Kürzel wie *hdl*, *lol* und *brb* einfallen lassen, um Zeichen zu sparen. Heute sind die Textnachrichten der Kids teilweise seitenlang, verziert mit Emojis und aufgestylten Bildern. Es sind digitale Geschichten, die sich die Kinder und Jugendlichen erzählen. Manchmal versinken die Kids zu sehr in diesen Geschichten – vor allem emotional.

Emojis tragen zur Emotionalisierung von Chat-Texten bei. Beliebt ist der Tränen lachende Smiley, den viele Kids reflexartig hinter jede Nachricht setzen. Auf diese Weise schwingt immer eine gewisse Leichtigkeit mit. Mit ihm macht man in der Regel nichts falsch, und die Kommunikation läuft unbeschwert und lustig weiter, auch wenn der Inhalt nicht immer lustig ist. Das erinnert an die amerikanischen Sitcoms mit künstlichen Lacheffekten. Hinzu kommen viele andere freundliche Smileys, lustige Tier-Emojis (Hunde, Pferde, Affen etc.), Mode-Accessoires, Herzchen und Knutsch-Smileys. Insgesamt lassen sich die Emojis so anordnen, dass eine emotionale Steigerung möglich ist. Schnell entsteht eine Gefühlsillusion. Der WhatsApp-Chat wirkt entsprechend bunt und emotional aufgeladen. Es entsteht eine digitale Wohlfühloase, die sich jedoch als Fata Morgana entpuppen kann. Verlagert sich das Gespräch nämlich ins echte Leben, ist die Kommunikation möglicherweise plötzlich steril.

Der böse Wolf

„Alle 11 Minuten verliebt sich ein Single über Parship", so lautet ein bekannter Werbeslogan. Teenager sind auf der betreffenden Plattform zwar nicht unterwegs, doch der Slogan hat einen wahren Kern: Menschen bauen im Internet Gefühle zueinander auf, ohne dass sie sich persönlich kennen. Manchmal entstehen daraus echte romantische Beziehungen. Allerdings: Happy End und Horror liegen nahe beieinander.

Während die einen verliebt durch die Straßen schlendern, landen die anderen in der Venusfalle. Hinterhältige Heiratsschwindler sind im Cyberspace auf der Pirsch nach einsamen Herzen, die sich nach Liebe sehnen. Die Chat-Kommunikation zieht sich über Wochen hin, bis sich eine Bindung aufgebaut hat. Dann bittet der andere, den man doch inzwischen so gut zu kennen glaubt, plötzlich um Geld, weil er sich das Flugticket nicht leisten kann. Im rosaroten Rausch der Gefühle wird die gewünschte Summe überwiesen. Plötzlich ist Funkstille, und die große Liebe verschwindet wie ein Geist. Das Vorspielen von Gefühlen über das Internet nennt sich *Romance Scamming*.[41] Das Phänomen betrifft vor allem Erwachsene. Wie aber sollen Kinder und Jugendliche erkennen, wer es mit ihnen im Internet gut meint und wer nicht, wenn schon Erwachsene gar nicht so selten blind in die Falle tappen?

Die Medien – also auch die Sozialen Medien – erschaffen neue Wirklichkeiten, die einer Inszenierung gleichen.[42] Viele Menschen verkleiden sich in den virtuellen Welten, indem sie Pseudonyme, falsche Namen und vorgespielte Identitäten annehmen. Das erinnert an das Märchen „Rotkäppchen" der Brüder Grimm. Ein böser Wolf verkleidet sich als Großmutter und frisst das kleine Mädchen Rotkäppchen, das sich zu nahe an die falsche Großmutter heranwagt. „Das Vorspielen von Tatsachen, Gefühlen und Identitäten ist ein Social-Media-Trend".[43] Gefährlich ist die sogenannte *Sexpressung*. Die Täter gaukeln männlichen Teenagern vor, sie beim Onanieren über die Webcam gefilmt zu haben. Dann wird Geld gefordert – und oft bezahlen die Opfer aus Scham. Genau aus diesem Grund ist es empfehlenswert, die oftmals eingebaute Webcam mit einem Klebeband zu versiegeln. Sicher ist sicher.

Nicht immer stehen kriminelle Motive im Vordergrund. Auch gekränkte Eitelkeit kann die Kommunikation in den Sozialen Medien auf bedenkliche Pfade lenken. In Beziehungen zwischen Teenagern geht es oftmals heiß her. Die Textnachrichten sind erotisch angehaucht. Der WhatsApp-Versand schlüpfriger Nachrichten nennt sich *Sexting*. Vor allem weibliche Teenager verschicken dann auch irgendwann Nacktbilder an den Freund – als Liebesbeweis. Doch bald läuft die Beziehung nicht mehr gut, und das Mädchen will sich trennen. Der Kerl nutzt die Nacktbilder als Druckmittel. Noch schlimmer: Er verschickt die Bilder an seine Kumpels, so geschehen im niederbayerischen Passau.[44] Die Eigendynamik der Sozialen Medien führt dazu, dass sich solche Bilder innerhalb weniger Stunden verbreiten. Und vor allem: Die digitale Bloßstellung ist nicht rückgängig zu machen – das traumatische Erlebnis sowieso nicht.

Held in der Scheinwelt

Die klassischen Medien haben verschiedene Funktionen, allen voran die Herstellung von Öffentlichkeit. Medien übernehmen allerdings auch die Erziehungs- und Sozialisierungsfunktion.[45] Das gilt auch für die Sozialen Medien, in denen eine bestimmte Form des Lebens vorgelebt wird, die viele Menschen als nachahmenswert empfinden. Das liegt beispielsweise an der Macht der Sekundärerfahrung.[46] Was ist unter Sekundärerfahrung zu verstehen? Kinder und Jugendliche folgen Influencern, Sportlern, Musikern und anderen Künstlern in den digitalen Netzwerken. Mehrfach am Tag klicken sich die Kids rein, um die neuesten Bilder und Textbeiträge zu erhaschen. Zu sehen sind tolle Urlaubsbilder, teure Autos, wunderschöne Hochsteckfrisuren und andere prestigeträchtige Postings. Die Kids machen diese Erfahrungen zwar nicht selbst, doch sie erleben sie digital in trauter Gemeinschaft mit ihren Idolen.

Die Kinder verbringen sehr viel Zeit online. Sie sitzen vor den Bildschirmen und saugen die farbenfrohen Fotos, Videos und Texte auf. Das erinnert an das Kinderbuch *Frederick*. Frederick ist eine Feldmaus, die bunte Farben sammelt. Frederick macht das, damit er es an tristen Wintertagen schön warm hat. Egal ob bunte Handyspiele, lustige WhatsApp-Chats mit Emojis, Urlaubsbilder auf Instagram oder der neueste Klatsch und Tratsch auf Facebook: Solche „Farben" stehen in den Sozialen Medien für menschliche Wärme. Die Kinder machen Erfahrungen, ohne das Kinderzimmer verlassen zu müssen. YouTube-Stars erklären in ihren Videos, wie die besten Fußballtricks funktionieren. Weibliche Influencer geben den Fans wertvolle Schminktipps. Die Kids wollen zwar nicht bei der Garten- und Hausarbeit mithelfen, spielen auf ihren Computern und Konsolen allerdings den „Landwirtschafts-Simulator". Beim Daddeln mit den digitalen Geräten macht halt alles Spaß – sogar profaner Ackerbau!

Die Interaktion in und mit den digitalen Medien kann das kindliche (wie übrigens auch manches erwachsene) Selbstbewusstsein steigern. Schüchterne Menschen inszenieren sich lebenslustig und farbenfroh. Tag für Tag trudeln neue Likes, Abonnenten und vielleicht sogar Freundschaftsanfragen ein. Die regelmäßige Selbstbestätigung, die die Kids in den Sozialen Medien erleben, wird zur Gewohnheit. Soziale Netzwerke wie Instagram und Facebook bieten im Gegensatz zur Schule eine wahre Wohlfühlwelt. Es entwickelt sich jedoch auch eine Abhängigkeit. Und irgendwann muss die tägliche Dosis gesteigert werden. Was sind denn schon 15 Likes auf ein Foto, wenn es 150 sein könnten? Irgendwann kommt es zur *Like-Sucht*. Schlimm wird es, wenn die Likes plötzlich ausbleiben. Das ist wie ein „kalter Entzug". Es tritt eine kognitive Dissonanz auf, weil die eigenen sozialen Erwartungen in der digitalen Welt doch nicht erfüllt werden. Das kann negative Auswirkungen auf die kindliche Psyche haben.

Das verfremdete Gesicht

Das Teilen von Fotos und Erinnerungen mit Freunden und Verwandten in den Sozialen Medien ist etwas Schönes. Die Tante wohnt in Amerika? Kein Problem, denn zum Glück gibt es Programme wie Skype und FaceTime, die kostenlose Video-Telefonie ermöglichen. Gefährlich wird es, wenn in den Sozialen Medien und Messengern nur noch miteinander kommuniziert wird, um soziale Bestätigung zu erhalten. Die einen veröffentlichen schöne Bilder und Texte, um ihr Leben und ihre Gedanken mit Freunden zu teilen. Die anderen veröffentlichen Bilder und Texte, weil sie sich ein positives Feedback davon versprechen, das in Form von Likes, Instagram-Herzchen, Komplimenten und Kommentaren tatsächlich messbar ist. In gewisser Weise handelt es sich bei diesen digitalen Bekundungen um eine ideelle Währung, die den ‚Marktwert' eines Menschen in den Sozialen Netzwerken erhöht. Diese gelebte Oberflächlichkeit ist ein Grund, warum es den Kids wichtig ist, im Netz beliebt zu sein. Der Junge, der in der Schule als Turnbeutelvergesser abgestempelt wird, ist im Internet vielleicht der Star – weil er einen eigenen YouTube-Kanal hat und sich medial zu inszenieren weiß.

Der „Social-Media-Narzissmus lässt sich [...] wissenschaftlich belegen".[47] Damit ist weniger die narzisstische Persönlichkeitsstörung gemeint als vielmehr eine (negativ gefärbte) Persönlichkeitsvariable. „Die Idee, dass Menschen durch Selfies, Likes und virale Momente zu selbstverliebten Egoisten werden, hält sich hartnäckig".[48] Wenn Handlungen nicht um ihrer selbst willen ausgeführt werden, sondern um eine Belohnung zu erhalten bzw. einem äußeren Reiz nachzugeben, spricht man von *extrinsischer Motivation*.[49] Das Belohnungssystem in den Sozialen Medien – das gilt auch für Videospiele und Smartphone-Games – ist sowohl vielseitig als auch perfide. Wer aktiv ist und sich in das ‚System‘ einbringt, erhält Likes, wird algorithmisch bevorzugt oder erhält andere Boni. Es gibt Jugendliche, die ihre hochgeladenen Bilder bei Instagram sofort wieder löschen, wenn sie innerhalb der ersten Viertelstunde nicht genügend Herzchen erhalten. Ist das verständlich oder einfach nur peinlich?

Eltern und Lehrern fällt es zunehmend schwer, sich in die digitale Jugendkultur hineinzudenken. Perfektion und Unnahbarkeit stehen im Vordergrund. Das heißt: Pickel und Speckfalten sind verboten, ebenso andere optische Handicaps. Doch es gibt eine Lösung: *Facetune* ist eine App für das Smartphone, mit der sich Selfies ideal bearbeiten lassen. Die unreine Haut lässt sich glätten, die Zähne werden aufgehellt und lästige Muttermale können im Handumdrehen entfernt werden. Das ist vielen Kids nicht genug. Farbfilter sorgen dafür, dass das Selfie noch cooler aussieht – so als wäre man selbst ein kleiner Promi! Es geht natürlich auch eine Stufe niedlicher. Vor allem Mädchen verzieren ihre Selfies mit Hundeschnauzen und Hundeohren. Und noch kurioser: Sie strecken auf dem Selfie die (echte) Zunge raus und ersetzen sie danach per App durch eine virtuelle Hundezunge. Klingt albern, doch wer als Teenie keine Ahnung hat, wie das funktioniert, lebt definitiv hinterm Mond. Das Wissen um digitale Trends ist wichtig, um von Gleichaltrigen innerhalb einer Gruppe akzeptiert zu werden.

Noch bunter treiben es die männlichen Teenies. Einige vergrößern per App den Umfang ihrer Arme, damit sie auf ihrem Profilbild muskulöser erscheinen. Andere wiederum machen ihr Kinn schmaler, um sich aristokratische Gesichtszüge zu verpassen. Posiert wird vor dem Spiegel. Insgesamt fragen die Girls und Boys hoffnungsvoll: „Spieglein, Spieglein an der Wand, wer ist die/der Schönste im ganzen Land?“ Leider gibt es mittlerweile Millionen Schneewittchen da draußen, das wissen auch die Teenager. Also entsteht ein Konkurrenzkampf um das schönste Foto, dessen Perfektion vor allem von der technischen Bearbeitung abhängt. So wie sich Autofahrer auf der Autobahn an das schnelle Tempo gewöhnen, merken die Teenager schon bald nicht mehr, wie sehr sich die Bilder verfremden. Im Gegenteil: Die Kids sehen in den getunten Bildern immer mehr ein Spiegelbild ihrer selbst. Sie haben einen Pakt mit der Technik geschlossen. Das erinnert an *Das Bildnis des Dorian Gray* des irischen Schriftstellers Oscar Wilde. In der Geschichte altert das gemalte Porträt des Dorian Gray, während er selbst, also sein echter Körper, jung bleibt. Zusätzlich verändert sich das Bildnis auf hässliche Weise, denn es stellt Dorians Seele dar. Die Kinder und Teenager werden so auf ihren Selfies immer perfekter und schöner, während die kindliche Seele die Wahrhaftigkeit und Schönheit der Natur gar nicht mehr wahrzunehmen scheint.

Soziales Kapital und Gruppenzwang

Kinder und Jugendliche bauen sich im Internet eine digitale Existenzform auf – meist über Jahre. Entsprechend vielseitig gestaltet sind die Social-Media-Accounts und virtuellen Errungenschaften in Spiele-Apps und Videospielen. Die Kids eignen sich Wissen und virtuelle Güter an: einerseits durch Erfolg in den Sozialen Medien, andererseits durch Boni, Level-Aufstiege und Freischaltungen in Spiele-Apps und Videospielen. Kids, die besonders viel Zeit investieren, können in ihrer Nische zu richtigen Experten werden, die keiner so schnell schlägt. Die Aneignung von Wissen und Kompetenz ist als *inkorporiertes Kulturkapital* zu verstehen.[50] Kompetenz korreliert in diesem Fall nicht unbedingt mit berufsförderlichem Fachwissen (Programmierkenntnisse etc.), sondern mit Fähigkeiten, die andere Kinder und Jugendliche nicht bzw. nicht im gleichen Ausmaß haben, die aber große Anerkennung erhalten. Genau deshalb werden erfolgreiche Computerspieler von vielen Kids bewundert, denn sie sind etwas Besonderes. Wer sich spezielle Fähigkeiten aneignet, „gewinnt aufgrund seiner Position in der Verteilungsstruktur des kulturellen Kapitals einen Seltenheitswert".[51] Das hat nämlich auch Vorteile in der analogen Welt. Wenn jemand 4.271 Facebook-Freunde und 17.981 Follower auf Instagram hat, spricht sich das schnell in der Schulklasse oder im Sportverein herum. Das suggeriert: Dieses Kind ist beliebt.

Die Bildung von digitalen Netzwerken ist der Sinn der Sozialen Medien. Ein Facebook- oder Instagram-Account ohne Freunde oder Follower macht einen höchst unseriösen Eindruck. Meistens handelt es sich dann um Fake-Profile, die angelegt werden, um andere Benutzer auszuspionieren. Kinder und Jugendliche erweitern ihr soziales Netzwerk sehr gerne, denn sie sind neugierig. Das gegenseitige Kennen und Anerkennen beschreibt Bourdieu als *soziales Kapital*.[52] Sozialkapital kann reproduziert werden, indem eine unaufhörliche Beziehungsarbeit geleistet wird. Gerade junge Erwachsene erweitern ihre Freundeslisten auf Facebook ganz bewusst, um das Netzwerk-Marketing voranzutreiben. Die Mobilisierung von nützlichen Beziehungen bringt dabei oftmals materielle Profite.[53]

Multi-Level-Marketing ist seit 2018 total im Kommen. Dubiose Fitnessgetränke, Wunderpulver und andere Nahrungsergänzungsmittel (Supplements) werden in den Sozialen Medien geradezu vertickt. Die Verkäufer nennen sich meist Coach oder Trainer. Sie verkaufen nicht nur Produkte, sondern akquirieren neue Mitglieder. Darunter sind auch Teenager. Versprochen wird das schnelle Geld. Man muss dafür nur ein Einstiegspaket kaufen. Die Trainer veröffentlichen angebliche Beweisbilder von Klienten, die innerhalb von vier Wochen 15 Kilo abgenommen haben. Den Teenagern und jungen Erwachsenen, die auf solche Maschen hereinfallen, ist kein Vorwurf zu machen. Der Umgangston im Multi-Level-Marketing (MLM) ist sehr höflich und fast schon anbiedernd freundschaftlich bis einfühlsam. Die MLM-Verkäufer schreiben die Kids unter einem Vorwand an und heucheln Interesse. Irgendwann fragen sie: „Und, bist du zufrieden mit deinem Gewicht?" „Wärst du gerne fitter?" Irgendwann heißt es dann: „Ich hab da was für dich!"

Der Ablauf ist in der Regel so: Es gibt einen MLM-Teamleiter der jeweiligen Marke, meist den bereits genannten Trainer/Coach, der wöchentliche Challenges vorgibt. Dadurch erhält das MLM-Business einen spielerischen und kompetitiven Charakter. Die Teenager und jungen Erwachsenen schaukeln sich dann gegenseitig hoch. Wer nicht aktiv genug ist, wird per Push-Nachricht (WhatsApp, Facebook-Messenger, Instagram etc.) unter Druck gesetzt. Gruppenzwang existiert nämlich nicht nur draußen in der echten Welt, sondern auch gerade in den Sozialen Medien. Die Voraussetzungen dazu sind optimal: Die meisten Teenager haben ihr Handy immer griffbereit und sind ständig erreichbar.

Gruppendynamik mit Wirkung

Kinder und Teenager sind in den Sozialen Medien am liebsten unter sich – ohne dass die Eltern davon etwas mitbekommen. Da viele Eltern mittlerweile auf Facebook aktiv sind, verlagert sich die Kommunikation mehr und mehr auf WhatsApp. Hier unterhalten sich die Kids in geschlossenen Gruppen ohne elterlichen Zugang. Problematisch sind digitale Mutproben, zu denen in solchen Gruppen motiviert wird:

„Vor allem seit 2018 wird zu Challenges aufgerufen, die das Ziel haben, sich oder Mitmenschen vor laufender Kamera zu verletzen oder in Gefahr zu bringen (Zufügung von Brandverletzungen, der Freundin auf die Vagina schlagen bzw. slappen, Selfies auf Gleisen etc.) – um dann vor dem Monitor ‚gemeinsam' darüber zu lachen".[54]

Das spontane Schlagen auf die Vagina nennt sich „Pussy Slapping". Das Prinzip stammt aus der Sadomaso-Szene und soll eine stimulierende Wirkung haben. Der Lübecker Neuropsychologe Erich Kasten wird auf *Spiegel Online* wie folgt zitiert:

> *„Der Pussy Slap ist auch ein Akt der Dominanz, mit dem ein junges Mädchen quasi symbolisch versucht, das Sexualorgan ihrer Nebenbuhlerin zu schädigen oder deren Lustgefühl zu verhindern, um sie als Konkurrentin auszuschalten.“*[55]

Die Belustigung ist perfekt, wenn das Pussy-Slap-Video ins Internet gestellt wird. Ein recht harmloses Video dieser Sorte findet sich unter dem Namen „Pussy Slap War" auf YouTube und hat knapp eine Million Klicks.[56] Wer bei solchen Mutproben mitmacht, steigt innerhalb der Gruppe sozial auf. Es ist wie beim Horrorfilm oder Porno, den sich Jugendliche in der Runde gegenseitig vorführen: Wer sich die Augen zuhält oder wegschaut, gilt als Softie.

Horrormomente zeigen sich jedoch nicht nur visuell, sondern mittlerweile auch in Form von gruseligen Sprachnachrichten, die über WhatsApp verschickt werden. Ganz neu ist eine Art von Kettenbriefen, die durch die heimischen Kinderzimmer geistern. Erschrickt ein Kind und nimmt die Sache ernst, leitet es die Grusel-Nachricht meist an zehn Kinder weiter – und bald wissen alle davon. In einem Fall, der 2018 so geschehen ist, äußert eine fiese Computerstimme per WhatsApp-Sprachnachricht Todesdrohungen und setzt das Kind unter Druck. Die Stimme kündigt an, „den Empfänger und dessen Familie umzubringen".[57] Das alles ist zwar nur ein Fake, das macht die Sache allerdings nicht harmlos. Die Mutter eines betroffenen Kindes sagt:

> *„Der erste Tag war der schlimmste, also vor allem abends war es eine Katastrophe. Seitdem ist es gleichbleibend. Er sagt, ich weiß, dass es ein Fake ist, aber die Angst kriege ich nicht aus meinem Körper raus.“*[58]

Es ist wissenschaftlich bewiesen, dass Worte das Denken und Handeln eines Menschen prägen.[59] Einige Worte, die vielleicht nicht so schön sind, lassen sich direkt abschütteln. Andere hingegen hängen einem teilweise jahrelang nach.[60] Geraten Kinder und Jugendliche in einen Konflikt, wird dieser oftmals online ausgetragen – beispielsweise über WhatsApp. Die Beleidigungen können sehr heftig ausfallen und wehtun, obwohl die Worte ja ‚nur' eingetippt sind und man das Gegenüber nicht einmal persönlich sieht. Hier zeigt sich die Macht und Wirkung digitaler Worte.

Die Kommunikation in den Sozialen Medien sorgt dafür, dass ein Wir-Gefühl entsteht. Und dieser Effekt ist in vielen Fällen zum Glück auch sehr positiv. 41 Prozent der Jugendlichen seien politisch interessiert, meint die Shell-Jugendstudie 2015.[61] Das hat mehrere Gründe: „Online-Petitionen sind beliebter als Unterschriftenlisten. Jeder Vierte hat bereits an einer Demonstration teilgenommen, und jeder zehnte engagiert sich in einer Bürgerinitiative."[62] Die Demokratisierung der Jugend ist sehr wichtig, wird im Rahmen der Schulbildung bislang jedoch vernachlässigt. Das ergab eine Studie im Auftrag der Bertelsmann-Stiftung im Jahr 2018.[63] Respekt und Pluralismus sind wichtige Merkmale einer Demokratie. Lernen die Kids diese Prinzipien sehr früh, dürfte sich die digitale Streitkultur in eine sachliche und weniger verletzende Richtung entwickeln. Es liegt also an den Eltern und Lehrern, mit gutem Beispiel voranzugehen.

Die Kinder des Christoph Kolumbus

Das Spiel beginnt mit einem mittelalterlichen Dorf und einigen virtuellen Arbeitern sowie Kaufleuten. Die Wirtschaft blüht. Allmählich mausert sich das Dorf zu einer kleinen Stadt. Die emsigen Arbeiter bauen Ressourcen ab, und die ausgefuchsten Kaufleute betreiben Handel. Endlich ist es so weit: Die ersten militärischen Einheiten stehen zur Verfügung. Ein Blick auf die Karte verrät, wo sich Räuber und andere Konkurrenten befinden. Die Armee zieht los. Die Spannung steigt, denn immerhin hat der Spieler mehrere Tage auf genau diesen Moment hingearbeitet. Das Kampfhorn ertönt. Plötzlich poppt die Meldung auf: „Deine Truppen wurden vernichtet!" Egal, denn in ein paar Tagen wird einfach der nächste Angriff gestartet. Bis dahin sind allerdings einige Spielstunden nötig, um eine schlagfertige Truppe zusammenzustellen.

Kinder sind neugierig und entdecken gerne die Welt. Das war schon immer so. In Zeiten, als es noch keine Computer- und Handyspiele gab, mussten sie dabei sehr kreativ sein, um auf spielerische Entdeckungsreisen zu gehen. Kein Problem: Mit der richtigen Ausrüstung konnten sich die Mädchen zauberhafte Puppenhäuser und die Jungs rustikale Playmobil-Westernstädte bauen. Gemeinsam mit Freundinnen und Freunden spielten sie den ganzen Tag und verstellten ihre Stimmen, um in die selbst erbaute Welt so richtig einzutauchen. Rasch entwickelten die Figuren ein Eigenleben, die Stadt wurde größer und täglich kamen neue Geschichten hinzu. Mit ein bisschen Fantasie und Kreativität ist das auch in der digitalen Zeit möglich. „Das Kinderzimmer wird zu einer Westernstadt oder einem Ponyhof, auf dem Barbie und Ken verliebt ein paar Urlaubstage genießen".[64] Das gemeinsame Spielen im Kinderzimmer macht Spaß – und nur darum geht es –, weil das echte Spielen mit Puppen, Playmobil und Lego frei von globalen Ranglisten und digitalen Belohnungen ist.

Zurück zu unserem mittelalterlichen Dorf, das vom Handydisplay ins kindliche Bewusstsein flimmert. Die Kinder liegen im Bett oder sitzen auf der Couch, um die virtuelle Spielwelt zu erkunden. Dabei gibt es immer wieder neue Aufgaben, ohne deren Lösung ein Weiterkommen nicht möglich ist. Also sitzen die Spieler pro Tag viele Minuten und oftmals sogar Stunden vor dem kleinen Display. Im Spiel machen sie Fortschritte und bewegen sich von A nach B. In Wirklichkeit bewegen sie sich gar nicht oder höchstens mal auf die Toilette – allerdings auch nur, weil es sein muss. Wie praktisch wäre das im Jahr 1492 gewesen: Christoph Kolumbus steuert sein Schiff vom Handy aus, während er sich in der mittelalterlichen Badestube vergnügt.

Tatsächlich entdecken die Kinder und Jugendlichen die Welt, wie es einst der große Seefahrer Christoph Kolumbus tat: Die digitale Erkundung ist eine Reise ins Ungewisse, und überall lauern Gefahren. Die neue digitale Welt ist natürlich auch viel interessanter als die alte analoge Welt. Unzählige Apps, Spiele, Soziale Medien, Filmportale und zwielichtige Verführungen warten nur darauf, entdeckt und ausprobiert zu werden. Kinder und Jugendliche sehen die digitalen Medien und virtuellen Welten als harmlose Sandkästen und Spielwiesen. Was soll denn da schon Schlimmes passieren?

Tatsächlich kann sehr viel passieren. Die Kindheit als sicherer Schutzraum ist in Zeiten der Digitalisierung äußerst bedroht, denn gerade vom einst behüteten Wohn- oder Kinderzimmer aus tauchen die Kinder in Medienwelten ein, „seit einigen Jahren vermehrt in virtuelle Medienwelten, vor allem in Spielwelten".[65] Was die Kids dort treiben, ist den meisten Eltern gar nicht bekannt. Das Kind sitzt still und vermeintlich brav im Kinderzimmer, taucht aber just in diesem Moment in eine der vielen digitalen Welten ein – und die haben es in sich!

2. Digitale Medienwelten im Überblick

Die magischen Kanäle unserer Kinder

Es ist gut 20 Jahre her: Die Kinder Tobias, Lisa und Martin schleichen auf Zehenspitzen in das gemütliche Wohnzimmer. Ganz leise und wie auf Samtpfoten, schließlich dürfen ihre Eltern an diesem Sonntagmorgen nicht zu früh aufwachen. Im Wohnzimmer angekommen, macht Tobias den Fernseher an. Lisa huscht elegant wie eine Katze in die Küche, um die Dose mit den dänischen Butterkeksen zu stibitzen. Martin steht Schmiere, linst aber immer wieder zum Fernseher. „Hoffentlich findet Tobias den Kanal mit den Zeichentrickserien", denkt er sich. Glück gehabt, die Schlümpfe sind da! Und auch Lisa hat Erfolg. Stolz wie Bolle spaziert sie ins Wohnzimmer, wo Tobias und Martin die Keksdose in Empfang nehmen. Ein paar Zeichentrickfilme und 150 Kekskrümel später schleichen sich die drei Frechdachse wieder zurück ins Bett – so, als sei nichts gewesen.

Ja, damals, als der Familienfernseher noch im Wohnzimmer stand und die Kinder keinen eigenen hatten, war für die Eltern ersichtlich, wann und wie lange die Kinder in die Fernsehwelt eintauchten (von kleinen Ausnahmen wie dem beschriebenen Sonntagmorgen abgesehen). Es gab feste Fernsehzeiten und auch mal ein Fernsehverbot. Der Stubenarrest erfüllte seinen Zweck, weil das Kinderzimmer frei von Unterhaltungsmedien war. Im Laufe der Zeit änderte sich das allerdings. Irgendwann gehörte das Fernsehgerät zum Inventar des Kinderzimmers, später dann auch die PlayStation oder eine andere Konsole. Immerhin gab es noch kein Internet. Die Medienwelt war übersichtlich, weil die Kinder und Jugendlichen verschiedene Geräte nutzten, um auf die mediale Unterhaltung zuzugreifen.

Dieter Baacke beschreibt den typischen Tagesablauf eines 16-jährigen Jungen: Vor der Schule wirft der Junge einen Blick in den Fernseher. Die Fahrt zur Schule wird vom Walkman begleitet. Zuhause schaltet der Junge dann den CD-Player ein und macht nebenbei die Hausaufgaben. Abends geht er ins Kino, und danach trifft er sich mit Freunden, um die neuesten CDs auszutauschen.[66] Das klingt sehr transparent.

Mit dem Einzug des Internets fanden halblegale Musik-Tauschbörsen, über die auch erotische Bilder ausgetauscht werden konnten, den Weg in die Kinderzimmer. Hinzu kamen Ballerspiele wie Counterstrike, die vornehmlich über das Internet gespielt wurden (sogenannte Multiplayer). Die medialen Welten wurden immer größer und vielseitiger. Heute reicht ein Smartphone, um auf die meisten Medienangebote zugreifen zu können. Der Kinobesuch findet dank Netflix zu Hause statt. Die neueste Musik tauschen die Kids digital aus. Freunde treffen sich nach wie vor in Gruppen, allerdings virtuell via WhatsApp. Das heißt: Die Kinder und Jugendlichen erkunden Tag für Tag neue Welten, ohne das Elternhaus verlassen zu müssen. Sie sitzen ruhig im Zimmer, worüber die Eltern zunächst froh sind. Doch das unbegleitete Surfen im Internet ist wie eine Nachtwanderung im tiefsten Wald. Geht die Fackel aus, verirrt sich das Kind.

Die digitalen Medien haben eine magische Anziehungskraft auf die Kinder und Jugendlichen. Für Eltern und Pädagogen ist es wichtig, über die spezifischen Eigenheiten der Medienwelten Bescheid zu wissen. Vor allem aber geht es darum, sich in die Kids hineinzudenken. Warum sind die digitalen Medien so attraktiv? Was kann ich erreichen, wenn ich dort viel Zeit verbringe? Wieso werden Gefahren in Kauf genommen? Wir müssen also, um all dies zu verstehen, einen genauen Blick auf die magischen Kanäle der Kinder werfen.

2.1 Soziale Medien im klassischen Sinne

Die Sozialen Medien sind wohl das Prunkstück des digitalen Zeitalters. Klassisch steht in erster Linie der öffentliche Austausch mit anderen Menschen im Vordergrund. Alles begann mit Myspace, StudiVZ und regionalen Party-Portalen, in denen sich vor allem Teenager und junge Erwachsene tummelten. Seit 2008 ist Facebook in Deutschland angekommen und nicht mehr wegzudenken. Doch der Glanz schwindet. Skandale um Datenmissbrauch sorgen für schlechte Presse – und digitale Netzwerke wie Instagram laufen Facebook so langsam den Rang ab.

Achtung, Suchtgefahr!

Es gibt zwei Faustregeln. Erstens: Wer als junger Mensch nicht auf Facebook ist, hat etwas zu verbergen. Zweitens: Wer sich nach Jahren plötzlich löscht, hat vermutlich private Probleme. Diese Sichtweise ist nicht verwunderlich, denn jeder Facebook-Nutzer hat im Schnitt rund 400 Freunde. Doch das große ‚Social Network' ist mehr als nur ein Freundschaftsportal. Die Menschen teilen persönliche Geschichten, wie es eigentlich nur in eng verbundenen Familien und vielleicht noch in bewährten Freundeskreisen üblich sein sollte. Auch Liebesbeziehungen entstehen über Facebook. Tauschgeschäfte werden abgeschlossen, und jeder quatscht jeden an. Es ist beinahe so wie im richtigen Leben. Oder ist Facebook vielleicht sogar die neue, maßgebliche Realität, an die wir uns gefälligst zu gewöhnen haben?

Mit 2,3 Milliarden aktiven Nutzern pro Monat (2018) ist Facebook das größte Social-Media-Netzwerk der Welt. „Das gilt auch für Deutschland mit seinen 30 Millionen monatlichen und 21 Millionen täglichen Nutzern", schreibt *Welt Online* am 4. Februar 2019.[67] Wie abhängig die Menschen von den Sozialen Medien sind, zeigt eine Studie der Karl Landsteiner Privatuniversität Krems (KL Krems) und der Universität Wien, die im November 2018 veröffentlicht wurde. Das Ergebnis: „Bereits ein siebentägiger Verzicht auf Social Media wie Facebook und WhatsApp reicht in vielen Fällen aus, Entzugserscheinungen zu erzeugen, wie sie auch Suchtmittel verursachen können."[68] 90 von 152 Teilnehmerinnen und Teilnehmern schafften es nicht einmal, die siebentägige Social-Media-Abstinenz durchzuhalten, ohne rückfällig zu werden.[69] Dabei war eine Kommunikation mit der Außenwelt in der Zeit durchaus möglich, da „andere Kommunikationskanäle wie SMS und Email"[70] erlaubt waren. Das ist ein erster Hinweis, dass es bei der Nutzung der Sozialen Medien nicht nur um die Kommunikation mit anderen Menschen geht.

Die zwischenmenschliche Kontaktpflege ist natürlich ohne Social Media möglich. Wir können jederzeit zum Telefonhörer oder Smartphone greifen, um die Freundin, den Bruder oder auch den Klassenkameraden anzurufen. Wenn wir im Urlaub sind, verschicken wir eine Postkarte an die Liebsten. Wann die Karte ankommt, ist eigentlich egal, geht es doch um die Geste: „Wir denken auch im Urlaub an euch!" Die altmodische Kommunikation, ob per Telefon, mit Karten oder handgeschriebenen Briefen oder auch als Spontanbesuch auf einen Kaffee und Plausch etc., ist eine persönliche Form von Wertschätzung. Sich Zeit füreinander zu nehmen, geht in den Sozialen Medien zunehmend verloren. Die meisten Menschen posaunen Informationen, Erlebnisse und private Intimitäten im Sekundentakt hinaus – vor allem Kinder und Jugendliche.

Dekoration auf Instagram

Kinder und Jugendliche brauchen einen zeitlichen und örtlichen Verweilraum, um ihre individuellen Bedürfnisse befriedigen und sich kreativ entfalten zu können. „Der Ausdruck ‚Frei-Zeit' meint ja bis heute genau dies: daß die freie Verfügung über Zeit ein wichtiges Element der Erholung, Besinnung und Identitätsstabilisierung darstellt".[71] Der kindliche Zeitvertreib mit Medien wird oftmals nicht als sinnvolles Hobby akzeptiert, wenngleich die Sinnfreiheit ja gerade den Reiz am Hobby ausmachen kann. Es gibt genug Erwachsene, die stundenlang mit ihrem Motorrad durch die Gegend cruisen. Andere wiederum sind im Schützenverein oder schießen Tontauben. Frauen gehen gerne shoppen. Nicht alle Einkäufe sind sinnvoll, aber sie machen Spaß! Es geht darum, sich etwas zu gönnen – Handtaschen, Lippenstifte und zehn Parfüms, von denen sowieso nur zwei genutzt werden. Die restlichen Flakons dienen der Dekoration des Badezimmers, was ja ganz hübsch aussehen kann. Für die Kids sind nun eben die Sozialen Medien wie ein zweites Wohnzimmer – allen voran die Plattform Instagram.

Fünfzehn Millionen Menschen in Deutschland verwenden Instagram.[72] Facebook liegt zwar noch vorne, doch Instagram ist vor allem bei Kindern und Jugendlichen beliebt. Während die Eltern und Großeltern Facebook mit großen Augen für sich entdecken, wollen die Kids lieber unter sich sein. Kein Wunder also, dass sich die Kleinen zunehmend für Instagram entscheiden und Facebook boykottieren. Noch mehr als Facebook lebt Instagram von der sagenhaften Bildgewalt der hochgeladenen Fotos. Das spielt den Kids in die Karten, die liebend gerne die Natur und sich selbst fotografieren. Sie haben Spaß daran, die Bilder digital zu bearbeiten und mit Effekten aufzupeppen. Von den Eltern bekommen sie dafür nur selten Lob, von der Internetgemeinde hingegen schon.

Um auf Instagram durchstarten zu können, braucht es einen Benutzernamen. „Der coole Teenager von nebenan nennt sich dann natürlich nicht Aldiboy17, sondern vielmehr FerrariDeluxe17".[73] Es geht ganz klar um Selbstdarstellung. Viele Teenies wählen allerdings ihren echten Namen als Pseudonym. Das hat zwei Gründe. Erstens sollen ihre Freunde sie ja auch finden, und zweitens geht es darum, ein bisschen bekannter zu werden. Als in den 1990er-Jahren die ersten Chaträume aufkamen, war das ganz anders: Es wurden ganz bewusst Benutzernamen gewählt, die nicht auf die wahre Identität schließen

ließen. Es gab auch gar keinen Grund, im Internet bekannt zu werden, weil es keine Vernetzungsmöglichkeiten im Sinne der Sozialen Medien gab. Heute ist das anders: Moderne Netzwerke wie Instagram bieten Kindern und Jugendlichen die Chance, sich langfristig etwas aufzubauen.

Die Pflege des Instagram-Accounts ist mit der Dekoration eines Zimmers zu vergleichen. Hier ein Bildchen, da eine kleine Verzierung, hinzu kommen ein paar bunte Farbtupfer, und wenn möglich sollte alles aufeinander abgestimmt sein. Fotografierte Landschaften wirken wie ein Blick aus dem Fenster. Die Instagram-Freunde sind auch immer da und melden sich, wenn ihnen ein hochgeladenes Foto gefällt. Das Gemeinschaftsgefühl mit farbenfrohen Erlebnislandschaften führt dazu, dass sich die Kinder und Jugendlichen gerne einloggen. Oftmals blättern die Kids ihren eigenen Account durch und erfreuen sich daran – so als würde es sich um ein Fotoalbum handeln, das mit der ganzen Welt vernetzt ist. Der visuelle Einblick in das Leben anderer Menschen wiederum ist spannend, entfacht jedoch Konkurrenzgedanken. Erfolg ist sexy, er ist vor allem aber auch messbar: Likes, Herzchen, Follower und Fans regieren die Sozialen Medien und sind als sozialvirtuelle Währung zu verstehen.

Vom Dorf zum Global Village

Umstrittene Geschäftsmodelle zeigen, wie wichtig eine starke Präsenz in den Sozialen Medien ist. Internet-Shops verkaufen Follower, Likes und Herzen gegen Bares. Wer dafür Geld ausgibt? Firmen, Influencer und solche, die es werden wollen. Im Dezember 2017 berichtet *Spiegel Online* über einen minderjährigen Schüler, der gefälschte Follower über das Internet verkauft hat. „Für um die 1000 Euro habe er 100.000 Follower geboten – und ein Kunde habe das gekauft. Die Bestellung sei aus dem Nichts gekommen."[74] Der junge Mann erstellte „gleich mehrere neue Online-Shops, liest sich tagelang durch Blogs über Suchmaschinenoptimierung"[75]. Mit Erfolg, denn das Geschäft brummt. Das Beispiel zeigt nicht nur, wie gierig manche Menschen auf Follower sind (sie bezahlen sogar dafür!), es zeigt vor allem, wie gut sich die Jugend im Internet auskennt. Teenies haben ein Gespür für digitale Trends. Ein paar wenige profitieren davon. Die meisten lassen sich verführen und rutschen ab.

Nach wie vor wird die Digitalisierung als Gewinn für die Gesellschaft und auch für die Demokratie angepriesen. Die Agora war im antiken Griechenland der politische Marktplatz der alten Athener. Ex-Bundesinnenminister Otto Schily (SPD) glaubte 2001, es sei an der Zeit, die Agora „als E-Gora wieder attraktiv zu machen".[76] Gemeint ist damit eine Form der Cyberdemokratie, die allerdings, wie manche schon bald glauben, „viel eher eine Schwatzbude" und „ein Forum für schwadronierende Selbstdarsteller ist".[77] Auch das, was die Jugendlichen im Internet und vor allem in den Sozialen Medien treiben, wird oftmals als liederlicher Unfug abgetan. Dem ist zu widersprechen: Es braucht ein gehöriges Maß an digitalen Fähigkeiten, um einen YouTube-Kanal erfolgreich zu betreiben. In den Kids, die mehr und mehr zu *Digital Natives* mutieren, schlummert sehr viel Potenzial. Allerdings wird es verschenkt, weil die Kids zwar zu medienaffinen, nicht aber zu medienkritischen Wesen herangebildet werden. „Pädagogisch kundige und damit verantwortliche, professionalisierte Personen"[78] müssen den Kindern und Jugendlichen frühzeitig beibringen, welche Risiken und Gefahren im Internet lauern. Aber sowohl das Elternhaus als auch das Schulsystem versagen hier – es gibt nur wenige Ausnahmen. Körperlich befinden sich die Kids vielleicht im vermeintlich sicheren Kinderzimmer, doch ihr digitales Alter Ego reist *allein* durch den Cyberspace.

Der digitale Austausch funktioniert mittlerweile in Echtzeit. Es handelt sich also um eine synchrone Kommunikation ohne Zeitverzögerung. Das ist vor allem in den Sozialen Medien der Fall, wenn es schnell hin und her geht. Die Vernetzung führt Menschen verschiedener Länder und Kulturen zusammen. Die Welt wirkt wie ein elektronisch vernetztes Dorf – ein *Global Village*. Die sozialen Netzwerke wie Facebook, Instagram, Twitter und Snapchat bringen die Menschen miteinander in Kontakt. Dabei eröffnet sich die Chance, sich digital so darzustellen, wie es im echten Leben bislang nicht möglich war. Doch die Selbstdarstellung ist grotesk. Einige User wirken wie Schaufensterpuppen, die auf ihren Selfies keinerlei menschliche Mimik zeigen. Das Duckface – das Ziehen einer entenähnlichen Schnute – wirkt einstudiert und konkurriert mit dem Fish Gape: „Man inszeniert seinen Mund also wie ein offenes Fischmaul, wodurch er im Gesicht breiter und voller wirken soll."[79] Die Kinder und Jugendlichen ahmen solche Trends umgehend nach, ja, verfeinern sie sogar.

Die Vernetzung und stetige Kommunikation miteinander schafft Vertrauen einerseits und Vertrautheit andererseits. Existenzielle Werte wie Freundschaft und Liebe verwässern und irrlichtern die User in emotionale Abhängigkeiten, die nur durch Sprache und Kommunikation entstehen. Die Verlagerung des Miteinanders in digitale Welten zerstört die Authentizität, die einen Menschen ausmacht, denn hier gibt es spezifische Anforderungen. Wer sich in den digitalen Netzwerken zu menschlich zeigt, ist nicht spannend genug, um Fans und Follower in seinen Bann zu ziehen. Um soziale Bestätigung zu erhalten, verstellen sich viele Internetuser. Sie passen sich den Gepflogenheiten der Sozialen Medien an. Der französische Soziologie und Sozialphilosoph Pierre Bourdieu beobachtete, wie manche Städter „ihren Dialekt verleugnen" oder „sich ihrer traditionellen Behausungen schämen".[80] Ähnlich ist es im digitalen Zeitalter: Man posiert mit dicker Sonnenbrille und „Camp David"-Hemd vor einem geleasten Sportwagen oder mit einem Promi, den man irgendwo zufällig aufgegabelt hat. Was man damit sagen will? Ich bin wichtig, und mir geht's *#instagood* – natüüüürlich!

2.2 Soziale Messenger-Dienste

Die Sozialen Medien im klassischen Sinne sind auf den Austausch von Bildern und Texten mit mehreren Menschen gleichzeitig ausgelegt. Die 16-jährige Schülerin Lisa veröffentlicht also ein schickes Urlaubsfoto auf Instagram, das ihre 500 Abonnenten sehen, liken und kommentieren können. Soziale Messenger-Dienste wie WhatsApp und der Facebook-Messenger (als separate App) ermöglichen eine ungestörte Unterhaltung im privaten *Chambre séparée*. Zwei Benutzer führen also eine Art Gespräch, das nicht für andere Benutzer bestimmt ist. Natürlich ist die Erstellung von Gruppen möglich. Die Kumpels Marc, Tim, Alexander und Jonas erstellen eine WhatsApp-Gruppe, in der sie sich gemeinsam über die neusten Fußballtransfers, Handy-Games und lustige Alltagssituationen unterhalten können. Aber auch wenn WhatsApp die Gruppen-Funktion anbietet, wird das Programm in der Regel genutzt, um mit bestimmten Personen zu chatten, ohne dass andere mitlesen.

Seit dem 25. Mai 2018 gilt: WhatsApp-User in Deutschland müssen mindestens 16 Jahre alt sein. Die meisten wissen das nicht, und die wenigsten interessiert das. Der Messenger überprüft das Alter auch nicht. Es genügt ein Klick, und die App kann uneingeschränkt benutzt werden.[81] WhatsApp gilt mit seinen lustigen Emojis und intuitiven Funktionen als harmloser Messenger, ideal für Kinder und Jugendliche. Und die Kids sehen in WhatsApp natürlich viele Vorteile. Während sich die Eltern peu à peu in Instagram und vor allem Facebook einklinken und somit auch die eigenen Kinder digital kontrollieren, unterhalten sich die Kids lieber via WhatsApp in geschlossenen Gruppen – die Eltern wissen davon oft gar nichts!

Die Maximalgröße einer solchen Gruppe liegt bei 256 Teilnehmern.[82] Je größer die Gruppe ist, desto unberechenbarer ist die daraus entstehende Gruppendynamik: „Kinder und Jugendliche bilden […] ganz bewusst eigene und für Eltern und Lehrer unzugängliche Gruppen, um eine *Mésalliance* zu vermeiden".[83] Mésalliance, eigentlich ein Begriff aus dem Mittelalter, bedeutet an dieser Stelle, dass sich die Jugendkultur in den Sozialen Medien gezielt von der elterlichen Erwachsenenkultur abgrenzt, weil die soziokulturellen Unterschiede zu groß sind. Eine gemeinsame WhatsApp-Gruppe aus 40 Teenagern und 20 Vätern und Müttern würde zu Spannungen führen und somit – um es bildhaft auszudrücken – in einer konfliktreichen ‚Missheirat‘ (= Mésalliance) enden.

Konflikte sind im Rahmen der Erziehung nicht nur normal, sondern auch wichtig: Das eigene Kind gerät beispielsweise in eine Clique, in der viel Alkohol konsumiert wird. Die Eltern merken das, weil sie eines Abends die Fahne riechen. Sie sprechen mit dem Kind (15 Jahre) und verbieten den Konsum. Es kommt zu einem gigantischen Krach, aber letztendlich lenkt das Kind ein (es will ja schließlich weiterhin Taschengeld bekommen). Im Großen und Ganzen lässt sich das Problem also klären. Was in den geheimen WhatsApp-Chats passiert, ist hingegen weniger ersichtlich. Dabei sollten die Eltern eigentlich ein Auge darauf haben, mit wem und über welche Themen die Kinder chatten. Da kommt es schon mal vor, dass ‚Neger-Witze‘ gerissen oder Pornobilder ausgetauscht werden. Immerhin sind das Situationen, die zumindest von den Eltern als bedenklich eingestuft werden. Allerdings bekommen sie oft nichts direkt davon mit.

Cyber-Horror

Hinterhältig sind pikante Privatnachrichten und digitale Bilder, die von den Kids an Freunde ohne Erlaubnis weitergeleitet werden. Die 13-jährige Julia schickt ihrem neuen Freund Thomas ein Foto in Unterwäsche. Der freut sich nicht nur, sondern prahlt damit vor seinen Kumpels. Thomas leitet das sexy Bild an Daniel, Alex, Johnny, Julian und Robert weiter. Julia ist übrigens mollig, worauf Robert mal so gar nicht steht. Also leitet Robert das sexy Pic an seine ganze Clique per WhatsApp weiter und schreibt dazu: „So eine hässliche fette Amsel!"

Der nächste Schultag wird für Julia zu einem Horror-Tag, denn viele Schülerinnen und Schüler machen sich über das Mädchen lustig.

Heutzutage beginnt Mobbing in der digitalen Welt – und kann in den Selbstmord führen. „Ich war selbst schon auf sechs Beerdigungen, bei denen Mobbing der Auslöser für den Selbstmord war", weiß Carsten Stahl, der sich nach seiner Karriere als RTL-Schauspieler nun als Anti-Mobbing-Trainer engagiert.[84] Auslöser der neuen Mobbing-Debatte war der Selbstmord eines Mädchens Ende Januar 2019. Das Mädchen ging in Berlin zur Schule. „Sie soll sich das Leben genommen haben, weil sie den Psychoterror nicht mehr aushielt."[85] Mobbing wird oftmals nicht ernst genommen, Cyber-Mobbing schon gar nicht. Die Internetseite „klicksafe.de" definiert Cyber-Mobbing wie folgt:

> *„Unter Cyber-Mobbing (Synonym zu Cyber-Bullying) versteht man das absichtliche Beleidigen, Bedrohen, Bloßstellen oder Belästigen anderer mithilfe von Internet- und Mobiltelefondiensten über einen längeren Zeitraum hinweg."*[86]

Cyber-Mobbing kann überall und von überall aus stattfinden. Das Kinderzimmer ist, auch wenn Fenster und Türen geschlossen sind, schon lange nicht mehr sicher. Versteht man unter Kindheit „einen geschützten Raum des Aufwachsens"[87], so wird dieser inzwischen durch Cyber-Mobbing nicht nur bedroht, sondern verroht mehr und mehr.

Unabhängig vom Cyber-Mobbing ist die ständige Erreichbarkeit wichtig, um sich nicht isoliert zu fühlen. Das ist nicht nur bei Kindern so, sondern auch bei vielen Erwachsenen. Hinzu kommt die ständige Verfügbarkeit, die viele Menschen voraussetzen. WhatsApp zeigt mit zwei grauen Häkchen an, wenn und wann eine Nachricht durchgestellt wurde. Es entwickelt sich ein regelrechter Zurückschreibzwang – vor allem dann, wenn die Lesebestätigungen in Form von zwei blauen Häkchen aktiviert sind. Sind die Chats sehr lang und beinhalten sie viele Fragen, kann das Zurückschreiben ganz schön zeitintensiv und mitunter anstrengend sein. Oft genug kommt es zu Streitereien, weil eine Person auf eine WhatsApp-Nachricht nicht schnell genug antwortet, obwohl sie die Nachricht nachweislich gelesen hat und mehrfach am Tag online war. Nicht nur Kinder und Jugendliche zicken sich deswegen gerne mal an, sondern auch Erwachsene. Es ist jedoch wichtig, sich nicht unter Druck setzen zu lassen.

Präsenz und Bestätigung

WhatsApp ist nicht der einzige Messenger, den die Kids nutzen. Diejenigen, die auf Facebook aktiv sind, haben meist auch den Facebook-Messenger als App auf ihrem Smartphone. Der Facebook-Messenger ermöglicht das sogenannte *Direct Messaging*. Mithilfe der App lassen sich demnach Direktnachrichten an Facebook-Freunde und andere User verschicken, ohne dass diese Nachrichten öffentlich geteilt werden. Auch Instagram bietet Direct Messaging an, allerdings nicht über eine gesonderte Messenger-App. Letztendlich ist es so: Viele Kids führen eine digitale Existenz auf mehreren Plattformen gleichzeitig. Hinzu kommen Online-Spiele und je nach Alter Flirt-Plattformen sowie weitere Accounts, die der digitalen Privat-Kommunikation dienen.

Der 17-jährige Patrick nutzt täglich WhatsApp, Facebook, Snapchat, iMessage, Tinder, Lovoo und verschiedene Handy-Games, die einen Chat anbieten. Insgesamt sind es zehn Apps, über die er regelmäßig mit verschiedenen Jungs und Mädels kommuniziert. Während die WhatsApp-Kontakte sehr konstant sind (die Handynummer gibt man ja nicht jedem), sieht es bei Dating-Apps, Games und Facebook anders aus. Hier tauscht Patrick sich auch mit jungen Internetnutzern aus, die er nicht persönlich kennt. Vor allem mit Mädchen, auf die er neugierig ist. Um den Kontakt zu halten, wechselt Patrick immer von App zu App. Das kann sehr schnell unübersichtlich werden.

Positive Kommunikation mit anderen Menschen ist soziale Selbstbestätigung pur – vor allem im Bereich Online-Dating. Das lässt sich sprachwissenschaftlich erklären. Ein Sprechakt besteht immer aus einer Absicht und einer Wirkung. Der Sprechakt glückt, wenn die gewünschte Wirkung erzielt wird. Die Chancen erhöhen sich, wenn das allgemeine Kooperationsprinzip eingehalten wird, das besagt, dass man den Gesprächsbeitrag immer so gestalten sollte, wie es vom jeweiligen Gesprächszweck und von der Gesprächsrichtung gerade verlangt wird.[88]

Je mehr geglückte Konversationen pro Tag geführt werden, desto eher wird das Selbstbewusstsein in Bezug auf die soziale Kommunikation im Internet gestärkt. Das hat zwei Konsequenzen. *Erstens* gibt es Kinder und Jugendliche, die aufgrund ihrer Sozialkompetenz und digitalen Selbstdarstellung in den Sozialen Medien und Messenger-Diensten sehr erfolgreich sind. *Zweitens* gibt es Kinder und Jugendliche, die aufgrund ihrer Sozialkompetenz und digitalen Selbstdarstellung in den Sozialen Medien und Messenger-Diensten nicht erfolgreich sind. Es entwickelt sich jeweils eine Aufwärts- oder Abwärtsspirale.

Doch unverhofft kommt oft. Kids, die in den Sozialen Medien und Messenger-Diensten nicht ankommen, finden oftmals Bestätigung in Computer- oder Handyspielen. Die digitale Welt scheint jedem etwas zu bieten und für jeden ein Plätzchen zu haben. Allerdings ergeben sich daraus nicht selten erhebliche Probleme. Werfen wir also einen Blick auf Handy-Spiele und den Suchtfaktor, der mit ihnen verbunden ist.

2.3 Wie Handy-Spiele süchtig machen (können)

Ähnlich wie WhatsApp stellen Spiele-Apps ein unterschätztes Risiko dar. Das Kind daddelt fröhlich vor sich hin, und die Spielmusik düdelt harmlos aus dem Smartphone-Lautsprecher. Was soll denn da bitteschön passieren? Viele Eltern sind ja sogar happy, wenn das Kind ausnahmsweise mal nichts will und sich mit dem modernen Ding beschäftigt, ohne zu quengeln.

Die Auswahl an Spiele-Apps für das Handy ist gigantisch. Es gibt natürlich Spiele, die fast jedes Kind kennt. Beispiele hierfür sind die Apps „Clash of Clans", „Quizduell", „Doodle Jump", „Candy Crush7" und „Pokémon Go". Je nach Betriebssystem (iOS, Android etc.) können die Spiele über den App Store (z. B. iPhone) oder Google Play (z. B. Samsung Galaxy etc.) heruntergeladen werden. Das ist recht simpel und fällt den Kids vermutlich sogar einfacher als den meisten Erwachsenen. Grundsätzlich muss zwischen zwei wichtigen Bezahlformen unterschieden werden.

Viele Spiele sind zunächst kostenlos. Die Kinder und Jugendlichen laden die Apps also auf ihre Smartphones, ohne etwas für den Download zu bezahlen. Das ist unter anderem bei dem Spiel „Fortnite" der Fall. Der App Store weist allerdings darauf hin, dass In-App-Käufe möglich sind. Die Spieler, also auch Kinder und Jugendliche, können nämlich Spielvorteile und Premiumfunktionen freischalten, indem Echtgeld eingezahlt wird. Anfangs genügen kleine Beträge wie beispielsweise fünf Euro pro Einzahlung, weshalb man von Mikrotransaktionen spricht. Doch wer einmal echtes Geld investiert hat, tut es meist erneut. Das summiert sich und ist sehr gefährlich. Es gibt natürlich auch Spiele-Apps, die nur gegen Bezahlung heruntergeladen werden können. Dieses Prinzip erinnert an den klassischen Einkauf in der analogen Welt: Man geht in ein Geschäft, sucht sich ein Spiel aus und bezahlt es schließlich an der Kasse. Das beliebte Handy-Spiel „Minecraft" kostet im App Store 7,99 Euro, dennoch sind In-App-Käufe möglich.

Die meisten Games für das Smartphone funktionieren nach einem ähnlichen Prinzip. Der Spieler taucht in die Spielwelt ein und hat Tag für Tag die Möglichkeit, sich zu verbessern. Hierbei kommt es jedoch nicht nur auf die Entwicklung der Geschicklichkeit („Skill") an, sondern auch und vor allem auf das Sammeln von Erfahrungspunkten und anderen Boni. Schnell wird klar: Wer viel Zeit in den digitalen Spielwelten verbringt und Echtgeld investiert, kann seinen Skill-Malus ausgleichen. Sehr viele Handy-Games sind kompetitiv und somit auf den Wettbewerb mit anderen Spielern ausgerichtet. Es gibt Online-Ranglisten, tägliche Aufgaben (Quests) und epische Schatzkisten gefüllt mit Belohnungen, die geöffnet und ausprobiert werden wollen. Benutzer, die sich nicht regelmäßig in das Spiel einloggen, sind schnell im Nachteil.

Das Strategiespiel „Command & Conquer"

Die Computerspiel-Reihe „Command & Conquer" aus dem Genre der Echtzeit-Strategiespiele erfreute sich Mitte und Ende der 1990er-Jahre größter Beliebtheit. Echtzeit-Strategiespiele werden noch immer vor allem auf dem Computer gespielt, darunter auch die populären Games „Age of Empires", „Warcraft 3" und „Starcraft 2". Das Spielprinzip ist simpel, erfordert jedoch taktisches Geschick: Zunächst baut der Spieler Ressourcen ab, die dann in militärische Gebäude und Einheiten investiert werden. Ziel ist also der Aufbau und die Verwaltung einer Armee zur Zerschlagung des Gegners. Das Spiel ist beendet, sobald der Gegner vernichtet ist. Solche Gaming-Sessions können Minuten, aber auch viele Stunden dauern. Handy-Spiele sind so konzipiert, dass die Spielrunden flott von der Hand gehen. Das Smartphone ist ein Zwischendurch-Medium, und die Kids möchten im Minutentakt von App zu App switchen. Sitzt man am Computer, gehen stundenlange Sessions vielleicht noch in Ordnung, doch am Smartphone muss es immer schnell gehen. Das liegt natürlich zusätzlich an der

Nutzung des mobilen Internets. Die Spiele-Entwickler programmieren also mobile Games, die sich für den schnellen Zeitvertreib eignen. Da haben die Smartphone-Gamer Glück gehabt. Im Dezember 2018 ist das Spiel „Command & Conquer: Rivals" für mobile Endgeräte erschienen. „Auf Geräten in allen Größen sieht das Spiel schick aus, die Steuerung geht flott von der Hand, das Gameplay wird vom Tutorial verständlich erklärt."[89] Ein Tutorial ist so etwas wie eine audiovisuelle Gebrauchsanleitung, die dem Neuling das Spiel erklärt. Allerdings nicht nur, indem der Spieler zuschaut und zuhört. Nein, er darf auch mitmachen und in das Spielgeschehen eingreifen. Das interaktive Tutorial steigert die Vorfreude, denn als Spieler möchte man am liebsten schon jetzt in das Spielgeschehen eingreifen. „Normalerweise dauern die Partien um die drei bis acht Minuten, anschließend folgt aber noch eine Phase mit dem Öffnen von Schatztruhen, dem Upgraden von Einheiten und ähnlichen Aktivitäten".[90] Das klingt spannend, also wird es Zeit für einen Selbstversuch.

Start in die Gaming-Karriere

Der Autor des Buches unternimmt einen Selbstversuch und probiert das Handy-Spiel „Command & Conquer" aus. Zur Veranschaulichung sind die folgenden Zeilen deshalb aus der Ich-Perspektive geschrieben.

Es ist der 10. Februar 2019. Im Rahmen meiner Recherche klicke ich mich durch die Top-Games für das iPhone im App Store. Plötzlich wird mir das Spiel „Command & Conquer: Rivals" empfohlen. Das Grundprinzip am altmodischen Computer kenne ich noch aus den 90er-Jahren. Damals muss ich knapp 20 Jahre alt gewesen sein. Nostalgie pur also! Ich lade „Command & Conquer: Rivals" auf mein Smartphone. Das Spiel ist *free-to-play*. Das bedeutet, dass die grundlegenden Spielfunktionen kostenlos genutzt werden können, es aber kostenpflichtige

Zusatzinhalte gibt, wodurch sich die Hersteller finanzieren (und vor allem: Gewinn machen). Ich muss also erst einmal nichts bezahlen, weshalb der Download des Spiels kein Risiko darstellt. Freigegeben ist „Command & Conquer: Rivals" ab „12+". Mit meinen 37 Jahren ist das also kein Problem, auch wenn es sein könnte, dass ich mit den schnellen Reaktionen der Gaming-Jugend nicht mehr mithalten kann. Ich öffne die App, indem ich auf den Touchscreen tippe. In den 90er-Jahren war so etwas noch undenkbar. Während das Spiel lädt, poppt ein ansprechender Ladebildschirm auf. Zu sehen ist ein futuristischer Panzer sowie eine Landschaft mit weiteren Kriegsgeräten. Die Begleitmusik ist packend und hat etwas Episches. Ergo: Man freut sich, in die Spielwelt eintauchen zu dürfen. Endlich geht es los. Ich werde direkt durch das Tutorial geführt, das wohl auch sechsjährige Kids locker hinbekommen würden. Eine Computerstimme gibt mir Befehle. Ich muss Gebäude und Einheiten bauen, um den computergesteuerten Gegner zu vernichten. Nach einigen Minuten habe ich die technokratische Tortur hinter mir. Gut so, denn ich will gegen menschliche Gegner spielen und die besagten Schatztruhen mit virtuellen Boni öffnen (natürlich im Sinne der Wissenschaft).

Rush Hour

Los geht's! Ich starte in der „Eisen Liga". Nur wenige Einheiten sind freigeschaltet, beispielsweise der Infanterie-Trupp und der Rhino, eine Art Geländewagen mit Geschütz. Mir fehlen Münzen und Diamanten, um die Einheiten mit einem Upgrade zu versehen. Also muss ich spielen, spielen und nochmals spielen. Ich drücke mit meinem Zeigefinger auf den Button „Schlacht". Mir wird sogar ein EP-Bonus (EP = Erfahrungspunkte) versprochen. Erfahrungspunkte sind wichtig, um Einheiten und Inhalte freizuschalten. Ein Countdown zählt herunter: 3, 2, 1! Los geht's. Zuerst baue ich einen „Sammler", um Rohstoffe zu ernten. Erst dann kann ich Gebäude und Einheiten bauen.

Hier zeigt sich der strategische Charakter des Spiels. Es ist also wichtig, die Rohstoffe klug anzulegen, um Einheiten zu bauen, die effektiv sind. Ich gewinne das erste Spiel, vermutlich intuitiv, weil mir das Spielprinzip aus der Jugendzeit bekannt ist. Doch nicht nur das: Ich kann acht Spiele in Folge für mich entscheiden. „Wow, das Game liegt mir", denke ich mir und klicke mich übermotiviert durch die App.

Ich werte die ersten Einheiten auf und bekomme sogar neue hinzu. Plötzlich poppt eine epische Schatztruhe auf. Ich tippe auf die Truhe, um sie zu öffnen. Rund 400 virtuelle Goldmünzen prasseln auf mein Spielkonto, hinzu kommen Diamanten und Spielkarten, mit denen ich meine Einheiten verbessern kann. Von der „Eisen Liga" steige ich innerhalb einer Stunde in die „Bronze Liga" auf. Einige Gegner *rushe* ich regelrecht weg. Das Verb *rushen* entspringt der Gamersprache und bedeutet, dass man gleich zu Spielbeginn viele günstige Einheiten baut, um den Gegner zu überrennen.

Fast nach jedem Match erhalte ich eine „Spritladung". Mit deren Hilfe kann ich einen LKW rufen, der eine Schatztruhe transportiert. In der Regel handelt es sich um schnörkellose Holzkisten mit nutzlosem Krempel, doch manchmal sind auch goldene und epische Kisten dabei. Mit Diamanten, die es im Shop für echtes Geld zu kaufen gibt, könnte ich die Lieferungen übrigens beschleunigen. „Das habe ich nicht nötig", sage ich mir angesichts meiner opulenten Siegesserie. Diese Meinung werde ich später revidieren müssen.

Ernüchterung

Immer mehr Einheiten treten meiner Cyber-Armee bei. Das Spiel ist atmosphärisch und ich (als Gamer) werde bei Laune gehalten. Die ersten zehn Spiele pro Tag geben einen EP-Bonus. Das weiß ich nicht zufällig, sondern die App selbst empfiehlt mir, diese zehn Spiele pro Tag auch zu spielen, damit ich keine Nachteile habe. Klar, dass sich vor allem Kinder und Jugendliche dadurch beeinflussen lassen. Ich bekomme Aufgaben – sogenannte Quests –, die ich lösen muss, um zusätzliche Erfahrungspunkte, Münzen und Schatzkisten zu erhalten. Das ist durchaus verlockend und bringt vor allem am Anfang einen echten Boost. Allerdings habe ich bislang fast alle Spiele gewonnen und scheine irgendwelche Boni nicht nötig zu haben.

Irgendwann steige ich in die „Silber Liga" auf. Nach einer kurzen Glückssträhne erlebe ich eine herbe Niederlagenserie. Das wurmt, und ich ärgere mich über das Spiel. Doch dann gibt mir die Spiele-App einen Ratschlag. Ich soll mir doch bitte das GDI-Basis-Paket kaufen. Enthalten sind seltene Militäreinheiten sowie Münzen und Diamanten, um meine Armee aufzuwerten. In einem lichten (oder vielmehr schwachen?) Moment investiere ich 5,49 Euro, um das Zusatzpaket zu erhalten. Zack! Prompt erhalte ich neue Einheiten, werte sie auf und investiere die Diamanten, um mehrere LKW-Ladungen mit Schatztruhen hintereinander zu erhalten. Mein Handydisplay wird tatsächlich heiß und beginnt zu glühen. Meine Augen hingegen glänzen: Endlich kann ich meine Gegner wieder besiegen – hoffe ich!

Tatsächlich, auf einmal klappt es wieder. Meine Einheiten sind stärker, weshalb sie bei den gegnerischen Einheiten mehr Schaden pro Sekunde (SPS) verursachen. Außerdem sind meine Einheiten robuster, denn sie verfügen durch die Upgrades über mehr Gesundheit. Das Spielprinzip ist nun klar. Neben der taktischen Ausrichtung kommt es vor allem auf die Hochwertigkeit meiner Armee an. Je mehr Spielzeit und Geld ich investiere, desto mehr Möglichkeiten habe ich. Das heißt: Mit teuren Einheiten kann ich Gegner besiegen, die unter fairen Bedingungen eigentlich besser wären als ich. Wie im echten Leben gilt auch hier: Ohne Moos nix los!

Rausch und Frust

Wieder gibt mir das Spiel „Command & Conquer: Rivals" einen Ratschlag: Ich soll einer Gilde beitreten. Gilden sind ein Zusammenschluss aus Gamern. Sie helfen sich gegenseitig, indem Boni ausgetauscht werden, außerdem entsteht ein Gemeinschaftsgefühl. Ich treffe sogar auf eine Gilde, die sich „AfD-Freunde Niedersachsen" nennt. Wenn Kinder und Jugendliche einer Gilde beitreten, entsteht oftmals so etwas wie sozialer Druck. Aktive Mitglieder erfahren Anerkennung. Erfolg im Spiel, auch wenn der Erfolg durch In-App-Investitionen ‚erkauft' ist, untermauert die soziale Stellung im Gilden-Gefüge. Wer als Mathe-Loser in der Schule geächtet wird, wird in digitalen Spielwelten möglicherweise geachtet. Klar, dass sich die Kids dann lieber dort aufhalten, wo sie sich wohlfühlen; nämlich im Cyberspace.

Nach dem Kauf des Zusatzpakets hält mein virtueller Siegeszug noch eine Weile an. Nach jedem Sieg meldet sich eine Computerstimme via Audio: „Du hast gewonnen!" Wer wird nicht gerne gelobt? Gewinnt man gegen hochstufige Gegner, fühlt man sich wie ein Boss – doch die Sache hat einen Haken. Irgendwann sind die eigenen Militäreinheiten einfach nicht mehr gut genug. Das investierte Geld ist verpulvert und verpufft. Echtgeld-Transaktionen in Handy-Games sind wie eine Injektion von Drogen. Kurzzeitig fühlt man sich high, zockt wie im Rausch und haut alle Gegner weg. Bis die erkauften Boni futsch sind. Danach tritt eine elende Serie von Niederlagen ein. Das Spiel erfüllt die eigenen Erwartungen nicht mehr, und es kommt zu kognitiver Dissonanz. Das ist der Punkt, an dem viele Kinder und Jugendliche epische Schatzkisten und Boni mit echtem Geld nachkaufen. Sie wollen in ihrer sozialen Gruppe mithalten können – und vielleicht sogar zum Rudelführer in der digitalen Spielwelt aufsteigen.

Was können Eltern tun?

Rund fünf Euro in ein spaßiges Spiel zu investieren, geht prinzipiell völlig in Ordnung. Oft bleibt es allerdings nicht dabei. Gefährlich sind die bereits genannten und wiederkehrenden In-App- bzw. In-Game-Käufe. Es handelt sich um Mikro-Transaktionen, die in die Spiel-Story eingewoben sind. Epische Schatzkisten und mächtige Einheiten: Das beeinflusst die Kids natürlich. Was sind denn schon ein paar Euro? Wäre ein neuer Panzer nicht toll? Nach und nach läppern sich die Einzahlungen, und je mehr echtes (Taschen-)Geld die Kids investieren, desto mehr sind sie ‚committet‘. Das heißt: Die Spieler fühlen sich dem Spiel und ihren Investitionen verpflichtet. „Wenn ich eh schon so viel Geld für das Spiel ausgegeben habe, dann sollte ich es auch weiterhin spielen (und vielleicht noch ein bisschen mehr investieren)“, lautet in diesem Fall die Devise.

Das Sammeln von Boni ist durchaus nachvollziehbar. Schließlich jagen viele Mütter und Väter beim Einkaufen nach Payback-Punkten. In Werbeprospekten gibt es oftmals Gutscheine zum Ausschneiden, die zehnfache Payback-Punkte versprechen. Ist das nicht ein Anlass, genau aus diesem Grund im jeweiligen Geschäft die Einkäufe zu erledigen? Ob das fieberhafte Sammeln dieser Punkte langfristig tatsächlich zu einem monetären Gewinn führt, sei zunächst einmal dahingestellt.

Eltern und Pädagogen sollten sich mal eine Stunde Zeit nehmen und in den App Store bzw. Google Play Store schauen. Welche Spiele sind beliebt? Wie sind die empfohlenen Altersvorgaben? Welche Spiele bieten In-App-Käufe an? Und welche Spiele zocken die eigenen Kinder auf ihrem Smartphone oder Tablet? Es ist sinnvoll, die In-App-Käufe auf dem Handy zu deaktivieren und mit einem geheimen Passwort zu versehen. Natürlich spricht nichts dagegen, dem Kind mal eine Freude zu machen, indem ein paar Euros in ein (pädagogisch wertvolles) Spiel investiert werden. Es gibt nämlich auch spannende Lernspiele, die einen Versuch wert sind. Elterliche Medienerziehung ist sehr wichtig, doch bei aller Überbehütung empfiehlt die Medienpädagogik, dass sich die Eltern und Lehrer in die digitale Kindheit hineinversetzen. Warum ist es einem Teenager wichtig, dass sein virtueller Kriegspanzer (hier zeigt sich übrigens, wie brutaler Krieg ‚entertainmentisiert‘ wird) 555 Schaden pro Sekunde macht anstatt nur 497? Im Gegenzug könnte man natürlich auch den Papa fragen, warum sein echtes Auto 225 PS benötigt und nicht 177 PS. Es geht wohl einfach um den situativen und affektiven Spaß.

2.4 Gaming an Spielkonsolen und am Computer

Seitdem sich Handys als vernünftiges Spielmedium eignen und Spielkonsolen wie die PlayStation und Xbox internetfähig sind, hat das klassische Spielen am Computer nicht mehr den Stellenwert, den es Ende der 1990er-Jahre und Anfang des Jahrtausends noch hatte. Die heutigen Spielkonsolen sind so leistungsfähig, dass sie mit Computern durchaus mithalten können. Es kommt natürlich immer auf die Hardware des Computers an. Eine hochmoderne Grafikkarte kann den Unterschied ausmachen. Oft gelten computerspielende Kids als Sonderlinge, „die unter Umständen ein gewisses Nischendasein in der Gesellschaft einnehmen"[91], allerdings haben sie oftmals die Kompetenz, leistungsstarke Computer selbst zusammenzubauen. Solche Fähigkeiten eignen sich die Kids autodidaktisch an – quasi *Learning by Doing*. Die Jugend von heute ist pfiffig und interessiert sich für die Digitalisierung.

Basiskosten und Spieltiefe

Games für die Spielkonsole kosten rund 70 Euro, PC-Games sind meist etwas günstiger. Während es sich bei Handy-Games um Mini-Spiele handelt, die sich eher für kurze und kurzweilige Sessions eignen, haben Games für die Spielkonsole und den Computer durchaus das Potenzial, auch nach fünfstündiger Spielzeit am Stück nicht langweilig zu werden. Welche Games das sind? „FIFA", „Call of Duty", „Assassin's Creed", „Tomb Raider", „World of Warcraft" und sogar der „Landwirtschaftssimulator" – um nur einige wenige Beispiele zu nennen. Im Vergleich zu den Mini-Games auf dem Smartphone tauchen die Kinder und Jugendlichen bei den genannten Spielen tief in die Materie ein. Das Spiel „Assassin's Creed Odyssey" hat eine geschätzte Spielzeit von 40 Stunden. Spielt ein Teenager – das Spiel ist ab 16 Jahren freigegeben – jeden Tag zwei Stunden, braucht es rund drei Wochen, bis der Content durchgezockt ist. Digitale Spiele sind also nicht nur eine potenzielle Kostenfalle, sondern stellen auch eine enorme Zeitfalle dar.

Diese Annahme lässt sich sehr gut am Online-Rollenspiel „World of Warcraft" für PC/Mac (im Folgenden abgekürzt durch WoW) veranschaulichen. WoW ist ein MMORPG. Die Abkürzung steht für *Massively Multiplayer Online Role-Playing Game*. Im Jahr 2005 ist WoW in Europa erschienen und hat mehrere Millionen Abonnenten. Das Bezahlmodell ist wie folgt: Die Spieler kaufen das Basisspiel und müssen monatlich knapp 13 Euro abdrücken. Etwa alle zwei Jahre erscheint zudem eine Erweiterung (zuletzt „Battle for Azeroth"), die ebenfalls Geld kostet (meist 30 bis 40 Euro). Das Abo-Modell gilt seit jeher als umstritten und wird von der Medienpädagogik besonders kritisch bewertet. Aus heutiger Sicht sind jedoch die Mikro-Transaktionen und In-App-Käufe, wie sie im Bereich der mobilen Handy-Spiele vorzufinden sind, als deutlich gefährlicher einzustufen (vgl. Kapitel 2.3), weil solche Handy-Spiele zwar free-to-play sind (die Kids können die Apps umsonst downloaden), aber dem Pay-to-win-Prinzip unterliegen: Wer mehr Euros investiert, hat mehr Erfolg und kommt in der Spielwelt weiter. Das löst Glücksgefühle aus – und führt in die digitale Abhängigkeit.

Wenn ein 15-jähriger Teenager 13 Euro pro Monat für ein Spiel ausgibt, ist das auf den ersten Blick wohl in Ordnung. Problematisch ist allerdings das Abo-Modell, das dem Kind regelmäßig einbläut, dass die Boni und Spielerfolge – ja der gesamte Zugriff – bei Nichtbezahlung auf einmal weg sind. Als Eltern sollte man wissen, wie zeitaufwendig WoW ist. Die Kinder und Jugendlichen erstellen sich einen Charakter (z. B. Nachtelf) und wählen ihre Rolle (Schurke, Krieger oder heilender Priester etc.). Das ist nicht alles: Die Kids entscheiden sich für mehrere Berufe, die sie in dem Spiel ausüben. Es können virtuelle Produkte hergestellt werden, die sich anschließend über ein Auktionshaus an andere menschliche Spieler verkaufen lassen. WoW ist so konzipiert, dass die Spielwelt immer (!) online ist. Wer da ist, ist da – und bei den vielen Möglichkeiten möchten die Kinder natürlich immer mit von der Partie sein. Wer fehlt, also offline ist, verpasst womöglich Boni und lukrative Geschäfte.

Apps als Ableger

Das digitale Zeitalter hat die alteingesessene Gaming-Industrie verändert. Jetzt muss zusätzlich alles mobil verfügbar sein. Früher spielten die Kids nur an Computern, Fernsehern und Gameboys, heute loggen sie sich nach dem Fußballtraining oder Reitunterricht in die digitalen Spielwelten ein – Smartphone sei Dank! Die Handy-Games, so simpel sie sind, stellen aufgrund ihrer ständigen Verfügbarkeit eine große Konkurrenz zu den Computer- und Videospielen dar. Die Gaming-Industrie weiß das natürlich und hat eine Lösung parat: Handy-Apps, die das Spielerlebnis am Computer oder Fernseher unterstützen.

Für das Hauptspiel „World of Warcraft" gibt es beispielsweise die App „WoW Companion". Mithilfe des Programms können virtuelle Missionen geplant und Kriegskampagnen vorangetrieben werden. Das klingt nach viel Beschäftigung – auf dem Weg zur Schule, zwischen den Schulstunden, am Mittagstisch und vor dem Einschlafen unter der Bettdecke. Vielen Erwachsenen ist gar nicht bewusst, wie viel Zeit da zusammenkommt. Um einen WoW-Charakter von Stufe 1 auf Stufe 120 zu leveln, braucht es viel Zeit. Über Monate kommen da gut und gerne 20 Tage reine Spielzeit zusammen. Richtig, das sind 480 Stunden. Teilt man 480 Stunden durch 150 Tage (rund fünf Monate also), sind das pro Tag 3,2 Stunden, die ein Gamer mit WoW verbringt. Nicht immer sind die Kids aktiv am Spielen. Manchmal genießen sie einfach nur die schöne Landschaft, streifen durch digitale Wiesen und Wälder oder geben mit ihren Drachen an, die sie gefangen und gezähmt haben.

Apps zu erfolgreichen Spielen geben vor, das Spielerlebnis am PC durch mobile Smartphone-Nutzung zu vergolden. Die Gaming-Industrie möchte die Kids an ihre Spiele binden. Oftmals gelingt das sehr gut. Ein weiteres Beispiel dafür ist die populäre FIFA-Reihe. Bei FIFA handelt es sich um eine Fußball-Sportsimulation, die jährlich (meistens im September) erscheint. Die meisten FIFA-Gamer tricksen mit Cristiano Ronaldo und Neymar Jr. an der Konsole um die Wette. Umstritten, aber sehr beliebt ist der FUT-Modus: Spieler aus der ganzen Welt können sich ihr eigenes FIFA Ultimate Team aufbauen. Die Kids spielen also nicht mit festgelegten Teams (FC Bayern, Real Madrid etc.), sondern bauen sich ihre eigenen Mannschaften zusammen. Klar, dass das Spaß macht!

Das FIFA-Grundspiel kostet 60 bis 70 Euro. Die Sache hat allerdings einen Haken. FIFA-FUT, der oben genannte Modus des Grundspiels, ist zwar ohne Mehrkosten spielbar, wartet allerdings mit In-Game-Käufen auf. Und die Preise haben es in sich: 12.000 FIFA Points kosten 99,99 Euro. Was machen die Kids mit diesen Punkten? Sie kaufen Pakete mit virtuellen Fußballspielern. Das Prinzip erinnert an die Panini-Sticker, die in den 90er-Jahren sehr angesagt waren. Die Kinder von damals erwarben sich Sticker-Packs am Kiosk. Mit Glück war ein Jürgen Klinsmann drin. Damit gab man dann bei seinen Freunden an, die vielleicht nur einen Alain Sutter in ihrer Sammlung hatten.

Zurück ins Jahr 2019: Gamer, die im FIFA-FUT-Modus viele Spieler-Pakete kaufen, haben natürlich die Chance, einen Topstar zu ziehen. Mit Glück – aber da müssen die Kids schon so richtig Schwein haben – ziehen sie Stars wie Robert Lewandowski, Thiago, Marco Reus und Kylian Mbappé. Wer 300 Euro in das Spiel steckt, hat von Anfang an eine tolle FUT-Mannschaft – und haut alle Gegner weg! Denn teure und sehr gute Spieler sind im Spiel einfach schneller, torgefährlicher oder physisch stärker (so wie im echten Fußball halt auch). Kids, die im FIFA-Spiel eine tolle Mannschaft haben, erfahren Anerkennung: einerseits, weil sie sich in digitalen Ligen nach oben spielen, andererseits, weil sie im Freundeskreis bewundert werden. Zu diesem FUT-Modus gibt es natürlich auch eine App für das Smartphone. Mit ihrer Hilfe können die Kids ihre Mannschaft aufstellen, die Team-Chemie verbessern und Transfers tätigen. Man hat also immer so etwas wie einen Pocket-Fußballmanager dabei – und zu Hause können die Kids dann direkt loszocken, weil sie ihre Einstellungen schon von unterwegs aus erledigt haben. Die FUT-App bietet aber viele weitere Vorteile. Spieler, die sich jeden Tag einloggen, erhalten kleine Boni wie virtuelle Münzen oder Trainingsobjekte. Das Spiel ist somit immer präsent. Nicht nur in der Hosentasche, sondern auch im Kopf. Das macht süchtig und ist gefährlich.

Stationäres vs. ambulantes „Spielvergnügen"

Das Spielen an Konsolen und Computern ist an feste Geräte gekoppelt, die sich meist in einem dafür vorgesehenen Raum befinden (Kinderzimmer, Wohnzimmer, Hobbyraum im Keller etc.). Spielkonsolen lassen sich darüber hinaus sehr gut transportieren (Urlaub, Besuch eines Freundes), was jedoch eher selten der Fall ist. Zu diesem *stationären Gaming* gesellt sich nun zusätzlich das *ambulante Gaming*. Es gibt, wie wir gesehen haben, eigenständige Smartphone-Spiele, aber auch Spiele-Apps, die ein Grundspiel an der Konsole oder am Computer lediglich unterstützen. Eines haben sie gemeinsam: Den Gamern – vor allem Kindern und Jugendlichen – wird suggeriert, dass das mehrfache Einloggen am Tag wichtig ist, um mithalten zu können. Boni oder andere Vorteile sind an die regelmäßige App-Benutzung geknüpft. Oft sind sie nur von geringem Wert, aber die Kids haben Freude daran, selbst kleinste Schatztruhen zu öffnen. Das sind die Rubbellose der ‚Generation Gaming'. Wie ist das zu verstehen?

Das Öffnen von Truhen, Paketen und Schatzkisten erinnert an den einarmigen Bandit im Casino: „Die Zwischengewinne sind meist gering, machen jedoch Lust auf einen weiteren Geldeinsatz. Frei nach dem Motto: „Irgendwann muss ja der große Gewinn kommen".[92] Die Gier nach digitalen Errungenschaften beginnt beim stationären Gaming und setzt sich dann mithilfe der mobilen Endgeräte fort. Viele Kids sind süchtig nach virtuellen Glücksgefühlen und leben dieses Verlangen nun *versteckt* an ihren Handys aus. Versteckt, weil es meistens nicht ersichtlich ist, mit was sich die Kinder beschäftigen, wenn sie auf das Smartphone stieren, klicken, drücken und dabei grinsen, lachen und Spaß haben. Vielleicht schauen sie ein harmloses Katzenvideo, vielleicht sind sie aber auch auf der Suche nach dem Kick, um ihre Spielkarriere voranzutreiben.

Das Freispielen von Spiel-Boni (vergleichbar mit dem ‚Freirubbeln' von Glückslosen im Lotto-Laden) nimmt oftmals masochistische Züge an, die erschreckend sind. In Spielrezensionen ist zu lesen, dass bestimmte Spielfortschritte nur noch dann möglich sind, wenn Spielinhalte stoisch ‚abgefarmt' werden. Das Verb *farmen* bedeutet in der Gamersprache, dass Spieltätigkeiten (beispielsweise das Sammeln und Suchen sowie Töten von Monstern), die zu Beginn des Spiels durchaus Spaß machen können, nun in eine routinierte und monotone ‚Tätigkeit' übergehen. Die Gamer halten durch, weil sie unbedingt einen bestimmten Bonus oder Spielfortschritt erreichen möchten. Das klingt albern, wird in sehr vielen Spielen allerdings vorausgesetzt.

Dieses stumpfsinnige ‚Farmen' bildet einen großen Bestandteil der Smartphone-Games. Die Games geben Aufgaben, Challenges und Wochenziele vor, die die Kids nur dann lösen, wenn sie mehrfach am Tag online sind. Oftmals gibt es Fristen, was im Umkehrschluss bedeutet, dass nicht gelöste Aufgaben verfallen – und mit ihnen auch die Boni. Es entsteht ein Zeit- und Leistungsdruck. Ja, die Kids müssen in ihren Spielen in gewisser Weise funktionieren. Sind das dann aber überhaupt noch Spiele im Sinne eines fröhlichen kindlichen Spiels? Zweifel sind angebracht, erinnert das Ganze doch eher an die Leistungsgesellschaft der Erwachsenenwelt.

2.5 Streaming-Portale

Das Kinoerlebnis verlagert sich immer mehr in die eigenen vier Wände und somit auch ins Kinderzimmer. Egal ob Smart-TV, Computer, Smartphone oder Tablet – Streaming ist der neue Trend und ein Milliardengeschäft. Mit Stand 2018 hat Netflix über 130 Millionen Abonnenten – Tendenz steigend. Ein Abonnement kostet zwischen 7,99 und 15,99 Euro pro Monat. Die Inhalte werden über das Internet abgerufen, weshalb eine schnelle Leitung von Vorteil ist. Neben Netflix gibt es viele weitere beliebte Streaming-Dienste wie Amazon Prime, Maxdome, Sky Ticket/Sky Go und die iTunes-Videothek. Neben diesen Bezahl-Varianten gibt es natürlich auch illegale Streaming-Dienste (beispielsweise Kinox.to), die bei Jugendlichen und auch Studenten sehr beliebt sind.

Die neue Streaming-Kultur hat einen faden Beigeschmack, auch wenn YouTube im Alltag durchaus hilfreich sein kann. Pfiffige User laden Videos hoch und zeigen, wie man kleinere Reparaturen am Haus durchführt, das Fahrrad herrichtet und einen Computer zusammenbastelt. Solche Lernvideos – auch Tutorials genannt – können durchaus einen Mehrwert haben. Es kommt eben auf die Mediennutzung – und das heißt: auf die *Medienkompetenz* – an. Das Internet ist eine große Sammlung von Wissen und Unwissen. Wer weise wählt, ist klar im Vorteil.

Es ist ein Irrglaube, dass Medienkompetenz mit dem Alter automatisch zunimmt. Beispiel: Im Februar 2019 hat eine Rentnerin aus dem Landkreis Passau (Bayern) mehrere 100.000 Euro einem angeblichen Cousin aus den Vereinigten Staaten überwiesen. Die *Passauer Neue Presse* schreibt am 14. Februar 2019: „Der vermeintliche Verwandte hatte die 66-Jährige auf Facebook kontaktiert und ihr eine Erbschaft über einen sechsstelligen Betrag in Aussicht gestellt".[93] Die Gier hat obsiegt. Natürlich gibt es Menschen, die glauben, dass die Rentnerin ja ganz schön blöd sein müsse. Schließlich ist sie auf eine Masche hereingefallen, die längst bekannt sein sollte. Dem sei widersprochen: Die arme Frau ist nicht blöd, sie hat einfach zu wenig Ahnung von den Sozialen Medien und ihren Brandherden. Dem Enkelkind, sofern sie eines hat, könnte sie wohl kaum digitale Medienkompetenz vermitteln. Also müssen andere ran – im Idealfall die Eltern, und natürlich auch die Lehrer und Erzieher.

Das *Kino-to-go* ist eine große Versuchung. Wenn Erwachsene in Serien wie „Game of Thrones" (FSK 16) versacken, kann das natürlich auch den Kindern und Jugendlichen passieren. Richtig, nur weil eine Serie, ein Film oder ein Spiel ab 16 oder gar 18 Jahren freigegeben ist, heißt das noch lange nicht, dass sich Eltern und Kinder daran halten. Wenn Minderjährige Tag und Nacht Zugriff auf ein mobiles Endgerät (mit Internetzugang!) haben, kann das schwerwiegende Folgen haben.

Plötzlich (im) Porno

„Die Serie ist porno", sagt Tim zu seinem besten Freund Mario. „Finde ich auch, echt pornös!" Die beiden Teenager unterhalten sich nicht über einen Pornofilm, sondern über die Serie „The Big Bang Theory". Die Wörter *porno* und *pornös* sind jugendsprachlich und bedeuten *toll* bzw. *super*.[94] So oder so: Negativ behaftet scheint der Porno als Filmgenre bei vielen männlichen Teenagern dann ja wohl nicht zu sein. *Bravo*-Digitalchef Christian Fricke ist sich sicher: „Die 12- bis 14-Jährigen haben alle freien Zugriff auf Seiten wie YouPorn [...]."[95]

Was aber ist „YouPorn"? Es handelt sich um ein Streaming-Videoportal, über das sowohl professionelle als auch amateurhafte Videos mit pornografischen Inhalten verbreitet werden. Das Format orientiert sich an YouTube (User Generated Content): Jeder kann etwas hochladen und Videos kommentieren. Viele pornografische Videos sind kostenlos, für einige muss der Benutzer bezahlen. Das Portal finanziert sich unter anderem auch durch pornografische Werbebanner, die plötzlich aufpoppen. Nun kann man natürlich denken (und hoffen), dass Kinder und Jugendliche gar keine Möglichkeit haben, auf diese Webseite zu gelangen. Weit gefehlt. Ein Klick genügt – und schon werden die neugierigen Kinderaugen mit pornografischen Vorschaubildern zu den Videos bombardiert.

Dieser einfache Zugriff auf pornografische Inhalte, zu denen auch Hardcore-Videos zählen, stellt ein großes Problem dar. Nicht selten laden halbstarke Teenager solche Videos auf ihr Handy, um damit in WhatsApp-Gruppen zu prahlen. Einige gehen noch weiter: Im Herbst 2018 montieren zwei Gymnasiasten aus dem südhessischen Heppenheim Fotos von Lehrern in pornografische Darstellungen. Sie haben die Bilder laut *Spiegel Online* heimlich gemacht, dann in Pornoszenen eingebaut und danach über Instagram in Umlauf gebracht.[96] Bedenklich ist, dass es sich um ein Gymnasium handelt, das sich auf Medienerziehung spezialisiert hat und als „Notebook-Schule" firmiert.[97] Der Fall macht deutlich, dass Cyber-Mobbing auch Lehrkräfte treffen kann. Umso wichtiger ist die Vermittlung von Medienkompetenz, die eben nicht nur die technische Handhabe und Umsetzung umfasst, sondern vor allem den kritischen Umgang mit den digitalen Medien deutlich in den Vordergrund rücken muss.

3. Hirnamputation dank Smartphone?

Ein Exkurs in die Medientheorie nach Marshall McLuhan

Wenn wir eine Nachtwanderung im Wald machen, benutzen wir eine Taschenlampe, um besser sehen zu können. Wenn wir eine Schiffstour machen, schauen wir durch ein Fernglas, um in die Ferne zu blicken. Schöne Landschaften fotografieren wir, damit wir die Erlebnisse nicht vergessen. Wir verwenden eine Axt, um Holz zu spalten, und einen Kochlöffel, um die heiße Suppe umzurühren. Auf dem Fahrrad sind wir schneller als zu Fuß – und wir setzen uns beim Camping auf einen Klappstuhl, um unseren Hintern zu verlängern.

Jede neue Technik ist als Extension – also als Ausweitung – des menschlichen Körpers zu verstehen. Diese Ansicht geht auf Ernst Kapp zurück, „der 1877 in Deutschland die erste systematische Philosophie der Technik vorlegte", die „den Körper als Basis jeder technischen Erfindung" versteht.[98] Der Mensch „projiziert Organe, Glieder und Funktionen seines Leibes in die Außenwelt"[99] und wird auf diese Weise selbst zum Gegenstand. Das Mikroskop ist als Organverstärkung zu verstehen, weil es die Leistungen des Menschen schlichtweg überbietet. Das Fahrrad stellt eine Organentlastung dar, weil es die Anstrengung der Fortbewegung reduziert.[100] Technik als Organverlängerung entspricht Sigmund Freuds Bild vom „Prothesengott".[101] Der Mensch strebt nach Verbesserung und kann seine eigenen Mängel nur durch technische Errungenschaften ausgleichen. Arnold Gehlen bezeichnete aus diesem Grund den Menschen als „Mängelwesen".[102] Anders gesagt: Um nachts etwas sehen zu können, braucht es eine Taschenlampe – oder noch besser ein Nachtsichtgerät.

Technische Errungenschaften und Neuerungen dienen nicht nur der Verbesserung im technischen Sinne. Sie haben auch soziale Auswirkungen, die sich entweder aus ihrer Anwendung oder auch schon aus ihrem bloßen Vorhandensein ergeben. Das gilt auch gerade für Medien. Zum Beispiel haben von 15 Teenagern in einer Schulklasse 14 ein durchschnittliches Smartphone mit einem Datenvolumen von 1 GB pro Monat. Ein Teenager tanzt aus der Reihe, denn er besitzt das neueste und teuerste Smartphone (ca. 1.000 Euro) mit einem Datenvolumen von 5 GB pro Monat. Das erinnert an die 1990er-Jahre, als der Gameboy auf den Markt kam. Es war ein Statement, als der erste Schüler auf einmal das coole Gerät aus dem Schulranzen packte. Es bildete sich eine Menschentraube um den Gameboy-Besitzer, und alle wollten auf das Display linsen – und am liebsten selbst spielen. Für eine Mark pro Spiel war das dann auch möglich. Was früher der Gameboy war, sind heute die Smartphones, Tablets und portablen Spielkonsolen der digitalen Generation.

Botschaft und Wirkung

„The medium is the message" ist ein bekanntes Zitat des kanadischen Anglisten Herbert Marshall McLuhan, der „unter den Pionieren der Medientheorie der prominenteste"[103] ist. Sein bekannter Satz – das Medium ist die Botschaft – bedeutet, dass die Botschaft eines Mediums das ist, „was es mit Menschen macht"[104]. Die Botschaft jedes Mediums oder jeder Technik „ist die Veränderung des Maßstabs, Tempos oder Schemas, die es der Situation des Menschen bringt" (McLuhan 1992).[105]

Wendet man dies auf die Sozialen Medien an, wird die Botschaft des neuen Mediums deutlich, ist es doch die *soziale Geschwindigkeit*, die sich im digitalen Zeitalter verändert. Botschaften werden online gestellt, mit einem Like versehen, kommentiert und kritisiert. Auch das Sozial-Schema verändert sich: Der Wert eines Menschen korreliert mit der Anzahl von Likes, die als Akkumulation von Komplimenten zu verstehen ist. Gerade Kinder und Jugendliche betrifft das. Die Klassenlieblinge profitieren davon, die Außenseiter leiden darunter. Die Schere geht auseinander, weil die Sozialen Medien die einen hochpushen (viele Online-Freunde, digitale Präsenz etc.), während die anderen mehr denn je heruntergedrückt werden (Nichtbeachtung, Cyber-Mobbing etc.). Soziologisch betrachtet ermöglichen die Sozialen Medien sowohl ein *Social Upgrade* als auch ein *Social Downgrade* des Individuums. Das wirkt sich auch auf das analoge Leben – das sogenannte *Real Life* – aus. Entsteht in den digitalen Welten ein soziales Ungleichgewicht, könnte die Wissenskluft-These greifen, die besagt, dass der Wissenserwerb von der sozialen Schicht abhängig ist. Hier würde dies bedeuten, dass diejenigen, die virtuell gut vernetzt sind, im Vorteil sind.

In Anlehnung an McLuhans Zitat „The medium is the message" entstand Ende der 60er-Jahre des 20. Jahrhunderts das Wortspiel „The medium is the massage", das auch der Titel eines Buches ist.[106] Das Wort *Massage* zeigt die „sinnlich-massierenden Effekte der Medien"[107] auf. Diese bereits 1967 postulierte Weisheit lässt sich wunderbar auf das digitale Zeitalter anwenden. So sind auch die Sozialen Medien und Entertainment-Apps als eine wohltuende Massage zu verstehen, die affektiv und stimulierend wirkt: durchaus auf den Körper, vor allem aber auf den Geist.

Diese *digitalmediale Massage* entfaltet ihre Wirkung von Mensch zu Mensch unterschiedlich. Es gibt Kinder und Jugendliche, die mit den medialen Einflüssen wunderbar umgehen können, während andere – beispielsweise sehr sensible Kinderseelen – gnadenlos untergehen. Marshall McLuhan bezieht sich in mehreren Werken auf die Kurzgeschichte „Hinab in den Maelström" des Schriftstellers Edgar Allan Poe. Ein Fischerboot gerät in einen Strudel. Ein Fischer überlebt, weil er die Mechanik des Strudels erkennt und sich – geklammert an ein Fass – retten kann, während die anderen Fischer es nicht schaffen. Auch die Sozialen Medien ähneln einem solchen Mahlstrom, dessen Abgründe dunkel und tief sein können. Cyber-Mobbing, Darknet und kriminelle Machenschaften sind nur einige wenige Beispiele.

Verlust der Menschlichkeit

Kinder und Jugendliche verbringen (ganz genauso wie Erwachsene) sehr viel Zeit mit den neuen Medien. Die Sozialen Netzwerke wie Facebook und Instagram ermöglichen den Kids, sich im Cyberspace auf ihre eigene Weise darzustellen. Die physische Körperlichkeit wird durch digitale Selbstporträts, die oftmals bearbeitet sind, nach außen in den virtuellen Äther getragen. Das Gleiche gilt für Gedanken und Gedankengänge. Die digitale Technik ermöglicht nämlich nicht nur die Ausweitung des Körpers, sondern vor allem die Ausweitung des Geistes, ja sogar des Gehirns.

Als Social-Media-User gibt man die Eigenständigkeit, die einen Menschen ausmacht, an Algorithmen, automatisierte Fotofilter und Hilfsprogramme ab. Es kommt also zu einem *geistigen Outsourcing*. Das Denken und Handeln übernehmen technische Maschinen: „Ich denke, also bin ich", ein bekanntes Zitat, das auf den Philosophen René Descartes zurückgeht, gilt also nicht mehr, weil das Denken vom *digitalen Gewissen* übernommen wird. Wie ist das gemeint? Einerseits bestimmen Algorithmen, welche Inhalte in den Sozialen Medien sichtbar sind, andererseits prasseln dort unterschiedliche Meinungen anderer Menschen auf den Einzelnen ein, die ihm das Denken, Erörtern und das Treffen von Entscheidungen abzunehmen scheinen.

Die Medien, auch die digitalen, sind also als körperliche und geistige Ausweitungen zu verstehen. Marshall McLuhan geht einen Schritt weiter. Er betrachtet Körperausweitungen durch Technik und Medien als „Selbstamputation"[108], stellt doch die Ausgrenzung eines Organs „einen schweren Eingriff in den Körper dar"[109], was zu einem regelrechten Schock führt. Wenn digitale Medien und soziale Netzwerke Aufgaben des Gehirns und Denkens übernehmen, ist McLuhan in jedem Fall zuzustimmen. Gemäß dieser Logik sind Computer und computergesteuerte Geräte wie Smartphones und Tablets „als Ausweitung des Gehirns zu verstehen"[110]. Anders gesagt kommt eine ständige und exzessive Nutzung des Smartphones einer (Selbst-)Amputation des Gehirns gleich, insofern das Gehirn einfach nicht mehr benutzt wird. Stattdessen übernehmen Maschinen die Kontrolle. Computer, Smartphones und Tablets fungieren wie durchsichtige Prothesen, die fast schon genetisch zum menschlichen Körper gehören.[111] Wohl deshalb fühlt sich der Handy-Entzug für manche Kinder und Jugendliche so schrecklich an.

Implosion im Kinderzimmer

Vor dem digitalen Zeitalter, mehr aber noch zu der Zeit, als selbst ein Fernsehgerät keine Selbstverständlichkeit war, trafen sich die Kinder mit Freunden auf dem Spielplatz, in einem Waldstück oder im Schwimmbad, um zu spielen und Spaß zu haben. Möglich ist das auch heute noch und soll durchaus auch vorkommen, doch es gibt einen großen Unterschied: Früher blieb den Kids gar nichts anderes übrig, als die echte Welt mit ihren Füßen, Ohren und Augen zu erkunden. Der Spielplatz und das Schwimmbad waren vielleicht drei Kilometer entfernt – na und? Und so gab es verschiedene Erlebnisinseln im Umkreis des Elternhauses. Die schönsten und meisten Erfahrungen machten die Kinder und Jugendlichen nicht *im* Kinderzimmer, sondern außerhalb.

Die elektrische Vernetzung der Welt ähnelt einer Implosion, „die die Welt zu einem Dorf zusammenzieht"[112]. Das globale Dorf – auch *Global Village* genannt – ist das Sinnbild der weltweiten Vernetzung. Welche Folgen hat die digitale Implosion auf die Kindheit und Jugend? Früher dehnte sich der kindliche Raum physisch und geografisch aus, indem das Kind die Welt erkundete. Mit jeder Expedition vergrößerte sich der Radius. Heute ist das grundlegend anders: Mittels Smartphone und Tablet werden die kindlichen Erfahrungen nun direkt in das Kinderzimmer gesaugt. Das Smartphone ist also mit einem digitalen Staubsauger vergleichbar – und ein Staubsauger saugt ja bekanntlich Dreck auf.

Doch Vorsicht, denn die digitalen Medien haben auch ihre guten Seiten, allen voran die sozialen Netzwerke. Als McLuhan seine Thesen postulierte, gab es Facebook, Instagram und Snapchat natürlich noch nicht, doch in gewisser Weise ahnte McLuhan, was noch kommen sollte. Er hatte die Vision eines Weltdorfs: Menschen stellen Produkte irgendwann ausschließlich durch Programmierung her.[113] „Der Mensch würde nicht mehr arbeiten, sondern erschaffen".[114] Der aktuelle Trend geht auf jeden Fall in diese Richtung, auch wenn die Programmierung bislang eher eine Sache der sogenannten *Computer-Nerds* ist. Dennoch: Gerade Kinder und Jugendliche probieren sich in den Sozialen Medien künstlerisch aus. Sie experimentieren mit der digitalen Technik und mit sich selbst.

Digitale Karriere

„Das Heute erschaffen wir. Das Morgen erschaffst du." Mit diesem Claim wirbt das Unternehmen Samsung im Frühjahr 2019 für seine Smartphones.[115] Wenn junge Menschen mit ihren Smartphones Fotos schießen und Videos drehen, erschaffen sie in gewisser Weise eigene Produkte. Nicht immer klappt es mit dem Ruhm in den Sozialen Medien, doch es ist möglich. Der Mensch wird sogar selbst zum Produkt, wenn sein Bekanntheitsgrad im Internet steigt. Das Prinzip nennt sich *Personal Branding* und betrifft vor allem Influencer. Auch viele Jugendliche fallen in diese Kategorie. Selbst ein Kind weiß, dass es im Internet aufsteigen kann, sei es in den Sozialen Medien, in Online-Spielen oder als Entertainer auf YouTube. Auf diese Weise beginnt eine soziale Evolution im Cyberspace:

> *„Die virtuelle Selbstverwirklichung erlebt freilich viele Abstufungen, doch im Vordergrund steht immer der künstlerische oder schöpferische Aspekt. Die einen programmieren Apps und Websites im (klischeehaften!) dunklen Kämmerlein, die anderen inszenieren sich als schillernde Social-Media-Models und Mode-Gurus, um zu Influencern aufzusteigen – und wieder andere machen ‚Karriere' in Games, also in Spielwelten."*[116]

Besonders für Eltern ist es wichtig, den Selbstverwirklichungstrieb der Kids in den digitalen Welten zu verstehen. Warum spielt mein Kind jeden Tag den „Landwirtschaftssimulator", obwohl es auf die echte Gartenarbeit keine Lust hat? Warum hat mein Teenager Spaß daran, in seiner Freizeit Programmiercodes zu schreiben? Wie schafft es meine Tochter, 10.000 Abonnenten auf Instagram zu haben? Auf welche Weise erlebt mein Sohn in Computerspielen Anerkennung?

Die Kids wollen sich in den digitalen Welten verbessern und vorankommen, was prinzipiell gut ist. Das Ziel der Eltern (aber auch der Pädagogen!) muss es sein, diese wunderbaren und kreativen Energien zu lenken. Genau das ist nämlich die Kunst. Aus diesem Grund ist es wichtig, dass sich sowohl die Erziehungsberechtigten als auch die Erziehenden mit den Erfahrungen der Kinder beschäftigen. Sie sollten sich in ihre Wünsche hineinversetzen, um die Schützlinge bei der virtuellen Erkundung zu begleiten. Wenn die Individualität erhalten bleibt und den Kids klar ist, dass viele Algorithmen und Mechaniken den Aufenthalt im Cyberspace bestimmen, muss die Smartphone-Nutzung nicht zwingend zu einer ‚Amputation' führen.

Der Wunsch des Nachwuchses, digital präsent zu sein, beeinflusst nicht nur die Kindheit und Jugend, sondern auch das Familienleben. Er betrifft damit nicht nur die Kids selbst, sondern sein ganzes engeres soziales Umfeld. Umso mehr muss der Zusammenhang von Entwicklung und Sozialisierung einerseits und digitalen Medien andererseits ins Auge gefasst werden.

1. Die 7 Phasen der kindlichen Digital-Evolution – Von der Kindheit bis zur Nachjugend

„Sei frech und wild und wunderbar", ist ein bekanntes Zitat, das auf die Schriftstellerin Astrid Lindgren zurückgeführt wird. So ein bisschen wie Pippi Langstrumpf sein, das gefällt den Kids natürlich und sogar einigen Erwachsenen. Die Neuen Medien sind so etwas wie eine gigantische Spielwiese und ein Spielplatz, auf dem sich die Kids digital treffen. Einige sind gerne online, um neue Freundschaften zu schließen – sei es in Games oder in den Sozialen Medien. Andere wiederum, vor allem Jugendliche, testen im Internet ihre Grenzen aus: Porno- und Gewaltvideos lassen grüßen. Zum Glück gibt es auch viele kinderfreundliche Inhalte, die richtig viel gute Laune ins Kinderzimmer bringen. Klar ist, dass die Kids in ihrer Kindheit mehrere digitale Phasen durchmachen. Es ist eine fortschreitende Entwicklung, eine Evolution: eine Digital-Evolution.

Dass es kindliche Entwicklungsphasen gibt, geht bereits auf den bekannten Psychologen Sigmund Freud (1856–1939) zurück. Freud erkannte verschiedene Phasen der psychosexuellen Entwicklung (anale Phase, genitale Phase etc.), die – ganz wichtig – nacheinander ablaufen und somit in gewisser Weise in diachronem Bezug zueinander stehen.

Die sieben Phasen der kindlichen Digital-Evolution, so wie sie in diesem Kapitel definiert und als Schema vorgeschlagen werden, können durchaus synchron – also gleichzeitig – auftreten. Dennoch gibt es alters- und schichtspezifische Tendenzen. Wichtig ist, dass sich Kinder und Jugendliche in den Neuen Medien gerne ausprobieren, Grenzen überschreiten und Risiken eingehen, die – je nach Phase – besonders dominant sein können.

Kindheit und *Jugend* sind Begriffe, die zunehmend miteinander verschwimmen. Zum einen dehnt sich die Jugendphase mehr und mehr bis in das junge Erwachsenenalter aus. Zum anderen sind Jugendliche im Prinzip auch als Kinder zu bezeichnen, da sie noch nicht volljährig sind und durchaus Verhaltensweisen an den Tag legen, die eher dem kindlichen Spektrum entsprechen. Aus diesem Grund ist es wichtig, das Begriffssystem festzulegen, so wie es in diesem Kapitel Anwendung findet.

In der Entwicklungspsychologie hat sich ein Stufenmodell etabliert,. Bis zum 11./12. Lebensjahr spricht man von Präadoleszenz. Es folgt die „Adoleszenz (vom 12. bis 19. Lebensjahr)" und die „Postadoleszenz (bis zum 25. oder gar 30. Lebensjahr".[117] Das Fachwort *Adoleszenz* bezeichnet die Entwicklungsprozessuale des Jugendalters und ist zugleich ein Synonym für das *Jugendalter*. Unterteilen lässt sich die Adoleszenz in drei Phasen: in die frühe Adoleszenz (10–13 Jahre), die mittlere Adoleszenz (14–17 Jahre) und die späte Adoleszenz (18–22 Jahre).[118] Oftmals gilt das Enddatum der Jugendphase als variabel:

„Die Nachjugend verlängert sich, [...] weil die Entscheidung für einen endgültigen Beruf im Zuge der neumedialen Individualisierungsmöglichkeiten aufgeschoben wird. Die jugendliche Unbekümmertheit, die sich vor allem am digitalen Medienverhalten zeigt, bleibt weit über die Jugendphase hinaus erhalten".[119]

In einigen Fachkreisen wird die Jugend nicht weiter untergliedert, sondern als *eine Phase* definiert (12–19 Jahre). Menschen, die jünger als 12 Jahre sind, gelten demnach als *Kinder*. Die Kindheit wiederum wird in zwei Phasen unterteilt: frühe Kindheit (3–6 Jahre) sowie mittlere und späte Kindheit (6–11 Jahre).

Die folgenden Überlegungen orientieren sich an diesen Einteilungen, wobei allerdings die Postadoleszenz (20 Jahre und älter) zusätzliche eine gewichtige Rolle spielt. Die Jugendphase verlagert sich nämlich mehr und mehr ins (einstige) Erwachsenenalter und dehnt sich „bis in die dreißiger Lebensjahre"[120] aus. Dieses Phänomen spiegelt sich beispielsweise im Konsum von Handy-Games wider, die von vielen Erwachsenen – auch von Eltern – gespielt werden. In solchen Spielen sprechen Kinder, Jugendliche und Erwachsene eine Sprache (Gamersprache) und sind deshalb, beispielsweise aufgrund ihrer spielinternen Kommunikation, nicht voneinander zu unterscheiden.

1.1 Die kognitiv-modellierende Phase

Die *kognitiv-modellierende Phase* ist vor allem in der mittleren und späten Kindheit zu lokalisieren. Bereits in den 60er-Jahren des 20. Jahrhunderts wurde festgestellt, dass das wahrgenommene Verhalten anderer als eine Art Modell dient.[121] Noch heute ist vom *Beobachtungslernen* die Rede. Kinder beobachten also ein bestimmtes Verhalten, das in gewisser Weise als Modell fungiert. Beobachtungslernen führt allerdings nicht immer zu einer exakten Kopie.[122] Vielmehr entwickeln die lernenden Kinder „allgemeine Schemata oder auch kognitive Strategien", „die abstrakter sind als die beobachtete Situation".[123] Der folgende Fall eignet sich zur Veranschaulichung und ist darüber hinaus höchst kurios:

Der kleine Thommy ist zu Besuch bei den Großeltern. Thommy ist immer sehr gerne dort, weil die Oma ihm etwas aus einem Kinderbuch vorliest. Doch dieses Mal ist etwas anders. Oma schenkt

Thommy ein tolles Bilderbuch, damit er selbst hineinschauen kann. Der kleine Mann schaut sich die Bilder an und grinst: Das Geschenk gefällt ihm. Plötzlich beginnt Thommy, auf die Bilder zu drücken. Erst ganz zaghaft, dann ganz wild, doch nichts passiert. Jetzt versucht Thommy, die Bilder vergrößern, indem er Daumen und Zeigefinger spreizt (Zoom-Bewegung). Wieder passiert nichts. Nun wischt Thommy über die Buchseite, um auf die nächste Seite zu gelangen. Nichts passiert. Thommy ist traurig, und die Oma, die es wirklich sehr lieb meinte, ist ratlos.

Thommy behandelt das analoge Bilderbuch wie den Bildschirm eines Tablets. Ist Thommy verblödet? Nein. Thommys Mutter gab ihrem Sprössling nie ein Kinderbuch in die Hand, sondern direkt ein Tablet mit digitalen Bildergeschichten. Die Mutter brachte ihm bei, wie das digitale Zoomen und Wischen funktioniert. Thommy schaute zu und probierte es dann selbst aus – mit Erfolg. Diese Beobachtung „steht damit für zukünftiges Agieren zur Verfügung"[124]. Mit dem Tablet klappt das dann auch, mit dem Bilderbuch allerdings nicht. Positiv hervorzuheben ist allerdings die Unbekümmertheit des Kindes: Es probiert etwas aus, und wenn es nicht klappt, dann klappt es halt nicht. Diese *Learning-by-Doing-Mentalität* ist ein großes Plus der jungen Generation, denn genau deshalb finden die Kids schnell heraus, wie die digitale Technik funktioniert. Sie denken nicht, sie machen es einfach – das ist sehr pragmatisch.

Diese kindliche Unbekümmertheit unterliegt im Laufe des Erwachsenwerdens einer Reduzierung, doch im Jugendalter ist sie noch vorhanden. In dieser Phase, also dann, wenn die Kids 12 bis 19 Jahre alt sind, korreliert die Unbekümmertheit mit dem Austesten und der Überschreitung von Grenzen. Das dient der Identitätsstabilisierung: Der Abnabelungsprozess von den Eltern ist voll im Gange, und die Konsequenzen können teils heftig ausfallen.

Gefährliche Handlungsmuster

Das Beobachtungslernen, auch Modelllernen genannt, hat bei richtiger Ausführung und Anwendung viele Vorteile. Ein Teenager möchte sich einen Computer selbst zusammenbauen, um Geld zu sparen. Er hat allerdings bislang keine eigenen praktischen Erfahrungen gesammelt, also schaut er sich ein YouTube-Video an. Selbstverständlich klappt der Zusammenbau in dem Video wunderbar, also lernt der jugendliche Beobachter dann im Sinne einer kognitiven Modellierung.[125] Sogar das im Video dargestellte Erfolgserlebnis erfährt der Teenager nur durch die Beobachtung „als stellvertretende Verstärkung"[126]. Arbeitstechniken können demzufolge durch Beobachtung übernommen werden, „weil sie in der Demonstration als erfolgreich erlebt wurden"[127]. Nun folgt das praktische Handlungsmuster: Der Teenager kauft sich die Einzelteile (Mainboard, Grafikkarte, Arbeitsspeicher etc.) und bastelt sich seinen eigenen Computer zusammen. Vermutlich werden ihm kleine Missgriffe unterlaufen (die Wärmeleitpaste könnte beispielsweise verschmieren), doch auch daraus lernt er.

Kinder und Jugendliche bringen sich durch Hilfe-Videos und Tutorials sehr viele nützliche Dinge bei. Wie repariere ich meinen Fahrradreifen? Was könnte ich meinen Eltern zu Weihnachten basteln? Und: Wie verhalte ich mich richtig, wenn sich meine Eltern mal streiten? Schnell gerät das Modelllernen nämlich auf die soziale Ebene, weil es in den digitalen Medien Anleitungen für Schwierigkeiten in (fast) allen Lebenslagen gibt: Wie mache ich mit meinem Freund auf die richtige Weise Schluss? Oder: Wie zahle ich es meinem fiesen Klassenkameraden so richtig heim? Spätestens dann wird es gefährlich. Modelllernen, von der Medienpädagogik oftmals zu einseitig betrachtet (und zu unkritisch glorifiziert!), kann nämlich auch negative Auswirkungen haben.

Wissenschaftliche Untersuchungen haben zwar ergeben, dass positiv besetzte Moralvorstellungen wie Gerechtigkeit, Fairness oder Einfühlungsvermögen durch Modelllernen vermittelt werden können.[128] Das funktioniert aber nur dann, wenn diese Handlungsmuster als erfolgreiche Strategie dargestellt und von den Beobachtenden auch als erfolgreich wahrgenommen werden. Ein Lehrfilm über Drogenkonsum muss also so konzipiert sein, dass sich bei den Zuschauern der folgende Aha-Effekt einstellt: Drogen sind gefährlich, und der Konsum kann ein juristisches Nachspiel haben usw.

Nun kommt aber der umgekehrte Fall. Was passiert, wenn riskante Aktionen und Handlungen positiv dargestellt werden? Natürlich nicht im pädagogischen Kontext, sondern als jugendkulturelles Phänomen. Ein gutes Beispiel sind mal wieder die *Pranks*, also gefilmte Scherze, die in die Sozialen Medien hochgeladen werden. Es scheint cool zu sein, den Toilettensitz mit Sekundenkleber zu bestreichen, damit der Kumpel sein klebriges Wunder erlebt. Millionen Klicks und Likes zeigen, dass derbe Scherze dieser Art ein großes Jugendpublikum vor den Bildschirm locken, und einige profilieren sich dann als Nachahmer. Nicht selten schütten Kids ihren Geschwistern Waschmittel oder anderen (teils giftigen) Unrat in die Limo, damit es was zu lachen gibt, wenn das Getränk wieder ausgespuckt wird. Die Handykamera filmt alles mit – und offensichtlich gibt es für solche Aktionen, die wirklich dumm sind, auch noch ein Publikum.

Abgesehen von den unmittelbar Betroffenen besteht die Gefahr grundlegend darin, dass Kinder und Jugendliche in den Sozialen Medien und digitalen Medienwelten riskante Sekundärerfahrungen machen (Pranks, Gewaltvideos, Challenges etc.) und sich als lernende Beobachter an diesen Handlungsmustern orientieren, um dann in der realen Welt entsprechend diesem Modell zu agieren. In den Sozialen Medien, vor allem in den jugendlichen Subkulturen, gewinnt man rasch den Eindruck, dass fiese Pranks und krasse Challenges ein Zeichen von Stärke sind. Das ist natürlich, vor allem aus Sicht der Medienpädagogik, ein Irrglaube. Die Kids interessiert das allerdings wenig. Im Gegenteil: Sie mucken ganz bewusst auf und nehmen Verletzungen in Kauf.

Eltern sollten deshalb genau darauf achten, mit welchen Themen sich ihre Kinder im Internet beschäftigen. Vor allem YouTube stellt ein großes Nutzungsrisiko dar, weil die Kinder und Jugendlichen von einem Video zum nächsten katapultiert werden – bis sie bei einem Video mit riskanten Inhalten landen. Tipp: Vor allem Kinder, aber auch Jugendliche unter 16 Jahren sollten sich *nicht* ohne Aufsicht in den digitalen Medienwelten bewegen.

1.2 Die sozial-mediale Phase

Die *sozial-mediale Phase* korreliert mit dem Wunsch nach neuen Freundschaften und anderen Kontakten, die im Cyberspace von Vorteil sein könnten (Games, Communitys, Social Media etc.). Die Erfüllung dieses Wunsches setzt zwei Dinge voraus. *Erstens* ist ein geeignetes Endgerät notwendig, um Zugang zu den entsprechenden digitalen Welten zu erhalten. *Zweitens* braucht es in diesen Welten einen Account, von dem aus sozial agiert und interagiert werden kann. Ein Kind ohne Smartphone oder Tablet hat also nicht die Möglichkeit, sich digital zu vernetzen, denn die kindliche Lebenswelt findet in diesem Fall ‚offline' statt. Selbst wenn das Kind ein eigenes Smartphone oder Tablet besitzt, kann es durchaus sein, dass die sozialen Apps gesperrt sind bzw. nicht zur Verfügung stehen – oder aber der Internetzugang ist deaktiviert. In diesem Fall ist das Kind ebenfalls ‚offline', wenngleich das Kind natürlich medial agiert (allerdings mit der künstlichen Intelligenz in Spielen, Lern-Apps etc.). Wichtig: Die sozial-mediale Phase setzt dann ein, wenn Kinder und Jugendliche online unterwegs sind. Das eigene Kind muss sich dabei gar nicht einmal aktiv um neue Online-Kontakte bemühen, denn oftmals trudeln Freundschaft- und Kontaktanfragen von anderen Nutzern auch so ein. Soziale Vernetzungen ergeben sich, wenn das Kind solche Anfragen annimmt. Das ist die gefährliche Schwelle.

Die Eltern entscheiden, in welchem Alter sie ihrem Nachwuchs ein Smartphone anvertrauen. Oftmals wird dann abgewogen, wie viel

Bildschirmzeit am Tag gut ist und ob die Inhalte, auf die zugegriffen werden kann, altersgerecht sind. Gemeint sind Videos, Spiele und Internetseiten. Der soziale Faktor, nämlich die Vernetzung mit anderen Menschen, spielt bei den elterlichen Überlegungen meist keine Rolle. Natürlich wissen die Eltern, dass WhatsApp wichtig ist, um sich mit (bereits persönlich bekannten) Freundinnen und Freunden zu unterhalten. Doch häufig melden sich Fremde, denn eine Handynummer ist heutzutage kein gut gehüteter Schatz mehr, sondern nur noch so etwas wie ein Nummernschild eines Fahrzeugs. Viele Kids sind sogar der Meinung: „Je mehr Fremde sich melden, desto besser." Viele virtuelle Kontakte sind ein Zeichen von Beliebtheit – glauben viele Kids zumindest. Melden sich nur die Eltern und Großeltern via WhatsApp, macht das auf Gleichaltrige einen langweiligen Eindruck. Unversehens wird das Kind zum MoF („Mensch ohne Freunde"), was dann sogar zu Mobbing-Attacken führen kann. Spannend muss es sein, und wie heißt es doch: „No risk, no fun!"

Kontakte knüpfen im Internet

Ein großes Netzwerk ist immer von Vorteil. Das gilt in erster Linie für die Erwachsenenwelt. Wer viele wichtige Leute kennt, kommt über ‚Vitamin B' und Weiterempfehlungen an Aufträge. Und in einigen Stellenausschreibungen wird sogar explizit auf eine gute Vernetzung in der jeweiligen Branche als Einstellungsvoraussetzung hingewiesen. Ohne Freunde, Förderer und Partner erreicht ein einzelner Mensch ziemlich wenig. Die Kinder und Jugendlichen agieren zwar nicht mit diesem Kalkül, spüren jedoch die algorithmische Dynamik in den Sozialen Medien, Spielen und Medienwelten.

Das Kennen und Kennenlernen von Menschen ist als *soziales Kapital* zu verstehen. In der späten Kindheitsphase und vor allem in der Jugend gehen die Kids auf sozial-mediale Entdeckungstour. Sobald sie in den Sozialen Medien vertreten sind, geht die Maschinerie los: Eigene Beiträge werden hochgeladen und die der anderen mit einem Like oder Herzchen versehen, Mädchen und Jungs, die sich gar nicht kennen, bilden Communitys, und als wohlwollende Geste schickt man sich gegenseitig Freundschaftsanfragen und Privatnachrichten. Genau das ist ja der Sinn der Sozialen Medien: mit Menschen in Kontakt zu treten oder in Kontakt zu bleiben, die man entweder noch nicht persönlich kennt oder nur selten in der analogen Welt sieht. Erlauben Eltern ihren Kindern den Zugang zu den Sozialen Medien, ist das immer ein Freifahrtschein für den Chat mit Fremden! Sie können ihre Kinder nur effizient schützen, wenn sich die Kinder erst gar nicht in diesen Online-Netzwerken anmelden.

Die sozial-mediale Phase ist ein fester Bestandteil der Medienbiografie eines modernen Menschen. Verbieten lässt sich die Phase nicht, aber sie lässt sich hinauszögern. Braucht ein siebenjähriges Kind ein Smartphone? Nein, und es braucht erst recht keinen Social-Media-Account. Wie sieht es mit einem zehnjährigen Kind aus? Es braucht auch kein Smartphone, aber die Eltern könnten darüber nachdenken, dem Kind 20 Minuten pro Tag *Bildschirmzeit* zu gewähren – natürlich unter Beaufsichtigung. Ist ein Kind zwölf Jahre alt, ist ein Handy für unterwegs vielleicht hilfreich. Die Betonung liegt übrigens auf *Handy*, nicht auf *Smartphone*. Warum muss es immer ein Gerät sein, das angeblich ,smart' ist? „Das Kind braucht doch WhatsApp", heißt es dann gerne. Nein, das Kind braucht kein WhatsApp, denn die normale SMS mit ihren 160 Zeichen tut es auch. Wichtig ist vor allem, dass das Kind in einer Notsituation telefonieren kann. Spielen kann das Kind auf dem Spielplatz, sich mit anderen Kindern unterhalten übrigens auch. Dort ist es gut aufgehoben und hat in der Regel sichtlich Spaß, wenn es schaukeln, wippen und im Sandkasten buddeln kann.

Dennoch zieht es die Kids irgendwann in die digitale Welt – sie werden quasi *cyberflügge*. Gründe gibt es viele. Da wäre zum Beispiel der Gruppenzwang. Die Freunde sind bereits online vertreten, also möchte das Kind nachziehen. Die Eltern verstehen das Kind (zumindest irgendwie), denn sie möchten ja nicht, dass es als einziges Kind ohne Handy irgendwann zum Außenseiter wird. Kids, die WhatsApp haben, signalisieren ja auch: „Hey, ich bin dabei, du kannst mir gerne via WhatsApp schreiben." Hier greift McLuhans Regel: *Das Medium ist die Botschaft*. Die Teilnahme an WhatsApp hat also nicht nur Vorteile in der digitalen Welt, sondern optimiert und beschleunigt auch das Finden von Freunden in der analogen Welt.

#follow4follow und #like4like

Das Leben ist ein Geben und Nehmen. Das spüren auch die Kids, die in ihren Medienwelten vorankommen wollen. Tatsächlich haben sich die Sozialen Medien schon längst zu einem Wettbewerb entwickelt, zu einer *Competition*. Ohne Unterstützung kommt man nicht weit. Die sozial-mediale Phase ist demnach extrinsisch motiviert, da es den Kids nicht einfach darum geht, neue Kontakte zu knüpfen, sondern von diesen Kontakten gezielt zu profitieren. Das Grundprinzip von Instagram sind nun einmal die Abonnenten. Wer auf dieser Plattform jeden Tag ein Bild online stellt und das nur für sich allein macht, könnte die Bilder genauso gut ausdrucken und zu Hause in ein Fotoalbum kleben. Der Sinn ist die soziale Vernetzung – und ganz wichtig: Anerkennung!

Um auf Plattformen wie Instagram voranzukommen, sind soziale Tauschgeschäfte notwendig. Als Benutzer folgt man anderen Nutzern, um die gleiche Gegenleistung zu erhalten. Dazu setzt man idealerweise den Hashtag #follow4follow. Die Botschaft ist also: „Folgst du mir, so folge ich auch dir." Das gleiche Prinzip gilt für Likes. Und irgendwann macht das süchtig. Die Kids laden Fotos hoch, die angeblich viele Likes und Follower bringen (Nacktbilder zum Beispiel). Und sie kommentieren Bilder von Fremden mit einem Kompliment – immer in der Hoffnung, dass sich die andere Person revanchiert. Tatsächlich ist das Interesse meist nur eine große Show. Das erinnert an Politiker, die vor großen Wahlen eifrig und mit erstaunlicher Ausdauer Hände schütteln, um danach unterzutauchen.

Die sozial-mediale Phase zeigt sich je nach Alter des Kindes auf unterschiedliche Weise. In der frühen Kindheit (3–6 Jahre) sollte sie definitiv keine Rolle spielen, auch wenn es einige Eltern geben dürfte, die so unverantwortlich sind. In der mittleren und späten Kindheit (6–11 Jahre) verhält es sich zunächst ähnlich, doch irgendwann mucken die Kids auf: Sie wollen ein Smartphone. Spätestens wenn das Kind neun Jahre alt ist, möchte es WhatsApp nutzen, und mit jedem Lebensjahr, das vergeht, wächst nicht nur die Körpergröße, sondern auch die Neugierde auf die Sozialen Medien im Allgemeinen. Kindern, die sich vernetzen möchten, geht es in jungen Jahren tatsächlich darum, neue Freunde zu finden. Doch dann setzt die Jugend ein, und den Teenagern dämmert es, dass digitale Kontakte wichtig sind, um an Einfluss zu gewinnen: mehr Likes, mehr Follower, mehr Kommentare, mehr Freunde und schließlich auch mehr Anerkennung. Eltern sollten darauf achten, dass die sozial-mediale Phase nicht in eine Sucht oder Manie ausartet.

1.3 Die de-domestizierende Phase

Domestizierung ist ein Terminus, der in der Biologie Anwendung findet. Die Domestizierung ergibt sich durch die menschliche Auslese und Isolation von Wildtieren und Wildpflanzen. Auf diese Weise wird ein Zusammenleben mit dem Menschen bzw. eine Nutzung durch diesen erst möglich. Domestizierung wird häufig mit den Begriffen *Zähmung* und *Bändigung* in Verbindung gebracht.

Tatsächlich taucht die *Domestizierung* als Begriff auch im pädagogischen Kontext auf. Die Erziehungswissenschaftlerin Christa Berg erkennt eine Privatisierung und Familialisierung des Kindseins, die „Kinder zu Opfern von Domestizierungen" machen.[129] Mit anderen Worten wird die kindliche Wildheit durch Erziehung, Überwachung, Kontrolle und Überbehütung gebändigt. Der Medienpädagoge Dieter Baacke spricht von einer zunehmenden Verhäuslichung der Kindheit.[130] Dies impliziert einerseits einen sicheren Schutzraum – das Kinderzimmer als Wohlfühloase –, scheint andererseits aber angesichts der Digitalisierung nicht mehr ganz up to date zu sein: „Ein Kind, das (vermeintlich) brav und still im Kinder- oder Jugendzimmer sitzt, probiert vielleicht gerade die unzähligen Möglichkeiten des Internets aus – was in der realen, analogen Welt durchaus markante Konsequenzen haben kann".[131] Die Kindheit ist heutzutage nicht mehr steuer- oder berechenbar, weil die medialen Einflüsse nicht nur stetig zunehmen, sondern oft wasserfallartig in das Kinderzimmer stürzen.

Viele Eltern und Pädagogen versuchen, diesen Risiken und Gefahren mit entsprechender Behütung entgegenzuwirken, indem die Kinder medial überwacht, kontrolliert oder stark eingeschränkt werden. Auf diese Weise wird die Domestizierung der Kindheit zwar vorangetrieben, doch der Schein trügt. Es ist gerade der vermeintliche Schutzraum des Kinderzimmers, den die Kids nutzen, um sich in den digitalen Welten wieder zu *de-domestizieren*. Dieses Phänomen soll an dieser Stelle als *digitale Auswilderung* bezeichnet werden. Es ist nicht das große Problem, wenn die digitale De-Domestizierung mit 18 Jahren einsetzt. Es ist allerdings ein ernsthaftes Problem, wenn dies in der Kindheit oder frühen Jugend geschieht.

Die *de-domestizierende Phase* ist eine Trotzreaktion auf die elterliche Erziehung, die nicht mit der typischen Pubertät verglichen werden darf, auch wenn die Pubertät einen verstärkenden Effekt haben kann. Schon vor über 20 Jahren war es wie folgt: Das Kind war frech und bekam Fernsehverbot. Was machte das Kind? Es fand einen Weg, heimlich fernzusehen – schaute dann aber auch Sachen, die für Kinder nicht geeignet sind (weil ja kein Elternteil als Aufsicht dabei war). Ähnlich verhält es sich mit dem Internet- oder Computerverbot: Das Kind darf nicht zu Hause spielen, zockt dann aber bei Freunden die ganz krassen Games oder ‚inhaliert' Pornoseiten gemeinsam mit der

Clique. Wer den Stoff zu Hause nicht bekommt, holt ihn sich halt auf unkontrollierbare Weise woanders. Eine zu starke ‚Digital-Bändigung‘ treibt das Kind in die Ecke, weil es mit der Situation unglücklich ist. Natürlich sind die Eltern irgendwie im Recht. Im Internet lauern schließlich viele Fressfeinde wie Pädophile, Cyber-Kriminelle und andere dunkle Gestalten (Stichwort *Darknet*). Hinzu kommen die bekannten Gefahren wie Abo-Fallen, Geldverlust, Suchtverhalten und Cyber-Mobbing. „In den digitalen Welten sind die Kinder unbegleitet".[132] Das ist so, als würde man einen kleinen Hund, der für manche Menschen auch wie ein Kind sein kann, einfach mal für ein paar Tage im Wald aussetzen, um ihn ‚auszuwildern‘. Das ist gefährlich für das Tier. Ungut ist es aber auch, wenn der Hund nur in der Wohnung gehalten wird, keinen Auslauf bekommt und ihm kein Kontakt zu anderen Hunden gewährt wird. Ziel muss es also sein, die Kids medial zu *erziehen* – und nicht medial zu *verziehen*.

Influencer, YouTube-Stars und andere Promis leben die neue ungezähmte Wildheit vor: Tattoos an jeder noch so schlüpfrigen Körperstelle sind erlaubt, Kraftausdrücke sind cool und viel nackte Haut ist das Zünglein an der Waage in den Sozialen Medien. Die Kids ziehen nach – und ziehen sich aus. Vor allem die Girls, die davon träumen, 1.000 Abonnenten auf Instagram zu haben. Danach müssen es dann 10.000 sein, und das geht dann immer so weiter. „No Limits", ist das Motto. Je extremer, desto besser.

Into the Wild

Das Rechtschreibwörterbuch Duden definiert das Wort „Wildnis" folgendermaßen: „unwegsames, nicht bebautes, besiedeltes Gebiet."[133] Gerade die Beschreibung als „unwegsam" ist im Kontext der digitalen De-Domestizierung interessant. Welche vernünftige Mutter schickt ihr Kind bitte allein in unwegsames Gelände? Genau so muss man sich das Internet vorstellen. Die Kinder bewegen sich in Medienwelten, und in diesen Welten gibt es nun einmal Gebiete, die einer Wildnis ähneln. Es finden sich natürlich auch Gebiete, die kultiviert und somit kinderfreundlich sind. Ein gutes Beispiel ist die Seite „fragFINN.de", laut Philipp Lahm „die sichere Suchmaschine für Kinder".[134] Tippt man als Suchwort „Gewalt" ein, so landet man auf der Seite „kindernetz.de". Präsentiert wird der Trickfilm „Was ist Gewalt?", der einen medienpädagogisch wertvollen Eindruck macht und durchaus empfohlen werden kann.

Doch zurück in die Cyber-Wildnis: Eltern, die ihren Kids zu früh ein Smartphone geben, meinen es zwar gut, begehen jedoch einen fatalen Denkfehler. Sie glauben, dass sich das Kind – wenn es beispielsweise auf der Wohnzimmercouch sitzt – direkt in der Nähe befindet. Körperlich sitzt das Kind zwar da, doch mit seinen Gedanken ist es in verschiedenen Online-Welten gleichzeitig. Das Smartphone wird wie ein harmloses Spielgerät behandelt, aber es ist ein magischer Schlüssel, um die Büchse der Pandora zu öffnen. „Mama, darf ich ein bisschen YouTube schauen?" „Was willst du dir denn anschauen?" „Lustige Videos!" „Ja, klar, viel Spaß!" Fast jeder kennt es: Man klickt auf YouTube herum, um sich ein bestimmtes Video anzuschauen, klickt jedoch immer weiter, bis irgendwann ein paar Stunden vergangen sind. Aus den lustigen Tiervideos werden dann Videos, die die schlimmsten Tierattacken der Welt zeigen oder so ähnlich.

Noch gefährlicher sind Plattformen wie Facebook. Das soziale Netzwerk darf rechtlich ab 13 Jahren genutzt werden, was viel zu früh ist. Jugendliche in dem Alter haben im Schnitt 200 Online-Freunde. Selbst wenn die Teenies brav sind, sehen sie durch den Facebook-Algorithmus, was ihre Online-Freunde so treiben. Die Neugierde obsiegt, und schon poppt ein rassistisches Bild auf – oder ein Video, das sexuelle Inhalte zeigt. Die Liste lässt sich beliebig fortführen. Im Endeffekt ist jede Kinderseele einzigartig: Manche lachen über schockierende Inhalte, manche fürchten sich.

Wir erinnern uns an die Horrorpuppe „Momo", eine gruselige Gestalt, die erst auf WhatsApp auftauchte, später auch in Kinder-

Videos und dann sogar in Online-Spielen. Kinder und Jugendliche werden aufgefordert, „bestimmte Aufgaben für [die] Gruselfigur zu erledigen".[135] Selbst die Polizei warnt vor Momo, denn ein Mädchen aus München geriet im März 2019 in Lebensgefahr: „Innerhalb weniger Tage veränderten die verstörenden Nachrichten die Schülerin völlig und brachten sie schließlich dazu, Tabletten zu schlucken."[136] Ist das Kind aber sicher, wenn es kein eigenes Smartphone hat? Nicht immer, denn dem Autor ist dieser Fall bekannt: Zwei halbstarke Teenager zeigen einem Kind im Bus das Momo-Video. Das Kind bekommt furchtbare Angst, erzählt seinen Eltern jedoch nichts davon. Mitten in der Nacht wacht die Mutter auf, weil sie ein jämmerliches Schluchzen hört. Sie findet ihr Kind in der Küche, zusammengerollt auf dem Boden und mit den Nerven völlig am Ende. Sie nimmt das Kind in den Arm. Mehr kann sie für den Moment nicht tun.

Präventionsarbeit ist sehr wichtig. Nicht nur für Kinder und Jugendliche, sondern auch für Eltern, die oftmals nicht wissen, welche Gefahren im Cyberspace lauern. Die de-domestizierende Phase ist gefährlich, weil sich einige Kids bewusst der Obhut der Eltern entziehen. Genau diese Kids, also die wilden, die sich wie im Rausch de-domestizieren, suchen sich die braven Kids heraus und schubsen sie für einen kurzen Moment in die digitale Wildnis: umkreist von Geiern, umgeben von Raubtieren und fiesen Fallen. Die braven Kids sind hilflos. Sie brauchen einen ‚Ranger', der sie in den wilden Digital-Arealen beschützt. Die Elternteile sollten sich dringend mehr mit den digitalen Medienwelten der Kids befassen und örtliche Eltern-Kind-Medienworkshops anregen, um ein beschützender Ranger für die Kids zu sein. Wichtig ist das Gespräch mit den Kids auf Augenhöhe und mit echtem Interesse, damit keine Trotzreaktionen entstehen – denn neben Neugierde führt gerade Trotz in die risikobehaftete de-domestizierende Phase.

1.4 Die multi-existenzielle Phase

Im Laufe des Lebens erkunden Kinder und Jugendliche neue Orte. Sie erweitern ihren Horizont, und der Radius um das Elternhaus dehnt sich aus. Da sind zunächst der Garten oder die Einfahrt, die als Spielebene fungieren, dann der Spielplatz um die Ecke, ein Fluss- oder Seeufer, und schließlich machen die Kids auch mal allein eine Radtour. Es war vor vielen Jahrzehnten schon so, dass sich die Kindheit langsam *auf mehrere unterschiedliche Erlebnisinseln verteilt.* Die Kinder und Jugendlichen sind also regelmäßig an verschiedenen Orten: Kino, Fitnessstudio, Verein, Eisdiele etc. Damals, sagen wir vor 20 oder 30 Jahren, hatten die abenteuerlustigen Kids natürlich kein Handy dabei. Es war also Vertrauenssache, dass sich die Kids tatsächlich am vereinbarten Ort aufhielten. War dies der Fall, wussten die Eltern zum Beispiel: „Die Lisa ist mit der Tina auf dem Pferdehof."

Die *multi-existenzielle Phase* orientiert sich an der Leitfrage: *Wer bin ich und wie viele?* Ergänzt wird: *Wo bin ich?* Das *Wo* bezieht sich weniger auf den Aufenthaltsort des Körpers, sondern vielmehr auf den Aufenthaltsort des Geistes, der Seele und des Gehirns. Die *digitale Multiexistenz* korreliert also mit dem Aufenthalt im Cyberspace. Dort sind viele verschiedene Räume zu erkennen: Chaträume, Spielräume, Selbstdarstellungsräume (z. B. Instagram) etc. Die multi-existenzielle Phase taucht in zwei Variationen auf. *Erstens* befinden sich die Kids nun auf dem Spielplatz *und* in virtuellen Welten gleichzeitig, sofern ein Smartphone mit Internetzugang vorhanden ist. Ein zehnjähriges Mädchen, das also ‚brav' auf dem Spielplatz spielt, kann von dort aus in Handy-Games und in die Sozialen Medien einloggen. *Zweitens* führen viele Kids mehrere Identitäten im Internet. In Spielen sind sie Magier, Landwirte oder Kommandanten, in den Sozialen Medien Poser oder Prinzessinnen und im WhatsApp-Chat mit den Großeltern die liebenswürdigen Enkel, die kein Wässerchen trüben können.

„Wo ist denn der Max?", fragt der Papa die Mama. Gemeint ist der Sohn Maximilian. „Der hat sich auf die Couch gekuschelt", meint die Mama. „Lieb ist er", erwidert der Papa. Nein, liebe Eltern, der kleine liebe Max befindet sich nicht auf der Couch, er spielt „Dungeon Hunter Champions", ein sogenanntes „Hack & Slash"-Game. Mehr noch: Der kleine liebe Max hat sich heimlich einen Instagram-Account angelegt, weil er seine Klassenkameradin Julia so hübsch findet. Für erotische Inhalte interessiert sich Max nicht, sein Kumpel Rainer allerdings schon. Und der schickt Max natürlich ein Sex-Foto via WhatsApp. „Geil", antwortet Max, denn er möchte ja nicht verklemmt rüberkommen. Ist Max also wirklich auf der Couch? Oder befindet er sich an verschiedenen digitalen Orten, von deren Existenz die meisten Eltern nicht einmal wissen?

Die digitale Multiexistenz ist in erster Linie durch das Anlegen mehrerer Accounts gekennzeichnet. Auch Erwachsene wissen, wie schnell das unübersichtlich werden kann: E-Mail-Account, Bank-Account, Facebook-Account, Amazon-Account, eBay-Account, Singlebörsen-Account, Accounts für verschiedene Apps usw. Durch die Anlegung des Accounts ist der Benutzer im System registriert. Je mehr Zeit in diesen Systemen verbracht wird, desto höher ist die Wahrscheinlichkeit, dass das so bleibt. Warum sollte man plötzlich nicht mehr bei Amazon bestellen, wenn es seit Jahren Spaß macht? Auch Erwachsene bewegen sich also täglich in verschiedenen Online-Welten: Shopping, Banking, Social Media etc. Gemeinhin traut man ihnen zu, dass sie wissen, was sie im Internet tun – was in manchen Fällen allerdings bezweifelt werden darf. Viele Eltern sind, was die Digitalisierung angeht, keine geeigneten Vorbilder.

Sich einen Namen machen

Die multi-existenzielle Phase tritt weniger in der klassischen Kindheit, sondern vielmehr in der Jugend bzw. Nachjugend auf. Der Cyberspace ist nun die geeignete Spielwiese, um die eigenen sozialen Handlungsmuster und persönlichen Talente auszuprobieren. Gerade unter männlichen Teenagern sind mobile Games mittlerweile Pflicht. Die meisten mobilen Spiele sind auf Langzeitmotivation ausgelegt, und so werden die Kids durch Quests, Challenges und Belohnungssysteme bei der Stange gehalten. Wenn Jugendliche pro Tag zwei Stunden in ein Spiel investieren, steigt natürlich auch die Wichtigkeit dieser Spielwelt: In Offline-Phasen kreisen die Gedanken immer wieder um das Spiel, und man freut sich schon auf das Einloggen. Die Spielwelten sind meist auch als *Welt* konzipiert: Mittelalter-Welt, Fantasy-Welt und Kriegs-Welt, je nachdem, um was für eine Art von Spiel es sich handelt. Der Spieler erschafft in diesen Welten einen Charakter oder ein Profil und häuft Fortschritte sowie Boni an, wodurch sein Account an Wert gewinnt (und sei es nur der ideelle Wert). Es ist lediglich eine Frage der Zeit, bis das Spiel zum festen Bestandteil des Lebens gehört und als Existenz wahrgenommen wird. Das Ganze ist ja auch so lebensecht, eben *virtual reality*: In vielen dieser Spiele können die Kids Handel betreiben, Textnachrichten austauschen, sich angreifen, miteinander koalieren oder sich anderweitig unterstützen. Spielwelten sind soziale Welten, in denen man sich einen Namen machen und sozial aufsteigen kann – und das viel einfacher und schneller als im echten Leben.

Lukrativ im sozialen Sinne ist auch der Aufbau einer Social-Media-Existenz, die oftmals crossmedial abläuft. *Crossmedial* bedeutet: Die Kids legen sich nicht nur einen Account auf Instagram an, sondern auch noch einen Snapchat- und Facebook-Account. Auf diese Weise wird die Reichweite erhöht, und außerdem wollen die Kids ja überall dabei sein. Da ist zum Beispiel die 19-jährige Rettungssanitäterin, die 9.000 Abonnenten auf Instagram und 44 Beiträge veröffentlicht hat. Das erste Foto hat die junge Erwachsene 2014 hochgeladen, also bereits vor einigen Jahren. Jeder fängt auf Instagram bei null Abonnenten an und kann sich ‚hocharbeiten‘. Die Kids können selbst entscheiden, wie sie in den Sozialen Medien wahrgenommen werden wollen: sportlich, cool, tierlieb oder modebewusst. Es genügt, das richtige Bildmaterial hochzuladen, um sich langfristig eine Community aufzubauen. Dementsprechend viel Herzblut wird in die Pflege des Social-Media-Accounts gesteckt. Das tägliche Einloggen macht Freunde und Freude, wenn regelmäßig Komplimente eintrudeln. Die einen haben dieses Glück, die anderen leider nicht. Wer in den Sozialen Medien gemobbt und beleidigt wird, hat es nicht einfach. Drastisch sind die Konsequenzen dann, wenn sich die ‚Mobbing-Existenz' in den Schulalltag verlagert.

Es kommt der Punkt, da ist das Smartphone mit Apps vollgepumpt: Gaming-Apps, Social Media, WhatsApp, iMessage, YouTube, Netflix, Amazon – und es ist davon auszugehen, dass diese Auswahl viel zu gering ist. Die multi-existenzielle Phase hilft beim Erwachsenwerden. Wer bin ich? Wo und wie fühle ich mich wohl? Doch das Internet ist ein Irrgarten, und wer einmal vom Weg abkommt, verliert sich rasch selbst. Eltern sollten darauf achten, dass ihre Kinder per Smartphone nicht zu viele Existenzen führen, denn diese Existenzen können abhängig machen. Stetige Spielerfolge, digitale Komplimente und locker-flockige Flirts führen rasch in eine Sucht oder Manie. Auszeiten ohne Smartphone (Sport, Freunde, Ausflüge etc.) sind deshalb besonders wichtig und haben eine präventive Wirkung.

1.5 Die trivial-schematische Phase

Bereits 1992 erkannte der deutsche Soziologe Gerhard Schulze das Trivialschema im Kontext verschiedener alltagsästhetischer Schemata. Er differenziert zwischen Kunst und Kitsch und nimmt an, dass „der hohen Kultur eine niedere gegenüberstehe".[137] Seit den 1990er-Jahren hat sich in Sachen Fernseh- und Internetprogramm sehr vieles verändert. Der Begriff „Kitsch" existiert zwar heute noch immer, doch die Bezeichnung „Trash" ist meist passender – besonders was die Sozialen Medien betrifft, in denen es nicht bunt, schrill und laut genug sein kann. Schlechter Geschmack und Geschmacklosigkeit treffen auf das Trivialschema zu,[138] wobei Geschmacklosigkeiten mehr und mehr zu einer neuen Form von Kunst avancieren, die junge Menschen wohl häufiger teilen als Erwachsene. Im Trivialschema darf man sich „berühren und berührt werden", „die Gesichter sind freundlich"[139] und alles ist „notorisch auf Happy Ends angelegt"[140]. Es entsteht eine Welt des Friedens und des Angenommenseins.[141] Im Zeitalter der digitalen Medien spiegelt das den Community-Aspekt des gemeinsamen Erlebens wider.

Die *trivial-schematische Phase* ist eine sinnliche Phase. Inhalte, die als Trash codiert sind, werden mit allen Sinnen aufgesaugt. Im Fernsehen ist es das Dschungelcamp, auf YouTube sind es Jugendliche, die anderen Jugendlichen vor laufender Kamera teils fiese Streiche spielen. Jungs und Mädchen laden Videos von ihren Gesangskünsten ins Internet hoch. Die einen werden bewundert, über die anderen wird gelacht – gemeinschaftlich. In der Szene entsteht ein seltsames Wir-Gefühl, das eine vergnügungsorientierte Anspruchslosigkeit als Kunst feiert. Die Rede ist von sogenannten *Fails*. Ein Fail bezeichnet in der Internetsprache einen peinlichen Fehler, einen kuriosen Fall des Versagens. Es entsteht eine neue Kultur des Lästerns, die nicht einmal böse gemeint ist. *Digitales Derblecken* trifft es wohl ganz hervorragend.

Bei der trivial-schematischen Phase muss zwischen Rezeption und Kreation unterschieden werden. Je jünger das Individuum ist, desto eher ist es in der Rolle des Hörers, Lesers oder Betrachters, also des Rezipienten. Vor allem kleine Kinder nutzen die Sozialen Medien und andere digitale Inhalte, um sich berieseln zu lassen. Irgendwann, vor allem in der Jugendphase, entwickeln sie eigene Inhalte wie beispielsweise Selfies, amateurhafte Videoclips und Texte. Eine effektive Nutzung der Sozialen Medien bedingt ja auch die Erstellung eigener Inhalte. Einige Jugendliche posieren halb nackt, andere entdecken Muster neu, die schon immer als schön kodiert gelten, ob dies nun Sonnenuntergänge, Pferde, ein Laubwald im Herbst oder Stadtansichten sind.[142] An dieser Stelle zeigt sich eine passende Differenzierung zwischen Kunst (Sonnenuntergänge) und Trash (halbnackte Selfies vor dem Spiegel). Beliebt ist in der trivial-schematischen Phase beides. Jugendliche, denen die Weiterentwicklung des Geistes wichtiger ist als die des Körpers, entscheiden sich für künstlerische Formate, während andere danach streben, den eigenen Körper zu perfektionieren (Fitness-Hype, sonnengebräunte Haut etc.).

Achtung, Überdosis!

Die trivial-schematische Phase beginnt mit lustigen Tiervideos und anderen Inhalten, in denen alles irgendwie herzallerliebst ist. „Trivialkultur ist die Kultur der schönen Illusion."[143] Das zeigt sich auch in der digitalen Selbstdarstellung der Kids. Die Haut muss makellos sein, und die Augen müssen funkeln. Schönheit bei den Frauen ist „obligat"[144], während Männer mit Größe und Charakterstärke punkten. Aus diesem Grund posieren männliche Teenager und junge Männer mit Kampfhunden, teuren Schlitten und setzen ihre beste James-Bond-Mimik auf. Frauen hingegen zeigen sich als schwaches Geschlecht, das es zu beschützen gilt. Mit dem Effekt, dass in den Sozialen Medien mehrere Jungs um die gleiche Frau buhlen.

In der trivial-schematischen Phase zeichnet sich eine Genese ab: Gerade zu Beginn, wenn Kinder in diese Phase eintauchen, rezipieren sie primär harmlose Videos, humorvolle Inhalte und sind mit dem glücklich, was sie sehen, hören und beklatschen dürfen. Diese trivialen Reize reichen irgendwann nicht mehr, also wird der Input durch neue Reize erhöht (diese Prozesse zeichnet das Stimulus-Response-Modell nach). Die Trivialität bleibt, doch die Dosis wird erhöht: derber Humor, Gewalt, Erotik und Sex.

Ein bisschen Belustigung hilft beim Erwachsenwerden. Wir erinnern uns an „Eis am Stiel" aus den 70er-Jahren – oder an „American Pie" aus den 90ern. Die Sex-Witze und plumpen Anspielungen in den Filmen sind peinlich und doch irgendwie witzig. Es sind Themen, die in der Pubertät hochaktuell sind, über die die Kids mit ihren Eltern aber nicht sprechen möchten. Das Trivialschema kann nämlich durchaus als „Sehnsucht nach […] Anlehnung"[145] verstanden werden; sowohl physisch als auch psychisch. Eltern sollten darauf achten, dass das Ein- und vor allem Abtauchen in die trivial-schematische Phase nicht eskaliert. Gewaltvideos, vor allem solche, in denen echte Menschen und keine Schauspieler zu Schaden kommen, sollten für Kinder und Jugendliche absolut tabu sein. Eltern sollten außerdem darauf achten, welchen Umgang die Kids pflegen, denn harte Gewalt- und Pornovideos werden gerne im Verborgenen ausgetauscht, angesehen und dann wieder gelöscht.

1.6 Die cyber-sexuelle Phase

Der Begriff *Cybersex* (CS) tauchte erstmals in den 90er-Jahren auf, vor allem Ende der 90er-Jahre, als das Internet mehr und mehr Teil der Gesellschaft wurde. „Lust auf CS?" war damals die Standardfrage, wenn es darum ging, sich gegenseitig sexuell zu stimulieren. Die Online-Chats waren damals noch sehr schlicht, es gab keine Profile, sondern die Menschen loggten sich einfach mit einem Pseudonym ein – ohne Profilbild natürlich. Jeder konnte jeder sein. Das ist heute zwar auch noch so, doch in den 90er-Jahren war es einfacher, weil es damals noch keine „Echtnamen-Communitys" wie Facebook gab.

Die Definition des Phänomens *Cybersex* fällt in der Regel sehr schwammig aus. Es kann sich sowohl um text- als auch um videobasierten Cybersex handeln, bei dem beide ‚Parteien' aktiv sind (z. B. Videokonferenz). Somit ist eine Abgrenzung zum klassischen Web-Porno möglich, wenngleich auch das zeitgleiche Masturbieren als Cybersex zu verstehen ist. Neuerdings, es muss ja für jeden Trend immer ein neues Wort geben, hat sich für den textbasierten Cybersex der Begriff *Sexting* etabliert. Sexting ist zum Beispiel über Whats-App möglich, zumal die Emojis gerne für das *sex-textuelle* Vorspiel genutzt werden.

Die *cyber-sexuelle Phase* umfasst die bereits genannten Facetten, geht allerdings noch einen Schritt weiter. Auch die Rezeption von Porno-Bildern ist relevant, ebenso die Recherche nach sexuellen Themen. Gerade Jugendliche haben oft schlüpfrige Fragen, die sie ihren Eltern nicht stellen möchten. Fragen wie „Ist es normal, dass …"? werden in die Suchmaschine eingetippt. Schnell stößt man auf Internetforen, in denen sich Teenager über sexuelle Themen austauschen. Die cyber-sexuelle Phase umfasst also nicht nur die schnelle Stimulation, sondern auch die Erkundung des eigenen Körpers. Das altbekannte Dr.-Sommer-Team der *Bravo*, das jetzt auch digital unterwegs ist,[146] hat in dieser Hinsicht seit jeher eine ganz besondere Vorreiterrolle inne.

Dass sich die Kids irgendwann für Sexualität interessieren, ist ganz normal. Normal ist auch, dass nicht gerade am Mittagstisch über solche Themen gesprochen wird. Aus diesem Grund findet die cyber-sexuelle Phase im Verborgenen statt. Die Eltern sind also nicht eingeweiht. Das hat den Nachteil, dass der Nachwuchs schutzlos unterwegs ist.

Verständnis und Unverständnis

Der anrüchige Text- und Video-Chat mit anderen ist einerseits ‚safe', weil keine Verhütungsmaßnahmen notwendig sind. Es kann also direkt losgelegt werden, ohne dass Krankheiten oder eine Schwangerschaft relevant sind. Problematisch ist allerdings der Austausch von Bildern in anzüglichen Posen und sensiblen Daten (Telefonnummer, Adresse etc.). So schön das virtuelle Liebesspiel also möglicherweise ist, kann es ein unvorhergesehenes Nachspiel haben – nämlich dann, wenn die eigene Tochter mit Nacktbildern oder anderen intimen Informationen erpresst wird. Das ist ein großer Schock, auch für die Eltern, die nicht wissen, wie sie damit umgehen sollen. Sie werden sich vor allem die Frage stellen: „Warum macht unser Kind denn so einen Schweinkram?"

Eltern sollten allerdings versuchen, ohne Vorurteile ('Schweinkram') an die Sache heranzugehen. Wichtig ist es, die Beweggründe des Teenagers zu verstehen. Sexualität ist für Teenager wichtig, für die einen früher, für die anderen erst später. Die Neugierde auf den eigenen Körper wächst. Das gilt auch für andere Menschen, die als attraktiv empfunden werden. Besonders Schüchternheit spielt eine große Rolle, denn zum Chat-Partner ist eine räumliche Distanz gegeben, die Sicherheit suggeriert, in vielen Fällen aber auch nur vorgaukelt. Im Schutz der Anonymität schlüpfen die Kids in verschiedene Rollen, probieren sich sexuell aus und lassen sich überraschen, was passiert. Natürlich geht es auch darum, sich begehrenswert zu fühlen. Vor allem weibliche Teenager verschicken sexy Bilder an junge Männer, um Komplimente zu erhalten. Durch den virtuellen Sex sammeln die Teenager erste sexuelle Erfahrungen. Cybersex ist vor allem bei jungen Menschen so beliebt, weil sie sich im Cyberspace heimisch fühlen. Das Smartphone ist ein Gerät, das eine vertraute Umgebung schafft, auch wenn sie nur virtuell ist.

Cybersex kann durch seine alltagsferne Beschaffenheit besonders kreativ gestaltet werden. Natürlich gibt es – wie im echten Leben – auch die plumpe und mechanistische Form, doch die geistigen und sprachlichen Gaben ermöglichen eine besonders fantasievolle Reise. Das virtuelle Liebesspiel kann deshalb auch sehr romantisch ablaufen. Allerdings dürfte dies eher eine Ausnahme darstellen. Viele Männer verschicken Fotos von ihrem Geschlechtsteil (die sogenannten 'dick pics'), und dies oft ungefragt. Sie machen das nicht, um der Frau einen Gefallen zu tun, sondern um sich zu stimulieren, oft auch, um die Frau zu erniedrigen. Klar ist also: Nicht wenige Menschen nutzen die Möglichkeiten der Neuen Medien, um einen speziellen Fetisch auszuleben, und das auf Kosten anderer. Kriminelle Taten sind also vorprogrammiert.

Besonders gefährlich ist sexueller Missbrauch, der auch virtuell ablaufen kann. „Ein heute 21-jähriger Mann aus dem Landkreis Passau soll 2017 neun Mädchen sexuell missbraucht und genötigt haben

– über WhatsApp und Instagram", schreibt die *Passauer Neue Presse* am 8. März 2019. Dieser Absatz ist besonders schockierend:

„Unter anderem sollten die Mädchen Fotos von ihren eigenen Händen in Plastikhandschuhen anfertigen und ihm übersenden. Den Fotos sollten die Kinder Sprach- oder Textnachrichten hinzufügen, in welchen sie den Angeklagten zur Selbstbefriedigung auffordern sollten".[147]

Der Mann soll den Mädchen angedroht haben, ihre Nummern im Internet zu veröffentlichen. „Aus Angst, dass er seine Drohungen wahr machen würde, sind die Mädchen laut Anklageschrift seiner Aufforderung nachgekommen."[148] Die betroffenen Mädchen waren zwischen 11 und 13 Jahre alt. Ob sich der Täter als Teenager ausgegeben hat, geht aus dem Bericht nicht hervor.

Zwischen Romantik und Perversion liegt also ein schmaler Grat. Die Herausgabe der Handynummer an die falsche Person kann ein Horrorszenario nach sich ziehen. Aus diesem Grund lassen sich zwei knallharte Regeln ableiten. *Erstens* ist Cybersex für Minderjährige – und das sind alle Menschen unter 18 Jahren – auf keinen Fall zu empfehlen. Klar, die erotische Konversation kann toll ablaufen. Dennoch: Es ist nicht zu empfehlen! Die Risiken sind einfach zu groß. *Zweitens* können Kinder und Jugendliche in Cybersex-Chats geraten, ohne das zu wollen. Besonders Kinder und junge Teenager lassen sich von spielerischen Annäherungen (z. B. *auf den Bauchi küss*) täuschen. Es ist schwierig, das eigene Kind vor sexuellen Übergriffen zu schützen, weil es viele virtuelle Räume gibt, in denen eine Kontaktaufnahme möglich ist. Selbst in Handy-Games ist das möglich, und in den Sozialen Medien sowieso. „Chatte nicht mit Fremden!" ist eine ganz, ganz wichtige Grundregel.

Gefährliche Nachwirkungen

Offensichtlich ist die cyber-sexuelle Phase – je nach Auslebung – die gefährlichste der 7 Phasen der kindlichen Digital-Evolution. Dennoch sollte sie nicht nur auf riskante Gelüste und Fantasien reduziert werden. Wenn sich zwei 14-jährige Teenager ineinander verlieben, kommen sie sich irgendwann auch körperlich näher. Vor dem digitalen Zeitalter gab es vielleicht beim Telefonieren mal die ein oder andere sexuelle Andeutung, doch die Sexualität wurde hauptsächlich im echten Kontakt erlebt. Gerade WhatsApp-Chats können eine unglaubliche Intensität erreichen, weil die Emojis Mimik und Gestik imitieren. Sexuelle Anspielungen, hier greift wieder das Stichwort *Sexting*, sind meist ein fester Bestandteil einer romantischen Beziehung unter Verliebten.

Gerade in der männlichen Jugendkultur machen ‚schweinische‘ Bilder und Witze sehr gerne die Runde. Das ist pubertär, gehört zum Erwachsenwerden allerdings dazu. Durch das mobile Internet haben die Kids jederzeit die Möglichkeit, nackige Bilder, obszöne Fotomontagen und anderen Schweinekram herunterzuladen. Ungewöhnlich ist das nicht, denn bestimmt hat der Papa vor 30 Jahren auch mal heimlich in Sex-Heftchen geblättert. Gerade weil die gelebte Sexualität – egal ob digital oder analog – ein Tabuthema ist, fällt es den Erwachsenen nicht immer leicht, mit den Kids vernünftig darüber zu sprechen.

Die cyber-sexuelle Phase ist als Phase der Neugierde zu verstehen. Das Smartphone hat eine zentrale Funktion, weil viele Jugendliche eine emotionale Beziehung zu ihrem Smartphone aufgebaut haben.[149] Der Teenager vertraut diesem Gerät und somit auch den digitalen Handlungen, die es damit ausführt. In gewisser Weise ist das Smartphone dann als Ausweitung der primären Geschlechtsmerkmale zu verstehen, weil mithilfe des Geräts im Cyberspace (Chatrooms, WhatsApp, Facebook etc.) sexuell agiert und interagiert wird. Die Einfachheit der sexuellen Stimulation führt Jugendliche oft auch auf

Webseiten, auf denen pornografische Inhalte (auch Hardcore-Pornografie) angeboten werden.

Zusammenfassend ist festzuhalten, dass der übermäßige bzw. extreme cyber-sexuelle Konsum in eine Sucht führen kann; ebenso besteht die Gefahr, dass Grenzen überschritten werden (z. B. sexuelle Fantasien). Gefährlich ist die Interaktion mit anderen Usern im cyber-sexuellen Kontext – vor allem mit Fremden, deren Identität ungeklärt oder spekulativ ist. Selbst die Weitergabe der Handynummer kann verheerende Folgen haben, die Aushändigung von (halb-) nackten Bildern sowieso. Eltern sollten mit ihren Kindern darüber sprechen oder gemeinsam mit den Kindern Workshops besuchen, in denen das Thema pädagogisch wertvoll vermittelt wird.

1.7 Die elitär-exoterische Phase

Kinder, die mit den digitalen Medien aufwachsen, entwickeln sich spätestens in der Jugend zu sogenannten *Digital Natives*. Digital Natives sind Menschen mit digitalen Spezialkenntnissen. Sie können entweder Computer zusammenbauen, haben fortgeschrittene IT-Kenntnisse, Erfolg in den Sozialen Medien oder einen hohen Status in der Online-Spieler-Community. Viele Kids bilden sich in der Jugendphase digital weiter, was prinzipiell sehr lobenswert ist. Einige Kids tragen ihre Kenntnisse sehr offensiv nach außen, während viele andere eher im Stillen an digitalen Projekten arbeiten.

Das Wort *exoterisch* bedeutet „für Außenstehende, für die Öffentlichkeit bestimmt"[150] und bildet das Antonym zu *esoterisch*. Das Wort *elitär* hebt die Zugehörigkeit zu einer (vermeintlichen) Elite hervor.[151] Dementsprechend steht das digitale Wirken nach außen im Vordergrund – immer in dem Bewusstsein, dass das eigene Wirken etwas ganz Besonderes ist. Die *elitär-exoterische Phase* meint somit den kindlichen bzw. jugendlichen Wunsch nach Profilierung im Cyberspace. Diese Form der Selbstdarstellung kann sowohl anonym als auch mit der echten Identität erfolgen. Die elitär-exoterische Phase birgt zwar, so wie alle Phasen, gewisse Risiken, sie hat allerdings auch das Potenzial, Demokratisierungseffekte zu entfachen.

Die Wissens-Plattform „Wikipedia" ist bei Kindern und Jugendlichen sehr beliebt. Viele von ihnen engagieren sich selbst auf der Plattform und nennen sich ganz stolz *Wikipedianer*. Es ist durchaus sehr anspruchsvoll, einen digitalen Lexikoneintrag zu verfassen. Schließlich verlangt es sowohl Wissen als auch Sprachkompetenz, einen solchen Beitrag einerseits präzise und andererseits sprachlich ansprechend zu formulieren. Wikipedianer, die besonders aktiv sind, zeigen gerne, wie viele Online-Lexikoneinträge sie erstellt und editiert haben. Es entsteht ein regelrechter Wissenswettkampf: Der gemeinsame und teils kompetitive Wissensaustausch hat eine sozialisierende Funktion, wenngleich es natürlich auch zu Meinungsverschiedenheiten kommen kann.[152] Jugendliche Wikipedianer werden oftmals Jung-Wikipedianer genannt, und die Kids sind sehr stolz auf diesen Titel.

In der elitär-exoterischen Phase steht der Wettkampfgedanke im Vordergrund: „Ich will besser und erfolgreicher sein als alle anderen." Das manifestiert sich in den Sozialen Medien (natürlich!), in Video- und Smartphone-Spielen sowie in der digitalen Präsentation im Internet. Man will schöner und beliebter sein als alle anderen. Doch dafür braucht es eine Community, also Menschen, die einen bewundern. Fehlt dies, macht die ganze Chose keinen Sinn. Teenager, vor allem die weiblichen, setzen trendige Hashtags auf Instagram, die eine besonders hohe Aufmerksamkeit versprechen, zum Beispiel: #love, #instagood, #happy, #photooftheday, #beautiful etc. Die Keywords machen deutlich, wie wichtig es in den Sozialen Medien ist, eine unentwegte Glückseligkeit zu verbreiten. Probleme sind auf Instagram unerwünscht. Man muss schön, glücklich und etwas Besonderes sein, um die Follower zu ködern. Dabei kann das Verlangen nach Aufmerksamkeit unversehens in eine ungesunde Manie ausarten. Jedes neu hochgeladene Foto muss noch mehr Likes und Herzchen bringen. Irgendwann merkt vielleicht auch die anständige 15-jährige Schülerin, dass halb nackte Selfies vor dem Spiegel doppelt so viele Likes bringen – und versucht es schließlich selbst, zunächst vorsichtig und zurückhaltend, dann aber wieder, wieder und wieder. Es gibt genug Jungs, die sich solche Bilder ‚instant' herunterladen, sie ihren Freunden zeigen und in alle Welt schicken.

Die Eltern wissen meistens nicht, was ihre Kids auf Instagram treiben. Das liegt natürlich auch daran, dass die Social-Media-App noch nicht bei der älteren Generation angekommen ist. Facebook hingegen schon. Auf Facebook markieren sich die Kids gerne an besonderen Orten, sei es im Urlaub, im Edel-Italiener, in der Therme oder im Kino. Interessante Aktivitäten werden auf diese Weise betont. Der große Nachteil dieser Markierung ist die Offenlegung des momentanen Aufenthaltsortes, gerade wenn die Privatsphäre auf „öffentlich" gestellt ist. Eltern sollten darauf ein bisschen Acht geben, generell aber auch Interesse zeigen, ob den Kindern die (virtuellen) Online-Freunde in der Liste persönlich bekannt sind.

Respect (yourself)!

Erfahrungen mit Smartphones, Computern, Konsolen und Tablets sind für Kinder und Jugendliche mittlerweile so wichtig, dass sie einen großen Einfluss auf ihren Lebensinhalt, ja auf ihren Lebenssinn haben. Enttäuschungen, Rückschläge oder Niederlagen in der digitalen Welt wirken sich auf den Alltag aus. Selbstverständlich gibt es viele Kids, die sich der elitär-exoterischen Phase verweigern. Diese Kinder sind für andere Kinder vielleicht nicht so spannend, doch dafür sind sie nicht selten glücklicher, weil sie mit ihrem analogen Lebensumfeld zufrieden sind. Kinder, die hingegen viel online sind und sich mit anderen messen, brauchen digitale Erfolgserlebnisse, um sich auch abseits der Virtualität zufrieden zu fühlen.

Es gibt genug Kids, die echtes Geld in Online-Spiele pumpen (z. B. durch In-App-Käufe), um mit ihren Kumpels mithalten zu können. Wer zusätzlich sehr viel Zeit investiert, und das können vier bis sechs Stunden am Tag sein, pusht sich in der Rangliste nach oben. Das fällt den Kumpels und anderen Spielern natürlich auf, die dem Durchstarter dann Respekt zollen: „Hey Bro, hast du paar Tipps für mich?", fragen die Spieler staunend. „Immer dran bleiben, schaffste auch", antwortet der Überflieger dann fast schon gönnerhaft. Wer steht nicht gerne in der Rangliste ganz oben? Die Erwachsenenwelt mit ihren stetigen Rankings macht das ja vor, und die Jugend eifert nach – wenn auch digital.

Der 15-jährige Marc interessiert sich für die 14-jährige Jasmin. Marc ist sportlich und in den Sozialen Medien nur selten aktiv. Auf Instagram hat er 200 Abonnenten, die er immerhin fast alle persönlich kennt. Bei Jasmin ist es anders. Das hübsche Mädchen hat 7.000 Abonnenten auf Instagram und sehr viele männliche Verehrer, die täglich ihre Bilder kommentieren. Marc kommt sich da schon ein bisschen blöd vor, nämlich so, als könnte er nicht mit Jasmin mithalten. Gibt es in den Sozialen Medien also so etwas wie eine unausgesprochene Hierarchie?

Tatsächlich lässt sich ein innovatives Schichtungssystem in den Sozialen Medien erkennen, das an das Kastensystem in Indien erinnert. In den Sozialen Medien ist es von Religiosität und einer vererbbaren Kastenzugehörigkeit losgelöst. „Die Influencer sind die Brahmanen der digitalen Welt. An zweiter Stelle stehen die Digital Natives".[153] Im Gegensatz zum strikt regulierten Kastensystem in Indien ist ein Aufstieg in den Sozialen Medien jederzeit möglich, beispielsweise durch den Aufbau einer Community oder durch die Verbesserung des eigenen Rufs im Cyberspace. Mit dem entsprechenden Engagement, für das sehr viel Online-Zeit draufgeht, können sich die Kids in Spielen, Social Media und anderen digitalen Welten hochspielen bzw. hocharbeiten.

Neben all diesen ausufernden Online-Aktivitäten ist es wichtig, auch Respekt vor sich selbst zu haben. Wie gehe ich mit mir, meinem Geist, meiner Seele und meinem Körper um? Was tut mir gut? Was gibt mir Kraft? Was brennt mich hingegen aus? Kinder und Jugendliche haben für diese Dinge nicht immer ein Gespür. Selbst viele Erwachsene verbringen zu viel Zeit mit Dingen, die ungesund sind. Smartphone-Sucht gehört aus gutem Grund in die Kategorie *Sucht*, weil ein ungutes Abhängigkeitsverhältnis entsteht. Die Abhängigkeit bezieht sich dabei allerdings nicht nur auf das Gerät an sich, sondern vielmehr auf die Aktivitäten, die mit dem Gerät ausgeführt werden: übermäßiges Spielen, Flirten, Chatten und die Selbstdarstellung in den Sozialen Medien. Zu viel davon gefährdet die seelische Gesundheit.

2. Sind Online-Freunde gefährlich für mein Kind?

Eine Neudefinition des Begriffs Freundschaft

Ein 15-jähriger Junge hat Langeweile. Was könnte er nur tun? Zum Glück hat er sein Smartphone griffbereit – und dann auch die passende Idee. Er loggt sich auf eine Online-Plattform ein, um seinen 14-jährigen Kumpel zu verkaufen. Klingt irre, ist es auch. Der Junge preist den Kumpel als „Fehlkauf" und „absolut minderwertig" an. Das „Exemplar komme leider aus China", würde „derbe stinken" und mal wieder einen „Ölwechsel" brauchen. Die Polizei nimmt Ermittlungen auf und durchsucht die Wohnung der Eltern des Jungen. Im Kinderzimmer finden die Beamten sogar ein verbotenes Würgeholz. Der

Junge ist sich keiner Schuld bewusst und meint, es habe sich um einen „derben Spaß aus Langeweile" gehandelt.[154]

Das Beispiel ist echt, die Sache ereignete sich im Herbst 2018 in München. Dass sich Kinder und Jugendliche gegenseitig gerne veräppeln, ist kein neues Phänomen, doch im digitalen Zeitalter sind die Konsequenzen drastischer denn je. So wie auch in diesem Fall: Ein Mädchen gerät an einen 17-jährigen Teenager, den sie nicht persönlich kennt. Per WhatsApp erhält das Mädchen eine Nachricht von ihm. Da das Mädchen den Absender nicht kennt, blockiert sie den Kontakt über die entsprechende WhatsApp-Funktion. Jetzt läuft der junge Mann erst richtig heiß. Wutentbrannt meldet sich der Fremde nun per SMS und droht, „Nacktfotos von ihr zu veröffentlichen, wenn sie den Block nicht wieder aufhebe".[155] Die Polizei macht den Täter rasch ausfindig. Dieser räumt die Tat ein und meint, er habe das Mädchen „nur verarschen" wollen.[156]

Verarschen, also vorgeben, jemand oder etwas zu sein, hat im Zeitalter der Sozialen Medien Hochkonjunktur. Schlimm ist dieser Fall: Ein 21-jähriger Mann nimmt über Instagram und WhatsApp Kontakt zu Mädchen im Alter von 11 bis 13 Jahren auf. Er stellt sich den Mädchen als vermeintliches Mobbingopfer vor und möchte angeblich nur reden. Er gewinnt das Vertrauen der Mädchen und nötigt sie sexuell via Handy.[157] Bei all diesen Beispielen und den Fällen, die den Eltern sowieso schon bekannt sind, muss die Frage gestattet sein: Sind Online-Freunde gefährlich für mein Kind? Das Wort *Freunde* ist übrigens in Anführungszeichen gesetzt, denn dieser Begriff verlangt nach einer neuen Definition.

Freilich ist das Internet kein ‚Ort', an dem nur zotige Übeltäter unterwegs sind. Viele Menschen lernen sich über Wikipedia, Online-Spiele, Foren, Communitys und die Sozialen Medien kennen und entscheiden nach einiger Zeit, sich persönlich zu treffen. Mit ein bisschen Glück entwickeln sich daraus gute Freundschaften, manchmal auch Beziehungen oder sogar eine Heirat. Aber das ist nicht immer der Fall – auch wenn es anfangs ganz danach auszusehen scheint.

Liebe ohne Gegenliebe

Ein 16-jähriger Bursche aus Bayern verliebt sich über Facebook in eine ältere Frau, die zu dem Zeitpunkt angeblich in Amerika wohnt. Auf diese Weise kommt der Kontakt zustande: Der junge Mann erhält via Facebook eine virtuelle Freundschaftsanfrage der sichtlich attraktiven US-Amerikanerin. Er nimmt die Anfrage selbstverständlich an. Im Laufe der Zeit baut sich eine emotionale Bindung auf, sogar von Heirat ist die Rede – und dann will die ‚Dame' plötzlich Geld. Erst für die Abwicklung einer vermeintlichen Erbschaft, dann für ein Flugticket nach Deutschland und schließlich für Arzt- und Krankenhauskosten. „Der 16-Jährige fiel auf diese Betrugsmasche leider herein und schickte der Dame laut Polizei insgesamt über 1400 Euro."[158] Perfide: In diesem Fall ließen sich die Betrüger das Geld nicht per Banküberweisung, sondern über iTunes-Gutschein-Codes auszahlen.[159] Aus Freundschafts- und Kontaktanfragen kann sich viel entwickeln.

Menschen haben ein Bedürfnis nach der Zuneigung anderer Menschen. Das macht sie als soziale Wesen aus. Der 16-jährige Junge fühlte sich zu der vermeintlichen US-Amerikanerin hingezogen, obwohl es sich vermutlich um einen kriminellen Mann oder gar mehrere Männer handelte. Dennoch: Trotz Virtualität waren die Gefühle des Jungen echt. Fälle wie diese gibt es viele. Sie werden in den Medien seziert, bis sich jeder sicher ist, dass so etwas nie wieder vorkommen wird. Doch Gefühle sind nun einmal Gefühle – und sie machen bekanntlich blind. Gerade in Liebesbeziehungen kommt es häufig vor, dass die Gefühle einseitig sind. Die ‚US-Amerikanerin' spielte dem Jungen ihre Gefühle lediglich vor, um Kasse zu machen. Heiratsschwindler und dergleichen gab es schon vor der digitalen Zeit. Heute ist aber jeder, der ein Smartphone besitzt, ein potenzielles Opfer der professionell organisierten Liebes-Mafia: Jugendliche, Erwachsene und auch (vielleicht sogar vor allem!) Senioren. Medienkompetenz im Hier und Heute ist enorm wichtig, um komische Kontaktanfragen auch als komisch einordnen zu können. Die richtige Medienbildung bereits in jungen Jahren entscheidet über digitale Selbstachtsamkeit im fortwährenden Leben.

Fakes und Bilderklau

Für das Duden-Lexikon ist Freundschaft ein „auf gegenseitiger Zuneigung beruhendes Verhältnis von Menschen zueinander".[160] Das klingt äußerst steril, kühl und technokratisch. Freundschaft zu definieren, ist gar nicht so einfach. Forscher verstehen unter Freundschaft „eine freiwillige, persönliche Beziehung, die auf gegenseitiger Sympathie, Vertrauen und Unterstützung beruht, nicht aber auf Verwandtschaft oder einem sexuellen Verhältnis".[161] Neben allgemeinen Freundschaften gibt es auch Sparten-Freundschaften: Sport, Spielplatz, Studien- und Gaming-Freundschaften beispielsweise. Solche Freundschaften werden nur in der entsprechenden Umgebung geführt. Die Sozialpsychologin Beverly Fehr von der kanadischen University of Winnipeg sagt: „In den frühen Stadien der Freundschaft ist entscheidend, dass die Selbstoffenbarung erwidert wird."[162] Im Kontext der Sozialen Medien, vor allem wenn sich Menschen nicht persönlich kennen, kann die Selbstoffenbarung allerdings auch bloß vorgespielt werden: Facebook-User erstellen Fake-Accounts, laden Fake-Bilder hoch und erzählen Fake-Geschichten. Facebook wird zu ‚Fakebook'.

„Ein Fake-Account ist ein registrierter Account in einem Netzwerk, der lediglich angelegt wurde, um andere Nutzer zu täuschen oder inkognito zu beobachten. Solche Accounts sind meist mit falschen bzw. geklauten Bildern und willkürlichen Inhalten angereichert, um Echtheit vorzugaukeln. Fake-Accounts haben viele Funktionen wie das Verbreiten von politischen Botschaften, das Vorspielen von romantischen Gefühlen und das Erlangen von Informationen sowie intimen Bilddateien".[163]

Fake-Accounts sind für Minderjährige aus zwei Gründen besonders gefährlich: Kinder und Jugendliche können an Menschen geraten, die sich als jemand anders ausgeben, um beispielsweise an Informationen, Bilder und Telefonnummern zu gelangen. Zusätzlich besteht die Gefahr, dass öffentlich hochgeladene Bilder kopiert werden, um mit diesen Bildern einen falschen Account anzulegen. Deshalb ist es enorm wichtig, die Einstellungen der Privatsphäre so vorzunehmen, dass Bilder und Informationen öffentlich nicht (!) sichtbar sind.

Inflation der Freundschaft

Selbst wenn alle technischen Sicherheitsvorkehrungen in den sozialen Netzwerken getroffen werden, bleibt immer noch die Problematik, dass wir teilweise fremde Leute als Freunde auf unseren Online-Listen akzeptieren. Reflektieren müssen wir uns alle selbst: Wir versenden Freundschaftsanfragen an irgendwelche angeblich sympathischen Leute, ohne groß darüber nachzudenken. Vielleicht sogar an Promis oder ,wichtige Leute'. Und wenn wir selbst solche Kontaktanfragen erhalten, fühlen wir uns natürlich geschmeichelt, zeigen sie doch vermeintlich, dass wir das gewisse Etwas haben, das uns – ohne vorher persönlichen Kontakt gehabt zu haben – direkt zu Freunden macht.

Der Fehler liegt vor allem im System. Die Facebook-Kontaktliste heißt *Freunde*, und Anfragen, die verschickt werden, heißen *Freundschaftsanfragen*. Im Business-Netzwerk Xing ist das anders, dort handelt es sich um Kontakte und Kontaktanfragen. Wie verbringen wir lieber unsere Zeit? Richtig, mit Freunden! Allein durch die Verwendung entsprechender Wörter entsteht eine positive Atmosphäre. Die Fernsehwerbung zeigt uns nicht die Realität, sondern eine surreale Welt, in der alles wunderbar ist. Untersucht die Linguistik die Werbesprache, fragt sie nach deren Hochwert- und Schlüsselwörtern. „Freund" ist im Vergleich zu „Kontakt" ein solches Hochwertwort.

Das Freundschaftssystem ist in den digitalen Medienwelten allgegenwärtig, auch in Spielwelten. Kinder und Jugendliche, die eine PlayStation besitzen, spielen ihre Games in der Regel online. Im „PlayStation Network" (PSN) gibt es eine entsprechende Freundesliste, die sich durch das Annehmen und Versenden von Freundschaftsanfragen ziemlich schnell erweitern lässt. In diesen Listen befinden sich in der Regel einige Spieler, die man persönlich kennt (Klassenkameraden zum Beispiel). Viele Online-Freunde sind den Kids jedoch nicht bekannt, zumindest nicht persönlich. Es handelt sich meistens um Spieler, mit denen die Kids zusammen eine Spiel-Quest gelöst oder ein Multiplayer-Match bestritten haben. Fremde Spielfreunde, das können Kinder sein, manchmal auch junge Erwachsene, manchmal auch Männer um die 40 oder 50. Sind das Freunde? Einige Kinder empfinden das so. Streiten sich die Eltern im echten Leben, vertrauen sich die Kids nicht selten ihren Online-Freunden an. Das ist immer mit einem gewissen Risiko verbunden.

Sich als Freund ausgeben

Es gibt Menschen, die in den Sozialen Medien Identitäten klauen. Eine ganz fiese Masche ist der *Doppelgänger-Trick*. Der 17-jährige Hans bekommt auf Facebook eine private Message (PM) von seiner Fahrschullehrerin Marina. Die beiden verstehen sich gut, ohne dass sie tatsächlich befreundet sind. Eine beidseitige Facebook-Freundschaft gehört heutzutage allerdings zum guten Ton. Marina fragt Fahrschüler Hans über den Facebook-Messenger nach seiner Handynummer, sie habe sie angeblich nicht mehr im Kopf. Hans klickt auf Marinas Facebook-Profil, und alles sieht normal und gut gefüllt aus: Bilder, Freunde und ein paar Status-Meldungen. Hans rückt gutgläubig seine Nummer heraus. Etwa zehn Minuten später meldet sich Marina erneut. „Hey, du müsstest einen Code auf deinem Handy haben, gibst du mir den bitte?" Es handelt sich um einen Bezahlcode, den Marina von Hans einfordert. Marina ist nicht die echte Marina, sondern eine Betrügerin. Hans wird – zum Glück – skeptisch und ruft per Telefon bei der Fahrschule an. Zum Glück hat er die echte Marina direkt am Hörer. Und die weiß von nichts. Hans rückt den Bezahlcode nicht heraus. Er blockiert die falsche Marina auf Facebook. Einige Tage später klärt sich die Geschichte auf. Internet-Betrüger haben Marinas echtes Profil kopiert: Sie legten ein neues Facebook-Profil mit ihrem kompletten Vor- und Zunamen an und klauten all ihre Bilder. Marinas Freundesliste war auf „öffentlich sichtbar" gestellt, weshalb die Täter sofort wussten, wen sie kontaktieren könnten. Fahrschüler Hans trifft also keine Schuld.

Ein weiteres großes Problem ist die vertrauenserweckende Kommunikation. Jemand, der wie ein Freund chattet, muss noch lange kein Freund sein. Welche Sprachtechniken schaffen Vertrautheit? Zum Beispiel die Jugendsprache, Umgangssprache, Dialekte, bunte Emojis und sprachspielerische Annäherungen. Kurzum: Erwachsene können sich im Internet problemlos als Gleichaltrige ausgeben, indem sie kindlich schreiben und somit harmlos wirken. Die Regel, sich nur mit persönlich bekannten Menschen in den sozialen Netzwerken zu befreunden, klingt inzwischen fast schon abgedroschen. Dennoch ist eine ausdrückliche Erinnerung wichtig: „Liebe Kinder, bitte chattet nicht mit Fremden und nehmt keine Freundschaftsanfragen von ihnen an!"

Gefühle als Tauschgut

„Wow, die Julia hat 3.567 Freunde auf Facebook", sagt Lisa zu Marisa. „Ja, die muss wohl ziemlich beliebt sein", meint Marisa. „Wäre cool, wenn die uns zu ihrer Geburtstagsfeier einlädt", hofft Lisa, und Marisa nickt voller Zustimmung. Lisa und Marisa kennen Julia nicht wirklich gut, aber die drei Mädchen sind auf der gleichen Schule. Lisa und Marisa schicken Julia eine Freundschaftsanfrage. Julia nimmt die

Anfrage an, und die beiden Mädchen sind happy. Doch was ist eine solche Freundschaft wert? Möchte Julia ihre neuen Online-Freundinnen tatsächlich kennenlernen? Oder möchte Julia ihr Netzwerk erweitern, um mehr Likes und Komplimente zu erhalten?

Gute und am besten viele Freunde zu haben, ist vorteilhaft. Freunde helfen in schlechten Zeiten, verbreiten gute Laune und sind für Unternehmungen zu haben. Freunde erzählen von ihren Neuigkeiten und interessieren sich zugleich für die eigenen Neuigkeiten. Gemeinsames Lachen und Scherzen gehört auch meist dazu. Es gibt viele Dinge, die eine Freundschaft ausmachen, und jeder Mensch hat eigene Vorstellungen.

Soziale Medien wie Instagram und Facebook, ja sogar der Messenger WhatsApp eignen sich prinzipiell für die freundschaftliche Kontaktpflege. Wer ein gebrauchtes Fahrrad sucht, kann seine Online-Freunde fragen. Solche Gesuche haben oftmals Erfolg. Gute Laune zu verbreiten, ist sowieso eine Grundbedingung in den Sozialen Medien, denn Miesepeter sind unerwünscht. Auf Instagram, Facebook und WhatsApp lassen sich die sogenannten „Storys" teilen, eine Funktion, um den digitalen Freunden mit Bildern und kurzen Videos den Tag zu versüßen. Je mehr positives Feedback die Kids auf diese Storys erhalten, desto mehr Bilder und Videos veröffentlichen sie. Die Kids sehen, welche Instagram-Freunde ihre Storys anschauen. Häufig kommt es zu Vorwürfen, wenn ein Freund oder eine Freundin die digitale Story mal nicht anschaut. Der soziale Druck in den „sozialen" Netzwerken ist enorm. Die Existenz verlagert sich zunehmend in die digitale Welt.

Wächst die Freundesliste, werden die eingespeicherten Kontakte im Handy immer mehr, gilt das als ein gutes Zeichen. Es zeigt, dass die Kids sozial integriert sind – zumindest im Cyberspace. Jeder will mit jedem befreundet sein, alle Neuigkeiten aufschnappen, überall mitreden und positives Feedback erhalten, also sozial bestätigt werden. Das Internet ist jedoch eine Scheinwelt, und die meisten Online-Freundschaften sind nicht echt. Komplimente werden nur gemacht, wenn diese erwidert werden. Es sind keine echten Gefühle. Gefühle verkommen hier zu einem Konsumgut, zu einer digitalen Währung, frei nach dem Motto: „Ich folge dir, ich bestätige dich, ich bin nett zu dir, aber nur dann, wenn du mir folgst, mich bestätigst und nett zu mir bist – am besten öffentlich sichtbar, dass alle anderen es sehen." Freundschaftliche Gefühle sind in den sogenannten Sozialen Medien – leider – zu einem Tauschgut geworden.

Manische Spielerlebnisse

In den aktuellen Online-Spielen gibt es unglaublich viele Möglichkeiten, gemeinsam mit Freunden oder in einer Gruppe mit Fremden Spaß zu haben. Viele Spielinhalte sind allein gar nicht zu schaffen. „Elf Freunde müsst ihr sein", ist eine sehr bekannte Fußballerweisheit, die sich wunderbar auf Online-Rollenspiele wie „World of Warcraft" (WoW) ummünzen lässt. Nur zusammen in der Gruppe ist es möglich, übermächtige Endbosse zu töten. In der Regel besteht eine solche Gamer-Gruppe aus fünf Leuten: Drei Leute machen Schaden, eine Person (Priester, Schamane etc.) heilt und eine Person mimt den Tank, der sehr viel Schaden einsteckt (Krieger, Paladin etc.). Die Rollen sind also klar verteilt, und wer sich nicht daran hält, wird aus der Gruppe geworfen. WoW ist knallhart und erzeugt bei sehr vielen Spielern erheblichen Leistungsdruck. Einige Spieler bekommen beim Spielen sogar Schweißausbrüche und Herzrasen, weil sie den aufgebauten Druck im Spiel (!) nicht verkraften. Genau aus diesem Grund sind die Spielerlebnisse, auch wenn sie nur digital sind, extrem intensiv und nachwirkend.

Missgunst und Neid sind Gefühle, die Kinder und Jugendliche in den Spielwelten sehr häufig erleben. Meist gibt es einen gewissen Glücksfaktor, der die einen Spieler bevorzugt und die anderen Spieler benachteiligt. So können Freunde schnell zu ‚Todfeinden' werden – zumindest für einen kurzen Moment. Eine Studie, die der Autor dieses Buches im Jahr 2008 an der Universität Passau im Fachbereich „Allgemeine Pädagogik" vorgenommen hat, bestätigt diese negativen Gefühlsausbrüche. Viele Spieler gaben sogar an, dass sie sich zu Weihnachten lieber virtuelle Gegenstände (Items) wünschten, anstatt mit ‚echten Sachen' beschenkt zu werden, was die Wichtigkeit der digitalen Errungenschaften unterstreicht. Genau aus diesem Grund kommt es in den Spielwelten zu Neid- und Hassattacken, wenn Mitspieler durch Zufall einen epischen Gegenstand abstauben. Soziale Beziehungen, die ihre Basis lediglich im Cyberspace haben, sind sehr unstetig. Viele Kids verstehen sich nur dann gut, wenn sie gemeinsam Erfolg haben. Ist nur ein Kind auf der digitalen Erfolgsspur und das andere Kind nicht, gibt es Streit und manchmal fließen sogar (echte) Tränen.

Das Zocken in Spielwelten, egal ob am Smartphone, am Computer oder an der Konsole, hat natürlich auch seine lehrreichen Seiten – im positiven Sinne. Eine Hand wäscht die andere. Das gilt auch beim Zocken. Wer freundlich mit seinen Spielkameraden umgeht, bekommt meistens Hilfe und Unterstützung. Hier entwickeln sich vielleicht sogar Freundschaften. Die Kids unterhalten sich per Headset über Programme wie Teamspeak und Skype, lachen gemeinsam und fühlen sich verstanden. Sind diese Freundschaften auf beiden Seiten mit echten Gefühlen verbunden, ist nichts dagegen einzuwenden. Spieler schließen sich in Gilden und Clans zusammen. Vor allem große Gilden organisieren ab und an ein echtes Treffen, um sich persönlich kennenzulernen. Eltern sollten über diese Möglichkeiten Bescheid wissen und abwägen, wie viel Kontakt mit Cyber-Freunden sie ihrem Nachwuchs zugestehen. Fakt ist auf jeden Fall: Menschen in den Sozialen Medien, auch Gamer, *können* ziemlich nett sein! Wichtig ist, dass die Zuneigung beidseitig besteht und nicht gespielt ist. Denn dann ist die digitale Freundschaft eine echte Freundschaft.

Teil III: Kommunikation, Sprache und Gefühle

1. Deutsch – Gamer / Gamer – Deutsch

Die verrückte Sprache der „Honks" und „Kellerkinder"

Kinder und Jugendliche in Deutschland verbringen täglich fast zwei Stunden mit Computer- und Videospielen. Bei den 10- bis 18-Jährigen sind es satte 89 Prozent, die regelmäßig Computer- und Videospiele zocken. Das ergab eine Bitkom-Studie aus dem Jahr 2017.[164] Laut Studie spielt die Mehrheit der Kinder und Jugendlichen (53 Prozent) lieber gemeinsam als allein. „26 Prozent bevorzugen es, in einem Raum zusammen mit Freunden zu spielen, 27 Prozent spielen über das Internet mit anderen."[165] Gaming sei fest etabliert, ist das Fazit der Bitkom-Studie. 926 Kinder und Jugendliche sind befragt worden, darunter 663 Kinder und Jugendliche im Alter von 10 bis 18 Jahren und 589 Gamer ab 10 Jahren.

Die Computerspieler – die sich selbst Gamer nennen – haben im Laufe der letzten 20 Jahre eine Art Geheimsprache entwickelt. Unter linguistischen Gesichtspunkten handelt es sich um einen Soziolekt, also um eine Gruppensprache. In der Linguistik gilt die *Gamersprache* seit 2013 als belegt.[166] Tatsächlich mutet sie äußerst kryptisch an, was auch an dem Geplänkel um die Zahl 1337 liegt.[167] Die 1337 steht für *Leet*, und *Leet* wiederum steht für *Elite*. Dieses Beispiel zeigt die Selbstinszenierung, wie sie für eingefleischte Gamer typisch ist.

Da gibt es zum Beispiel das *Kellerkind*, das einen *Käse zum Whine* bestellt. Die Hardcore-Gamer, die sich auch Pro-Gamer nennen, kommen mit epischen *Items* daher, *rushen* erst einmal zu McDonald's, um dort einen Burger zu *essOrn* und eine Cola zu *trinkOrn*. Der *Leitungshure* gefällt das gar nicht. Sie haut sich einen *Buff* drauf, kleidet sich *fullepic* und killt alle *Honks* und *Luckgeburten* auf dem Spielserver mit einem *One Hit*. „Cheater, Cheater", heißt es dann im Chat des Online-Spiels. „Das ist mir *wayne*", kontert die *Leitungshure*, die pfeilschnell mit einem stylischen *Duckjump* von dannen hüpft. Ein *Vollhorst* stellt sich ihr mutig in den Weg. *BÄM!* Mit einem heftigen *Crit* bläst die *Leitungshure* den *Vollhorst* weg. Aus Frust geht der *Vollhorst* erst einmal *afklo*, um ordentlich zu *kackOrn*.

Als Laie, der keine Games spielt und auch keine Gamersprache spricht, klingt das wohl alles wie Kauderwelsch, vielleicht sogar wie sinnloses Gebrabbel. Vor allem Eltern dürften die Nase rümpfen, wenn das eigene Kind plötzlich auf diese Weise spricht. Noch schlimmer: *Plötzl1ch schr31bt 3s 4uf d13s3 W31s3!* Also gibt es nur zwei Möglichkeiten. Entweder ist das zockende Kind über Nacht verblödet, oder es hat eine raffinierte und äußerst kreative Geheimsprache entdeckt – mit der die meisten Erwachsenen nichts anfangen können. Ein Geniestreich!

1.1 Die Gamersprache als Geheimcode

Kinder und Jugendliche, die in die Welt der Computerspiele eintauchen, müssen die Gamersprache erst lernen. Es ist nämlich durchaus von Vorteil, das geheimnisvolle Vokabular zu beherrschen. Der Gamer definiert seine soziale Rolle über Sprache, Items und Errungenschaften. Mit *Items* sind virtuelle Spielgegenstände gemeint. Dabei handelt es sich zum Beispiel um Waffen, Rüstungsteile, Zaubertränke, Spezialobjekte, Aufwertungskarten und weitere Objekte, die der Erhöhung des eigenen Werts dienen. Errungenschaften sind Erfolge und Leistungen, die sogenannten *Achievements*. Solche Achievements werden vom jeweiligen Spiel („World of Warcraft", „Forge of Empires", „Call of Duty" etc.) vorgegeben, um die Spieler langfristig zu motivieren. Außerdem sehen andere Spieler die Achievements, weshalb die Spiel-Errungenschaften Auswirkungen auf das Prestige des Gamers haben.

Außenstehende, vor allem Erwachsene, verstehen nicht, warum es Kindern und Jugendlichen wichtig ist, sich in Computer- und Videospielen mit Erfolgen zu brüsten. Umgekehrt kann man jedoch genauso kritisch die Erwachsenen fragen: Warum muss es ein dicker Porsche sein? Warum muss der Doktortitel auf der privaten Türklingel stehen? Warum profilieren sich manche Mittdreißiger (und sogar Mittsechziger!) mit solariumgebräunter Haut und in Klamotten der Marke „Camp David"? Das ist vielleicht *megageil* und man fühlt sich wie Deutschlands neuer Superstar, es kann jedoch auch ‚affig' rüberkommen. Das ist die eine Seite. Auf der anderen Seite ist es wichtig, andere Menschen so zu akzeptieren, wie sie sind. Das gilt auch für Kinder und Jugendliche – auch wenn die Eltern in Sachen digitale Medien immer ein Auge auf ihre Sprösslinge haben sollten. Die Mischung aus Wachsamkeit und Akzeptanz ist nicht immer einfach, doch sie ist möglich.

Wettkampf und E-Sport

Nennt sich ein Teenager nicht Computer- oder Videospieler, sondern bewusst Gamer, ändert sich auch ganz schnell die Selbstwahrnehmung. In der Bezeichnung *Gamer* steckt nämlich eine besondere Form von Wettbewerb und Ehrgeiz. Der Teenager interessiert sich plötzlich für Online-Ranglisten, Ligensysteme und Challenges, die dicke Boni versprechen. Gamer, die mehr Zeit und Herzblut investieren, haben größere Chancen, innerhalb eines Spiels aufzusteigen. „Sie erreichen bestimmte Spielziele schneller und werden häufiger mit der Gamersprache konfrontiert".[168] Wer online aktiv spielt, fühlt sich irgendwann der Gruppe der Gamer zugehörig.

Vor allem die Grünen planen, den E-Sport als echten Sport anzuerkennen, was in der Gaming-Szene eine gewisse Euphorie auslöst. Auch die FDP springt auf diesen Zug auf. „Gaming und E-Sport sind Kulturgut, Bildungswerkzeug und Innovationstreiber", meint Britta Dassler, Obfrau der FDP-Fraktion im Sportausschuss.[169] Kulturgut? Darüber lässt sich streiten, doch die Aussage zeigt den Hype um die Gaming-Industrie. Monika Lazar, die sportpolitische Sprecherin der Grünen-Fraktion, „fordert [...] die Gemeinnützigkeit des E-Sports anzuerkennen"[170]. Sollte das passieren, können E-Sport-Vereine auf öffentliche Zuschüsse und steuerliche Vorteile hoffen.[171] „E-Sport ist vor allem auch Jugendarbeit", behauptet Joana Cotar, Digitalpolitikerin der AfD-Fraktion. Während E-Sport früher mit sogenannten ‚Killerspielen' à la Counter-Strike assoziiert wurde, hat auf einmal jeder eine positive Meinung zum Gaming.

In den meisten Computer- und Videospielen (inkl. Handy-Games) finden sich mittlerweile Rollenspiel-Aspekte. In digitalen Rollenspielen übernimmt der Spieler – wie der Name schon sagt – eine Rolle. Er ist Magier, Schamane, Kriegs, Feld- oder auch Burgherr. Die Liste lässt sich unendlich fortsetzen, denn im „Landwirtschaftssimulator" spielt der Teenager einen Landwirt, und im „Fußballmanager" ist er Trainer bzw. Manager. Es macht Spaß, in andere Rollen zu schlüpfen – nicht nur Kindern und Jugendlichen, sondern auch Erwachsenen.

In den Spielen hat sich ein Level-System etabliert. Das vermittelt dem Spieler das Gefühl, für seine Spielzeit und Triumphe belohnt zu werden. Er wird mit jedem Level-Aufstieg mächtiger, reicher und prestigeträchtiger. Im Vergleich zum Real Life ergibt sich oftmals ein Paradoxon. Man kann im echten Leben noch so schön, beliebt und einflussreich sein: Wer im Spiel keine Erfolge vorzuweisen hat, wird als unwichtiger Loser abgestempelt. Das gilt natürlich auch umgekehrt. Man kann im Spiel noch so viele virtuelle Güter, Items, Boni und mächtige Fußballmannschaften oder Charaktere angehäuft haben: Das heißt noch lange nicht, dass man im wahren Leben auf einmal beliebter ist. Dennoch sind digitale Spielwelten für viele Kids wie ein zweites Wohnzimmer – eine Wohlfühloase eben.

Sozialer Status

Dass Sprache und Status miteinander zusammenhängen, ist keine neue Erkenntnis. Es gibt beispielsweise das Kiezdeutsch, das einen eigenständigen Soziolekt darstellt. Sätze wie „Isch mach dich Messer" oder „Alter, isch schwör!" bringt man wohl kaum mit einem Professor oder Arzt in Zusammenhang. Nicht nur Kleider machen Leute, sondern auch die Sprache. Es ist jedoch eine falsche Annahme, dass die Anwendung des Kiez-Slangs nur Nachteile mit sich bringt. Im Schulunterricht mag das vielleicht der Fall sein, aber in so mancher Clique gehört das Kiezdeutsch zum guten Ton. Wer da Hochdeutsch spricht, hat den sprichwörtlichen ‚Stock im Arsch' – und macht sich durch (zu) spießige Sprache rasch zum Außenseiter.

Ähnlich verhält es sich mit den Gamern. Etablierte Gamer verwenden sprachliche Merkmale der Gamersprache mit Absicht, um ihren sozialen Status zu festigen. Die Gruppe der Gamer verfügt demnach über ein sprachliches Erkennungssymbol, weshalb mit Recht von einem Soziolekt die Rede ist.[172] Das funktioniert so: Die Gamer bilden die Ingroup und distanzieren sich sprachlich von der Outgroup (Eltern, Gamer-Neulinge, Lehrer etc.). Auf diese Weise entsteht ein Spannungsverhältnis.[173] Sprachliche Merkmale, wie sie in der Gamersprache auftreten, „enthalten dann auch immer ein soziales Werturteil oder ein Prestige- bzw. Stigma-Element […]."[174]

Das Strategie- und Aufbauspiel „Forge of Empires" (FoE) ist sowohl bei Kindern als auch bei Erwachsenen sehr beliebt. Eigentlich wurde das Spiel als Browserspiel entwickelt, doch mittlerweile ist es auch auf den Smartphones und Tablets erfolgreich. In FoE steuert der Spieler sein eigenes Reich. Alles beginnt in der Steinzeit mit einer Stammesgemeinschaft. Durch Forge-Punkte gelingt der Aufstieg in die Bronzezeit, Eisenzeit und ins frühe Mittelalter – bis man irgendwann den Planeten Mars mit einem Raumschiff erkundet. Ein Grundprinzip des Spiels ist es, sich gegenseitig zu helfen, indem die Gebäude anderer Spieler *motiviert* und *poliert* werden. Das steigert die Produktivität der Gebäude. Jemand fragt im FoE-Chat: „Wer hat Lust, mit mir zu moppeln?" Alle scheinen es zu kapieren, nur der Autor dieses Buches im Rahmen eines Feldversuchs nicht! Schnell aber wird klar: Das Verb *moppeln* ist eine Wortkreuzung aus *motivieren* und *polieren*. Wer allerdings im Chat öffentlich nachfragt, was *moppeln* denn eigentlich bedeutet, outet sich als blutiger Anfänger – und positioniert sich hierarchisch ganz weit unten. Gut beraten ist also, wer die Gamersprache in der Szene drauf hat.

Sprachliche Heimat

Neulinge, die zum ersten Mal mit einem Computer- oder Videospiel in Berührung kommen, werden als *Newbies* abgetan. Das ist allerdings noch die harmlose Variante. Aus *Newbie* wird die verächtliche Bezeichnung *Noob*, und aus *Noob* wird die umgekehrte Schreibweise *Boon*. Gamer-Neulinge, die sich in Spielen vor allem anfangs meist unbeholfen anstellen, sind nicht sonderlich beliebt. Die guten Spieler, die sich oft Pro-Gamer nennen, beschimpfen den Newbie oftmals als *Kackboon*. Die ‚alten Hasen' inszenieren sich, weshalb die Art und Weise der Kommunikation bei der rollenhaften Selbstdarstellung besonders wichtig zu sein scheint.[175] Bei der Gamersprache handelt es sich um eine Freizeit- bzw. Hobbysprache, die nur in gewissen Situationen und für eine gewisse Zeit im Tagesablauf relevant ist.

Im Internet finden sich bereits Listen mit einigen Vokabeln der Gamersprache. Ein offizielles Wörterbuch gibt es noch nicht, doch ein eigens recherchierter Auszug wird in diesem Buch exklusiv vorgestellt (s. nächstes Kapitel). Klar ist, dass die Gamersprache über ein Regelsystem verfügt, so wie es allgemein in Gruppensprachen üblich ist. „Die Befolgung der Regeln wird unter gewissen Bedingungen verlangt".[176] Drücken sich Kinder und Jugendliche entsprechend den sprachlichen Regeln der Gamersprache aus, „sinkt das Risiko, isoliert oder verspottet zu werden"[177]. Die Einhaltung des Slangs hat hingegen soziale Vorteile – die Kids werden respektiert. Freilich gilt das nur für diesen (Sprach-)Bereich. In einem Bewerbungsgespräch hat die Gamersprache nichts zu suchen.

Erwachsene kennen das: Der Urlaub am Gardasee oder auf Mallorca neigt sich dem Ende zu. Die Zeit war schön, doch irgendwie freut man sich ja doch wieder auf die eigenen vier Wände und den bayerischen, schwäbischen oder hessischen Dialekt. Es kommt halt immer darauf an, wo die Heimat ist. Ortsfremde hingegen, die das erste Mal in ihrem Leben in Oberschwaben oder Niederbayern zu Besuch sind, verstehen anfangs meist kein Wort. ‚Reingeschmeckte', das ist eine Bezeichnung für Ortsfremde oder Zugezogene, fühlen sich fremd, und das liegt eben auch an der ungewohnten Mundart.

Schimpfwörter und Insiderwitze

Die Gamersprache als jugendkultureller Soziolekt schafft ein Gefühl von Vertrautheit. Nach der Schule wird in die virtuelle Welt eingeloggt. Endlich dürfen sich die Kids verbal austoben. „Ey, lol, du Luck0r", sagt Tim zu Daniel. Daniel streckt die Siegesfaust in die Höhe, weil er Tim im PlayStation-Spiel „Call of Duty" soeben einen astreinen Headshot verpasst hat. „Haha, das war so imba", freut sich Daniel. „Halt dein Mowl, du Luckgeburt!", ärgert sich Tim. Ein paar Minuten später sind die beiden wieder BFF; das steht für *Best Friends Forever*.

Mit Abkürzungen und Codewörtern haben es die Gamer. Das Akronym *lol* bedeutet *laughing out loud* und ist auch in der Chatsprache gängig – vor allem vor 20 Jahren war dies der Fall, als es noch keine Emojis gab. Ein *Luck0r* (oft auch *Lucker*) ist ein Glückspilz oder Duselbauer. Damit sind Spieler gemeint, die in Online-Spielen grottenschlecht sind, aber mehrfach in Folge Glückstreffer landen und das Match gewinnen. Das Wort *imba* hat seinen Ursprung wie so oft in der englischen Sprache, denn *imbalanced* bedeutet ins Deutsche übersetzt ‚unausgewogen'. Die Gamersprache geht noch einen Schritt weiter, denn *imba* ist meistens ein Synonym für ‚unbesiegbar' und ‚geil'. Die Beleidigung *Luckgeburt* ist eine Kombination aus den Worten *Lucker* und *Missgeburt*.

Ja, die Gamersprache ist durchaus von Beleidigungen geprägt. Ein weiteres Beispiel ist das Wort *Hurenlucker*, das wohl die Beschimpfungen *Hurensohn*, *Hurenbock* und *Lucker* miteinander kombiniert. Neben den Beleidigungen gibt es unter Gamern viele Insiderwitze, die durchaus geschmacklos sind. Auf einer Fotomontage posiert Adolf Hitler mit einem Gaming-Controller in der Hand. In weißer Schrift ist zu lesen: 6 Millionen Kills, 1 Tod. Dazu muss man wissen: In Ballerspielen ist es wichtig, möglichst viele Gegner zu killen, ohne dabei zu sterben. Das macht einen Pro-Gamer aus. Die 6 Millionen Kills spielen auf die Ermordung der Juden an. Das ist makaber.

> *„Wenn sich Computerspieler solche Grafiken zuschicken, wird damit auch immer wieder suggestiv betont: Adolf Hitler war einfach ein krasser Typ. [...] Hitler gut zu finden, ist daher nicht selten eine Auflehnung gegen die Eltern und das System: Pubertät mal anders".*[178]

Tatsächlich ist die Gamersprache (ähnlich wie die Jugendsprache im Allgemeinen) in gewisser Weise auch eine Protestsprache der Kids, um sich von den Eltern und Lehrern abzugrenzen. Die Kinder und Jugendlichen schaffen ganz bewusst eine Sprachbarriere. Es gilt: „Eltern müssen draußen bleiben!"

Die Gamersprache im Alltag

Auch wenn die Gamersprache lange Zeit als reines Internet-Phänomen galt, hat sie mittlerweile den Sprung in den realen Alltag geschafft. In Schulhof-Cliquen tummeln sich natürlich sehr viele Gaming-Kids. Brachiale Kraftausdrücke, die mit der Gamersprache kokettieren, sind an der Tagesordnung. Und wer die Gamersprache in der Clique anwendet, kommt cool rüber. Da wird der Außenseiter schon mal als *Huso* oder *Honk* beschimpft – gut ist das nicht!

Freilich hat die Gamersprache auch amüsante Facetten, besonders dann, wenn Elemente, Situationen und Ausdrucksweisen aus den Spielwelten auf die reale Welt übertragen und mit ihr gleichgesetzt werden. In Rollenspielen wie „World of Warcraft" gibt es den Stärkungszauber, der gemeinhin als *Buff* bezeichnet wird. Spielt ein zwölfjähriges Mädchen eine Priesterin in dem Spiel, gibt sie dem Krieger, der vielleicht von einem 40-jährigen Mann gespielt wird, einen Buff, um ihn im Spiel zu stärken. Einige Eltern dürften jetzt aufschrecken. Wie? Meine minderjährige Tochter spielt in dem Spiel mit Männern um die 40? Ja, das kommt in „World of Warcraft" durchaus vor. Sexuelle Belästigungen sind allerdings selten, wenngleich sich auch darüber Berichte finden.[179] Der bereits genannte Buff ist auf jeden Fall harmlos. Amüsant wird es, wenn Jugendliche auf dem Schulhof einen „Cola-Buff" einfordern. Das gemeinsame Trinken einer Cola wird also mit einem virtuellen Stärkungszauber (Buff) gleichgesetzt. Warum drücken sich die Gamer-Kids auf diese Weise aus? Ganz einfach: Das Gemeinschaftsgefühl wird gestärkt, und irgendwie ist es ja auch ein bisschen lustig.

Nicht ganz so lustig sind Beschimpfungen im Straßenverkehr. Das wissen nicht nur Jugendliche, sondern vor allem die Erwachsenen, die sich oftmals nicht im Griff haben. Da wird schon mal der Stinkefinger oder Scheibenwischer ausgepackt. Solche Gesten sind strafrechtlich relevant, worüber auch der ADAC regelmäßig berichtet. Die Beleidigungen der Gamersprache, sofern sie im Straßenverkehr angewendet werden, sind da weniger offensichtlich. Ein schlechter Autofahrer ist ein *Kackboon*. Jemand, der einfach über eine rote Ampel fährt, ist ein *Cheater*. Polizisten, die mehrere Stunden an der gleichen Stelle stehen, um Autofahrer aus dem Verkehr zu ziehen, werden *Camper* genannt.

Manchmal ist es gar nicht so einfach, die verrückten Vokabeln der Gamersprache zu verstehen. Ist das Wort *Leitungshure* eine krasse Beleidigung oder vielmehr ein Kompliment? Was, bitteschön, ist ein *Stoffi*? Und was ist ein *Sprayer*? Mit Graffiti hat das nämlich sehr wenig zu tun. Genauso gut möchten interessierte Eltern vielleicht wissen: Welche Funktion hat mein Kind in einem Spiel wie „World of Warcraft", wenn es die *Aggro* zieht? Das alles sind spannende Fragen – und die Antworten helfen, das spielende Kind und seine virtuellen Bedürfnisse zu verstehen. Es wird also Zeit für ein humorvolles Wörterbuch, damit die Eltern und Pädagogen endlich mitreden können.

1.2 Vokabeltraining für Eltern und Pädagogen

Ein pfiffiges Kind steht an der Tafel und hält selbstbewusst einen Stock in der Hand. Mit ihm zeigt das Kind auf einige Vokabeln in Kreideschrift. „Wer weiß es?", fragt das Kind, das dabei ein wenig oberlehrerhaft wirkt. „Ich, ich", ruft eine sonorige Stimme aus dem Plenum. „Aufstehen, bitte!", meint das Kind. Ein älterer Mann erhebt sich. Er versucht, die Frage zu beantworten, wirkt unsicher. Das Kind korrigiert ihn. Die anderen Teilnehmer im Publikum, allesamt Erwachsene, lachen und amüsieren sich über die Situationskomik. Bei diesem fiktiven Szenario handelt es sich um einen VHS-Kurs zur Gamersprache – geleitet von einem Kind. Die Mutter schaut zu und klatscht, denn das Kind macht seine Sache gut.

Tatsächlich gibt es Bereiche, in denen sich die Kids von heute besonders gut auskennen. Digitale Trends gehören in jedem Fall dazu.

Und so auch die Gamersprache. Das alles fing vor 20 bis 30 Jahren mit ein paar wenigen Wörtern an. Mit jedem Computerspiel kamen neue Wörter hinzu, die dann wiederum in anderen Spielen Einzug hielten. Einige Wörter sind mittlerweile ‚out‘, andere Wörter wiederum halten sich ewig. In einem offiziellen Nachschlagewerk ist die Gamersprache nicht verbucht. Das Rechtschreibewörterbuch Duden bietet also keine Hilfe. Dabei hätte die Kreativität der Gamersprache mit ihren soziokulturellen Hintergründen mehr Beachtung verdient. Auf den folgenden Seiten werden einige populäre Vokabeln der Gamersprache humorvoll vorgestellt.

Käse zum Whine

Es ist bourgeois, es ist très chic: Zu einem guten Wein wird in der Erwachsenenwelt gerne mal eine Platte mit auserlesenen Käsesorten gereicht. Der Gaumen der Gaming-Kids ist hingegen eher rudimentär entwickelt, die Ernährungspyramide der jungen Zocker eher schlicht: Fertigpizzen, viel Pudding und literweise Cola stehen auf der Tagesordnung. Doch das ist nicht alles. Geriffelte Chips schmirgeln die Geschmacksknospen der Zunge ab, bis das jugendliche Schleck-Instrument glatt wie ein Babypopo ist. Käse steht definitiv nicht auf dem Speiseplan der Gamer. Wein auch nicht, dafür aber der sogenannte *Whine*. Warum also empfehlen Gamer ihren Artgenossen regelmäßig *Käse zum Whine*?

Böse Zungen munkeln, es könnte sich um das Aroma der privaten Käsezucht am Fuße eines Gamers handeln. Weit gefehlt: Gamer achten sehr auf ihre Hygiene, auch wenn ein RTL-Reporter vor einigen Jahren behauptete, Gamer würden „manchmal etwas streng riechen"[180], was zu einem enormen Shitstorm in den Sozialen Medien führte. Flinke Füße sind außerdem wichtig, um während einer schweißbetonten Online-Session mal eben zum Kühlschrank oder auf das Klo zu *rushen*.

Gamer sind hart im Nehmen und keine Heulsusen. Wenn sie verlieren, jammern sie allerdings gerne mal. Schuld sind dann immer die anderen, die Internetleitung oder die Programmiercodes des Spiels. Ist ein motzender Spieler einmal in Fahrt, lässt er seinen Frust verbal in Chats und Internetforen aus. Das macht sich gar nicht gut! Wer zu viel jammert, bekommt seine Henkersmahlzeit – nämlich *Käse zum Whine*. Diese verbale Köstlichkeit hat in Games, Chats und Foren eine hohe Tradition.

Der *Whine* (engl.: to whine = heulen) ist also ein penetrantes Meckern, Jammern und Heulen in den Sphären des Online-Gamings. Der spielenden Meckerziege wird auf bissige Weise ein *Käse zum Whine* gereicht: „Boa, hör doch mal auf zu jammern, willste nen Käse zum Whine?" Leckerer Käse schmeckt durchaus zu einem guten Wein. Verkork(s)t ist allerdings der Gamer, der laufend meckert und jammert. Denn im Internet möchte sich niemand den Spielspaß durch Miesepeter verderben lassen.

Das Kellerkind

Wenn der Papa gemütlich vor dem Fernseher sitzt, die Sportschau guckt und das aktuelle Kellerkind der Fußballbundesliga bejubelt, stellt das eigentlich keine große Besonderheit dar. Kellerkinder, das sind beispielsweise Vereine wie der 1. FC Nürnberg, Hannover 96 oder der 1. FC Köln, die in regelmäßigen Abständen im Tabellenkeller der Bundesliga zu finden sind. Auch wenn natürlich eine gute Portion Spott mitschwingt, wirklich böse ist das Wort nicht gemeint. Auch in der Gamersprache ist es in Gebrauch.

Eine blasse Gestalt huscht über die Straße und verschwindet mit einem lauten *LOL* in einer dunklen Gasse. Nein, das ist nicht Gollum aus dem Fantasy-Epos „Der Herr der Ringe" – auch wenn zwei Augenringe vom vielen Computerspielen durchaus vorhanden sein könnten. Um als waschechtes *Kellerkind* durchzugehen, gibt es einige

Regeln: Blässe, unsportliche Figur, Brille und Schüchternheit. Ja, die blasse Anmut des Gamers kann durchaus verschrecken. Das Kellerkind wohnt natürlich noch zu Hause bei den Eltern. Genauer gesagt: im Keller, unterhalb des Menschenreichs. Der Keller ist ein wundersamer Ort ohne Licht und perfekt zum Zocken, weil der Monitor nicht spiegelt.

Doch Vorsicht: Das Wort *Kellerkind* ist im Jargon der Gamer keine wirkliche Beleidigung, sondern vielmehr ein verstecktes Kompliment. Selbst wenn das Kellerkind blass und bebrillt ist: Die Gegner sind einfach nur neidisch. Sie suchen nach Gründen, warum ein anderer Spieler besser und im Game erfolgreicher ist. „Das kann ja nur ein Kellerkind sein, das den ganzen Tag online ist und keine echten Freunde hat", sind sich die Kontrahenten dann sicher. Wie einfach die Welt doch manchmal ist, wenn Stereotypen ins Spiel kommen. Der überlegene Gamer wird als Loser abgetan: „Kein Wunder, dass du bessere Items hast. Du Kellerkind hast ja sonst nichts zu tun." Den angeblichen ‚Kellerkids' ist das egal. Sie lassen sich lieber von ihren Monitoren bestrahlen. Braun wird man dadurch zwar nicht, aber auch als Gollum fällt man ja irgendwie auf.

Die Leitungshure

Jugendliche Gamer nehmen kein Blatt vor den Mund. Es fallen Kraftausdrücke, Jubelschreie und auch mal Beleidigungen. Und manchmal geht's auch richtig pubertär zu. Ja, Online-Gaming ist für manche männliche Teenies wie ein Besuch im Freudenhaus. Der Halbstarke schaut sich um und sucht sich ein Mädchen aus. Ein bisschen anders ist es in den digitalen Spielwelten allerdings schon: Der Gamer hat die freie Wahl, nimmt einen Gegner ins Visier und knallt ihn ab – beispielsweise in den Spielen „Call of Duty", „Battlefield" und „Counter-Strike".

Der Sieger eines virtuellen Schusswechsels steht oftmals schon vorab fest. Mit den Spielfertigkeiten hat das wenig zu tun, denn ohne schnelles Internet hat man als Gamer keine Chance. Was in der realen Welt der obszöne ‚Schwanz-Vergleich' ist, nennt sich in der Gaming-Branche ‚Ping-Vergleich'. Doch was genau ist ein Ping? Vielleicht der erste Schuss, auf den dann der Pong folgt? Natürlich nicht! Der Ping zeigt die Zeitspanne an, die benötigt wird, um ein Datenpaket auszusenden und wieder zu empfangen. Die schnellere Internetleitung bestimmt also, wer auf dem Spielserver den ersten Schuss abgibt – und gewinnt.

„Du blöde Leitungshure, sonst kannst du nichts", motzt der Verlierer des Duells dann. Die fiese Unterstellung: Ambitionierte Gamer prostituieren sich, um an eine schnelle Internetleitung zu kommen. Der Umgangston im Internet ist heftig. Die Jugendlichen möchten stark wirken und ihre Grenzen austesten. Aus diesem Grund ist das Wort *Bitch* auch keine echte Beleidigung unter Gamern. So kommt es zwischen Freunden oft vor, dass sie sich bei besonders guten Online-Abschüssen als *Bitch* bezeichnen, quasi als Synonym für ‚gerissener Hund'. Beruhigend dürfte sein, dass die Gamer kein Interesse an echten Freudenhäusern haben. Dann doch lieber eine steile Gaming-Karriere als *Leitungshure*!

Sheepen (Verb)

Streiten sich zwei Gamer um einen Gegenstand im Spiel, kann es ganz schön zur Sache gehen. Vor allem im Rollenspiel „World of Warcraft" (WoW) ist das der Fall. Da kämpfen sich 25 Spieler über Stunden gemeinsam zum Endboss – und der Schurke, der die ganze Zeit kaum mitgemacht hat, gewinnt die fette Beute: ein episches Schwert. Der Schurke schwingt sich auf sein magisches Pferd und reitet davon. Ja, die WoW-Spieler sind sehr tierlieb. Sie züchten virtuelle Haustiere, haben eigene Reitställe und beobachten die Tiere, die sich in der Spielwelt tummeln und so zur Atmosphäre beitragen. Doch niemand sollte sich mit einem Magier anlegen – Schurken schon gar nicht!

Magier – das ist eine Rolle, die Kinder und Jugendliche in „World of Warcraft" übernehmen können – verfügen über animalische Zauber. Sie können Gegner und Gegenspieler für einige Sekunden in Schafe verwandeln. Das klingt zwar lustig, ist aber eigentlich ziemlich fies. Der in ein Schaf verwandelte Spieler kann sich nicht wehren und muss in der jeweiligen Spielsituation Prügel und mächtige Zaubersprüche einstecken. Ergo: Er verliert Lebenspunkte, während der Magier immer mächtiger wird. Diese abgefahrene Verwandlung nennt sich *sheepen* und ist in der Szene mehr als gefürchtet.

Aus dem Streit um Items und digitale Vorherrschaften wird also schnell mal ein Zoo, der durchaus im Affentheater enden kann – sofern ein Jäger, auch das ist eine Spielklasse in WoW, mit an Bord ist. Jäger sind in der Lage, Affen und andere Wildtiere zu zähmen. Und sie können diese Wildtiere auf andere menschliche Spieler hetzen. Es ist also praktisch, einen Magier oder am besten gleich mehrere auf seiner Seite zu haben. Wie von Zauberhand werden die menschlichen Gegenspieler, Wildtiere und Affen ‚gesheept' und somit in eine putzige Schafherde verwandelt. Und da soll noch einmal jemand sagen, Kinder und Jugendliche interessieren sich nicht für die heimische Fauna.

Farmen (Verb)

Einige jugendliche Gamer sitzen nur am Computer, sind faul und helfen nicht im Haushalt mit. Manche Eltern verzweifeln daran. Doch sobald die Gamer in ihren virtuellen Spielwelten sind, werden sie fleißig und sind kaum wiederzuerkennen. Um ein hohes Level zu erreichen, vergehen oftmals Tage. Interessant sind die Tätigkeiten, denen die Gamer in ihren Online-Spielen nachgehen, um Level-Fortschritte zu machen. Im Handyspiel „Forge of Empires" versuchen sich die Kids als Ziegenzüchter, und im Rollenspiel „World of Warcraft" sammeln sie Kräuter, bauen Eisenerz mit der Spitzhacke ab und häuten wilde Bären. Selbst das Angeln von digitalen Pixel-Fischen ist möglich. Wer die Kochkunst als Beruf erlernt, und das ist in vielen Online-Rollenspielen sogar erforderlich, stellt stärkende Mahlzeiten her, die an andere Gamer verkauft werden. Das ist freie Marktwirtschaft pur.

In „World of Warcraft" streifen die männlichen und weiblichen Gamer durch idyllische Wälder und Wiesen. Sie ernten Obst und Gemüse, töten Monster und sammeln die Beutestücke auf, die die Monster zurückgelassen haben. Diese Beute nennt sich *Loot* (Substantiv), während die Tätigkeit des Aufsammelns allgemeinhin als *looten* (Verb) bezeichnet wird. Verbringen Gamer täglich mehrere Stunden Zeit damit, Gegner zu looten sowie Erze, Kräuter und Tierhäute einzusammeln, nennt sich das Prinzip *farmen* (Verb).

Das *Farmen* von virtuellen Items meint eine monotone und wiederkehrende Tätigkeit, die an Akkordarbeit erinnert. Der Spielerfolg korreliert nicht mit der Spielzeit, sondern mit den tatsächlich gesammelten Items und Erfahrungspunkten. In diesen Spielmomenten ist der Spielspaß eher gering, wenngleich die Spieler motiviert sind, auf ein bestimmtes Spielziel hinzuarbeiten. Hier greift das Prinzip der extrinsischen Motivation: Die Kids führen Spielhandlungen aus, um Belohnungen zu erhalten und äußeren Reizen nachzugeben. Das birgt eine extrem hohe Suchtgefahr, weil das exzessive und monotone Sammeln von Items sehr schnell zum festen Bestandteil des Alltags wird. Eltern ist zu empfehlen, sich von ihren Kindern erklären zu lassen, was genau sie in den Spielen machen. Bei den Handyspielen „Forge of Empires" und „Command & Conquer" muss man sich mehrfach täglich einloggen, um Boni einzusammeln. Loggen sich die Kids mal einen Tag oder gar eine Woche nicht ein, ziehen die anderen Spieler davon. Das sind Alarmzeichen für risikoreiche Games. Darauf müssen Eltern und Pädagogen achten.

Zergen (Verb)

Kids verbringen in ihren Spielwelten sehr viel Zeit. Klar, dass sie dann nicht immer zum Aufräumen des Zimmers kommen. Im heimischen Biotop finden sich Randstücke der letzten Pizza-Orgie, halbherzig leergelöffelte Joghurtbecher, angeknabberte Äpfel und vertrocknetes Tiefkühlgemüse. Der Biomüll lädt tierische Gäste zum Flanieren und Genießen ein – vor allem Fliegen, die Eier legen. Und die wiederum entwickeln sich zu Maden, die vor allem „Starcraft"-Spielern nicht fremd sein dürften.

Im Strategiespiel-Klassiker „Starcraft II" steuert der Gamer unter anderem das Volk der Zerg, das rein äußerlich wie Ungeziefer anmutet. Die Zerg kennen weder Angst noch Gnade und eignen sich für einen Rush, indem der Gegner direkt zu Beginn des Spiels mit vielen kostengünstigen Einheiten überrannt wird. Hierfür baut der Spieler viele Zerglinge, die wie Maden über die Einheiten des Gegners herfallen. Dieser aggressive Angriffsstil wird als *zergen* (Verb) bezeichnet und auch auf andere Games übertragen.

Besonders im Spiel „World of Warcraft" sind unnötige Scharmützel verpönt. Wer hier unnötige Kämpfe provoziert, landet umgehend auf dem verbalen Scheiterhaufen: „Ey du Assi, lass mal dein dummes Gezerge und kauf dir eine Brille!" Doch es gibt viele Gamer, die am liebsten sinnlos *zergen*. Es macht nämlich Spaß, die taktischen Spielziele außer Acht zu lassen, um Mann gegen Mann zu kämpfen.

Doch die meisten Gamer wissen nicht, dass es das Wort *zergen* im Deutschen schon seit vielen Jahrhunderten gibt. Es bedeutet ‚sich necken'.[181] Das ist natürlich spannend: Da gibt es zwei identische Wörter, die nicht nur etwas anderes bedeuten, sondern auch einen ganz anderen etymologischen Ursprung haben. An diesem Beispiel zeigt sich die Kreativität der Gamer, die sich durchaus am gesellschaftlichen Sprachwandel beteiligen. In Online-Games geht es häufig um Besserwisserei. Wie wäre es, wenn die Computerspieler mal mit diesem linguistischen Exkurs angeben? Schließlich kann auch Schlaumeierei sehr provokant sein – und es ist vielleicht auch ein Kompliment, einen anderen Spieler beeindrucken zu wollen. Immerhin heißt es ja: Was sich neckt, das liebt sich.

2. Virtuelle Küsse und sexy Schnappschüsse

Wie Jugendliche im Internet miteinander flirten

Die 16-jährige Denise hat Lust, einen richtig tollen Typen kennenzulernen. Sie geht noch zur Schule, doch dort gefällt ihr niemand. Wobei der neue Referendar ja schon ihr Typ wäre. Denise mag Männer, die ein paar Jahre älter sind als sie und etwas zu erzählen haben. Irgendwann kommt Denise auf die Idee, sich bei „Tinder" anzumelden. Tinder ist die angesagteste Dating-App der Welt. Das Prinzip ist einfach: Man verteilt virtuelle Herzchen an Boys und Girls, die einem per Zufallsprinzip angezeigt werden. Revanchiert sich die Person mit einem Herzchen, kommt es zu einem Match und ein Chat öffnet sich. Man muss 18 Jahre alt sein, um Tinder in Deutschland nutzen zu können – eigentlich. Ein Facebook-Profil mit falschen Altersangaben genügt, ebenso eine Handynummer, die bei der Anmeldung angegeben wird. Genau das macht Denise. Sie meldet sich nicht über Facebook bei Tinder an, sondern mit ihrer Handynummer. Sie macht sich älter. Nur noch ein Klick. Jetzt ist sie drin.

Der digitale Flirt-Kreislauf verführt sowohl Jugendliche als auch Erwachsene. Auf Tinder tummeln sich Männer und Frauen im Alter von 18 bis 60 Jahren, selten darüber. Besonders Frauen, vor allem die ganz jungen um die 18 oder 20, werden von männlichen Draufgängern digital bezirzt, vielmehr aber bedrängt und in einigen Fällen auch sexuell belästigt. Komplimente und Chat-Anfragen trudeln im Sekundentakt ein. Die Auswahl ist riesig, und schnell wird es unübersichtlich. Die vielen Verehrer machen den tristen Schul- und Alltag natürlich weitaus bunter. Und das Beste daran ist: Mit Apps wie *Facetune* und *Photoshop Express* sieht plötzlich jeder gut aus.

Flirten im Internet ist für Jugendliche und junge Erwachsene längst zu einem Lifestyle-Phänomen geworden. Unter den Dating-Apps stechen zwei Plattformen heraus: Tinder und Lovoo. Jugendliche, die sich dort anmelden, wollen flirten – oder zumindest angeflirtet werden. Schließlich tut das dem Ego gut. Werfen wir also einen Blick auf die Besonderheiten der beiden Dating-Apps.

2.1 Die Dating-Apps Tinder und Lovoo

Man nehme: ein Selfie mit Duckface, ein sportliches Foto mit dem Hund oder Pferd, ein paar lustige Sprüche und garniere das Ganze mit vielen bunten Emojis. Das sind die Zutaten für das perfekte Flirtprofil im Internet. Nun stehen die Jugendlichen vor der großen Herausforderung, die richtige Plattform für die digitale Balz zu finden. Und die Eltern und Medienpädagogen fragen: Muss das denn überhaupt sein?

Die Plattformen Tinder und Lovoo haben den Ruf, dass es beim Online-Flirten nur um die schnelle Nummer geht. Das stimmt nicht ganz. Norwegische Forscher haben herausgefunden, dass ein Großteil der Befragten die Tinder-App zu reinen Unterhaltungszwecken nutzt, ähnlich wie eine Spiele-App.[182] Das ist plausibel, weil es sowohl auf Tinder als auch auf Lovoo möglich ist, sogenannte *Matches* zu sammeln, ohne jemanden im echten Leben treffen zu müssen. Dieser Umstand deutet bereits an, dass viele Mädels und Jungs mit den Gefühlen des Chatpartners spielen, nur um Komplimente zu bekommen oder nach einem Date gefragt zu werden. „Wie viele Matches habt ihr denn so bei Tinder?", fragen junge Leute im Internet. „Zu viele", antwortet ein Mädchen, eigenen Angaben zufolge übrigens gerade einmal 13 Jahre alt.[183] Natürlich könnte das auch eine Fake-Antwort sein. Es ist nicht immer ersichtlich, was im Internet echt ist und was nicht.

It's a Match

Unsere 16-jährige Denise gibt sich also auf Tinder als 18-jährige Abiturientin aus. Sie stellt Fotos online, auf denen sie stärker geschminkt ist als sonst. Ein Foto zeigt sie sogar auf High Heels in einem angesagten Club in Stuttgart. Für die Tinder-Boys ist die Sache sowas von klar: Das Mädchen muss volljährig sein. Und letztlich wird's den Jungs auch egal sein. Den Eltern des minderjährigen Mädchens allerdings nicht.

Denise hat auf Tinder die Möglichkeit, die Sucheinstellungen ihren Wünschen anzupassen. Das betrifft in erster Linie den Umkreis und das Alter. Als Umkreis-Einstellung wählt sie 35 Kilometer. Das heißt: Alle männlichen User in einem Radius von 35 Kilometern Luftlinie werden der vermeintlich 18-Jährigen angezeigt. Als Sucheinstellung für das Alter gibt Denise 18 bis 27 Jahre an. Denise sieht in der App also keine Männer, die diesen Vorgaben nicht entsprechen. Zumindest offiziell, denn natürlich gibt es viele Männer, die genauso wie Denise flunkern oder gar geklaute Profilbilder verwenden. Darüber macht sich Denise keine Gedanken. Sie möchte einfach nur loslegen, um ihren Traumprinzen zu finden. Mögen die Spiele also beginnen.

Tinder funktioniert nach dem einfachen Swipe- und Match-System. Das bedeutet: Denise bekommt nacheinander mehrere Männer angezeigt. Per Swipe (mit dem Finger über den Touchscreen wischen) entscheidet sie, ob ihr ein Mann gefällt. Ein Swipe nach rechts bedeutet „Ja" und ein Swipe nach links „Nein". Umgekehrt wird Denise natürlich auch allen relevanten Männern im Umkreis angezeigt. Denise hat eine tolle Figur, eine schöne Oberweite und lange blonde Haare. Mit ihren blauen Augen schaut sie lasziv in die Kamera. Klar, dass die Männer auf so eine Frau abfahren. Bereits nach einer Stunde hat Denise über 100 Likes erhalten, auch wenn sie (noch) nicht weiß, welche Männer das sind.

Denise ist sehr wählerisch und wischt nur 10 Prozent der Männer nach rechts. 90 Prozent der Männer bekommen also kein ‚Like‘ von der 16-Jährigen, die sich als 18-Jährige ausgibt. Endlich entdeckt Denise den attraktiven Alexander, angeblich 25 Jahre alt und Unternehmer. Sie wischt nach rechts und staunt: Es ist ein Match. Das bedeutet, dass sich die beiden per Swipe ein virtuelles „Ja" gegeben haben. Denise und Alexander können jetzt miteinander chatten. Wie es sich für eine Lady gehört, erwartet Denise, dass Alexander den ersten Schritt macht.

Der Eisbrecher

Männliche Teenager, die keine passenden Anmachsprüche draufhaben, bekommen im Internet Hilfe. Selbsternannte Flirt-Gurus präsentieren sich selbstbewusst auf YouTube, stellen Videos mit waghalsigen Tipps online und scharen die halbstarken Kids wie Jünger um sich. „So kriegst du jede rum", ist der Tenor der Gurus, die einschlägige E-Books für sehr viel Geld an schüchterne Jugendliche verkaufen, die auch endlich mal zu Potte kommen wollen. Wer in der Clique keine schlüpfrigen Erfolgsgeschichten präsentieren kann, wird irgendwann als Langweiler abgestempelt.

Die Dating-Plattform Lovoo schlägt aus den schüchternen Männern Kapital. Im Gegensatz zu Tinder ist eine Anmeldung ab 16 Jahren möglich: ein Freifahrtschein für Minderjährige! Die Registrierung per Smartphone-App ist in wenigen Minuten erledigt. Nach dem Upload des Profilfotos können die Girls und Boys bei Bedarf einige

Platzhalter ausfüllen: Größe, Figur, Beruf. Selbst die Verifizierung des Profils ist möglich, was immerhin einen seriösen Eindruck macht. Das Match-Prinzip, das aus der Tinder-App bekannt ist, kommt auf Lovoo ebenfalls zum Einsatz. Allerdings steht es nicht im Fokus. Es ist zwar möglich, andere Menschen zu ‚matchen‘, doch spannender sind auf Lovoo zwei andere Dinge, die richtig ins Geld gehen können.

Zum einen gibt es auf Lovoo einen ‚Live-Radar‘, der alle Mädels oder Jungs, das kommt auf die Sucheinstellungen an, im Umkreis anzeigt. Denise, die sich auf Tinder als 18-jähriges Mädchen ausgibt, ist auf Lovoo ehrlich. Sie steht dazu, dass sie 16 ist. Aus Sicherheitsgründen ist das gut, denn Männer, die 18 Jahre oder älter sind, können auf Lovoo keine minderjährigen Mädchen sehen und anschreiben – sofern sich ein 20-jähriger Mann nicht als 17-jähriger Teenager ausgibt. Auf jeden Fall erscheint Denise nun auf dem Lovoo-Radar: als blinkender Punkt. Das ist durchaus pikant, denn liebeshungrige User sehen nicht nur die Richtung, in der sich Denise befindet, sondern auch die konkrete Entfernung. Vor allem für Teenager mag das eine tolle Spielerei sein, die Medienpädagogik betrachtet dieses Feature hingegen äußerst kritisch. Sowohl Eltern als auch Lehrer sollten darüber mit den Kids sprechen.

Girls, vor allem die attraktiven, haben es auf Dating-Plattformen prinzipiell einfacher als Boys. Oftmals ist es also so: Zehn männliche Teenager buhlen um ein Mädel, das sich gemütlich zurücklehnt und anschmachten lässt. Die Boys müssen also Gas geben und lösen das Problem, indem sie pro Tag 20 Girls digital anbaggern in der Hoffnung, dass wenigstens eine zurückschreibt. Noch einmal zur Erinnerung: Auf Tinder kommt ein Chat nur dann zustande, wenn das Match beidseitig bestätigt wurde. Auf Lovoo gibt es diese Möglichkeit zwar auch, doch die Plattform macht Kasse mit den sogenannten *Icebreakern*. Ein solcher Eisbrecher pro Tag ist gratis. Ergo: Die Jungs dürfen pro Tag eine Frau anschreiben. Viel ist das nicht. Wer eine Premium-Mitgliedschaft abschließt, darf pro Tag etwa drei Frauen mit einem Icebreaker ‚beglücken‘. Jungs und Männer, die es besonders eilig haben, können darüber hinaus Icebreaker hinzukaufen. Je mehr man kauft, desto mehr Rabatt gibt es. Das wird schnell teuer. Funktionen wie diese offenbaren den Game-Charakter von Flirt-Apps, und die können ganz schön süchtig machen.

Ego statt Lego

Jedes Kind kennt das Märchen von Hänsel und Gretel. Die beiden Geschwister werden von ihren Eltern im Wald ausgesetzt. Hänsel ist schlau und legt eine Spur aus Brotkrümeln, um später zurückfinden zu können. Der Plan geht allerdings nicht auf, denn Vögel machen sich über die Krümel her und fressen sie auf. Dass Brotkrümel ins Unglück führen können, zeigt sich übrigens auch am Beispiel „Max und Moritz", einst fabuliert von Wilhelm Busch und ein echter Klassiker, der in keinem deutschen Bücherregal fehlen darf. Max und Moritz, die zwei Lausbuben, binden vier dicke Brotkrümel an zusammengeknotete Fäden: „Hahn und Hühner schlucken munter jedes ein Stück Brot hinunter". Kurze Zeit später flattern die Tiere in die Höhe und verfangen sich an einem Ast: „Und ihr Hals wird lang und länger, ihr Gesang wird bang und bänger". Witwe Bolte „nimmt die Toten von den Strängen" und kehrt „mit stummen Trauerblick" in ihr Haus zurück.[184] Einige Streiche später sterben Max und Moritz. Die Ironie: Sie werden, in der Mühle zermahlen, selbst von Meister Müllers Federvieh gefressen.

Brotkrümel und Online-Dating: Wie passt das denn bitteschön zusammen? Die Antwort weiß *Brigitte*, die bekannte Frauenzeitschrift, die sich regelmäßig der Psychologie und modernen Partnerschaftsthemen widmet. Denn angeblich gibt es eine neue fiese Flirt-Taktik, die sich *Breadcrumbing* nennt. Dieser Spezialbegriff, der ‚hip' klingen soll, ist dem Englischen entlehnt (Brotkrümel = breadcrumb). Jemand, der *Breadcrumbing* betreibt, verteilt virtuelle Brotkrümel in Form von Kuss-Emojis und Schmeicheleien, „die dem Empfänger (bzw. Opfer) Hoffnung machen"[185]. Ein echtes Treffen kommt meist nicht zustande, weil es den Tätern nur um die Bestätigung des eigenen Egos geht. Typische *Breadcrumber* sind laut *Brigitte* unsichere Singles und Menschen, die im Alltag zu wenig Wertschätzung erfahren.[186] Das hat einen Hauch von Küchenpsychologie, zumal es sich um ein Phänomen handelt, dass echten Medienexperten schon seit Jahren bekannt ist. Dennoch beschreibt *Breadcrumbing* einen Trend, der auch vor der jugendlichen Lebenswelt nicht Halt macht.

Mädels und Jungs, seien sie 16, 17 oder 18 Jahre alt, nutzen Dating-Apps wie Tinder und Lovoo nur selten, um wirklich jemanden im echten Leben kennenzulernen. So wie Gamer ein paar Mal am Tag unverbindlich in ihr Smartphone-Game schauen, klicken die flirtfreudigen Teenager in ihre Dating-Apps, um sich von anderen Menschen ,entertainen' zu lassen. Dass bei dem virtuellen Liebesspiel andere Seelen möglicherweise verletzt werden, ist den meisten egal. So wie es auch den Eltern von Hänsel und Gretel egal war, ihre Kinder hilflos im Wald auszusetzen. Beobachtungen zeigen, dass sich viele Teenager in Dating-Apps in Unterwäsche präsentieren, um besonders häufig angeklickt und angeschrieben zu werden. Zusätzlich verweisen diese Kids auf ihre Instagram- und Snapchat-Profile, um Fans, Follower und letztlich an Bekanntheit zu gewinnen.

Statt mit Lego zu spielen, geht es um das Ego, denn das Spiel mit echten Menschen macht vielen da draußen einfach mehr Spaß. Das ist keine Kritik an der Jugend, sondern vielmehr ergibt sich daraus eine medienpädagogische Empfehlung an alle, auch an die jungen Erwachsenen, das eigene Verhalten in den digitalen Welten zu überdenken. Schockierend ist auf jeden Fall der Trend, dass Flirt-Apps wie Tinder und Lovoo oftmals nur noch der reinen Unterhaltung dienen. Dieses *Emotional Entertainment* ist gefährlich. Eltern sollten mit ihren Kindern das Gespräch suchen, sobald diese im entsprechenden Alter sind. Schließlich können Situationen, die in der digitalen Welt passieren, heftige Konsequenzen in der realen Welt auslösen: ein weinendes Mädchen zum Beispiel oder ein Junge, der sich durch jemanden verletzt fühlt und dann zum Gegenschlag ausholt. Es braucht viel Lebenserfahrung, um zu wissen, dass Verletzungen, und seien es ‚nur' seelische, die man anderen zufügt, auch der eigenen Psyche nicht guttun.

2.2 Drei weibliche Flirttypen

Selbstverständlich hat Online-Dating auch sehr viele schöne Seiten. Wissenschaftler der Universität Wien und der University of Essex fanden beispielsweise heraus, dass Beziehungen, die online beginnen, länger halten.[187] Und insgesamt kann es ja auch beidseitig Spaß machen, sich mit Komplimenten, virtuellen Küssen und lustigen Sprüchen den Alltag zu versüßen. Humor ist oftmals der Schlüssel zum Erfolg. Mit ihm lassen sich auch einige weibliche Flirttypen feststellen, die in den Dating-Apps anzutreffen sind – mit einem wissenschaftlichen Augenzwinkern natürlich.

Die eingebildete Barbieprinzessin

Sie ist blond, sehr schlank und hat lange Haare. Der BMI liegt zwischen grenzwertigen 18 und 20. Heidi Klum und „Germany's Next Topmodel" machen nun einmal vor, wie dünn ein Mädchen angeblich sein muss, um als attraktiv zu gelten. Die zierliche Barbieprinzessin wohnt noch zu Hause und ist meist Einzelkind. Im Elternhaus hat sie ihren eigenen Hofstaat, nämlich Mama und Papa, die wahrlich alles für ihre Prinzessin tun. Demzufolge hat sie natürlich das neueste Smartphone und viele männliche Verehrer.

Es ist wahrlich ein Naturschauspiel, wenn sich mehrere Boys um so eine hübsche Lady bewerben. Sie lässt wie Rapunzel ihr blondes Haar hinunter, um den Jungs Hoffnungen zu machen. Und sobald die Glücksritter zugreifen, zieht sie ihre sinnliche Mähne wieder hoch: „Pech gehabt, Jungs!" Die Barbieprinzessin findet sich selbst so richtig hübsch. Deshalb ist sie auf allen Social-Media-Kanälen vertreten. Um besonders viele Komplimente zu erhalten, gibt sie sich manchmal ganz bewusst demütig. „Wahre Schönheit kommt von innen", schreibt sie. „Du bist doch eh voll hübsch, Maus", meinen die Jungs, die blindlings in die Falle tappen. Eine feste Beziehung kommt für die Barbieprinzessin nicht infrage, denn das würde ihrem Image schaden.

Das trendige Fitnessgirl

Man nehme einen kräftigen Knack-Po, dünne Gazellen-Beine und einen ultraflachen Bauch: Fertig ist das Fitnessgirl, das sehr viel Zeit im Studio verbringt. Dank Kniebeugen kommt die sportliche Lady schnell zu ihrem Aussehen à la Kim Kardashian. „No pain, no gain", lautet das Motto. Statt Zucker gibt es Proteinpulver zum Nachtisch. Und wenn das Fitnessgirl auf die Toilette verschwindet, um sich frisch zu machen, nascht sie heimlich ein Stück Putenschnitzel aus ihrer Tupperdose, die sie in ihrer Handtasche immer dabeihat.

Nach einer erfolgreichen Trainingseinheit im Studio posiert das Girl erst einmal vor dem Spiegel und macht ein paar halb nackte Selfies für die Dating-Apps. Zu Hause in der Wohnung sieht das dann oft ganz anders aus. Der Spiegel wird verflucht, weil plötzlich kein Trainingserfolg mehr sichtbar ist. Wo andere Mädels jetzt verzweifelt ein Glas Nutella auslöffeln, greift das Fitnessgirl zu einem Eiweiß-Shake, um sich zu pushen. Das ständige Training kann süchtig machen, geht damit doch ein ständiger Konkurrenzdruck einher. Weibliche Teenager messen sich mit anderen Girls in den Sozialen Medien. Wer den knackigsten Hintern hat, erfährt Bewunderung. Nicht nur von anderen Mädchen, sondern auch von Jungs.

Vor allem Fotografen, meist Männer im mittleren Alter, wittern ihre Chance. Sie versprechen den Mädchen, sie im Internet berühmt zu machen. Doch das ist nur eine beidseitige Flirt-Taktik. Das Foto-shooting sei umsonst, sie müssten nur ein bisschen Haut zeigen. Posiert wird im Bikini auf der Motorhaube eines Sportwagens, mit einem Dobermann oder im Schnee. Die Mädchen bekommen die Abzüge umsonst, doch dafür erlangen die Fotografen die Rechte, die Bilder im Internet zu veröffentlichen – quasi als Eigenwerbung. Es handelt sich in der Regel nicht um professionelle Fotostudios, son-dern um Männer, die sich ein zweites Standbein aufbauen wollen. Es ist also Vorsicht geboten. Eltern sollten ihren Töchtern raten, auf solche Angebote nicht einzugehen – auch wenn die Töchter bereits 18 oder 19 Jahre alt sind.

Die tierliebe Träumerin

Die tierliebe Träumerin spiegelt die Gedanken ihrer Seele sehr gerne in der Kreativität des geschriebenen Wortes. Sie ist auf der Suche nach ihrem Seelenverwandten und öffnet sich auch Fremden sehr schnell. Doch sobald die Träumerin kein gutes Gefühl mehr hat, zieht sie sich rasch in ihr Schneckenhaus zurück. Zu Hause hat sie ihre Komfortzone und Tiere, mit denen sie viel kuschelt. In den Sozialen Medien veröf-fentlicht sie keine lasziven Bilder, sondern Motive, die sehr anmutig rüberkommen. Sie schaut nicht direkt in die Kamera, sondern ver-träumt zur Seite.

Jungs mit Tiefgang finden rasch Zugang zu ihr. Es entwickeln sich ellenlange WhatsApp-Chats mit dem Ziel, irgendwann vielleicht mal zu telefonieren. Doch Achtung: Je ausführlicher die Chats werden, desto höher ist die Wahrscheinlichkeit, dass es dabei bleibt. Wäh-rend sich die tierliebe Träumerin verstanden fühlt, tut sie ihrem Chatpartner weh – wenn auch unabsichtlich. Denn schon bald ver-läuft die einst so schöne Konversation im Sande. Das Kennenlernen wird ‚zerredet‘. Aus diesem Grund ist es oftmals sinnvoll, sich zeit-nah zu treffen – natürlich an einem öffentlichen Platz.

Die bei Teenagern beliebte WhatsApp-Kommunikation gewinnt durch Emojis und Sprachnachrichten schnell an emotionaler Intensität. Es entsteht ein Gefühl von Vertrautheit, das ausgenutzt und zu Verletzungen führen kann. Kinder und Jugendliche sollten nicht mit Fremden chatten, denn man weiß nie, wer wirklich am anderen Ende der ,Leitung' sitzt. Online-Dating ist nichts für Kinder, doch genau deshalb ist dieser neue Trend ja so verführerisch. Und für Erwachsene ebenso.

2.3 Drei männliche Flirttypen

Natürlich haben es auch die Jungs drauf, sich in den Sozialen Medien zu inszenieren. Egal ob Partyfotos, coole Sprüche oder Bilder von schnellen Autos: Die Teenies wissen, worauf die Mädels abfahren. Drei männliche Flirttypen, die exemplarisch sind, tingeln regelmäßig durch die Flirt-Apps und Sozialen Medien.

Der Poser

Dicke Sonnenbrille, gestylte Haare und ein cooler Blick wie Cristiano Ronaldo: Viele männliche Teenager stellen sich in den Flirt-Apps ,arschcool' dar. Kleider machen Leute, so sagt eine altbekannte Weisheit. Neu ist, dass digitale Foto-Farbfilter ebenfalls Leute machen – ganz bequem per App auf dem Smartphone. Mithilfe der neuen Technik strahlen die Augen blau, und die gewollte Überbelichtung sorgt für einen fehlerfreien Teint. Posiert wird mit hübschen Girls, einem roten Sportwagen und Prominenten im Fußballstadion. Die Botschaft ist klar: „Mein Leben ist nice!"

Doch wie glaubhaft ist die virtuelle Show ohne eine gigantische Facebook-Freundesliste oder viele Abonnenten auf Instagram? Der Poser lässt in den Sozialen Medien die Muskeln spielen. Mindestens

2.000 Online-Freunde und Follower sind Pflicht, darunter schöne Mädchen und junge Menschen, die in der Öffentlichkeit stehen (DJs, Fotografen, Musiker, Sportler etc.). Der Poser veröffentlicht regelmäßig Bilder in teuren Klamotten, gerne auch Schnappschüsse mit definierten Bauchmuskeln am Strand. Natürlich schön gebräunt, damit die Klassenkameraden vor Neid erblassen, während die Girls auf eine digitale Nachricht hoffen.

So zielführend die Poser-Masche in den Sozialen Medien und Flirt-Apps auch sein mag, sie birgt sehr viele Risiken, die die Persönlichkeit des Kindes verändern können. Oft kommt es zu einer verzerrten Selbstwahrnehmung, und der Teenager spürt die Kluft zwischen Virtualität und Realität: einerseits das aufgesetzte Posieren im Cyberspace, andererseits die Bewältigung der alltäglichen Herausforderungen in der Familie. Da kommt es leicht zu dem Bedürfnis, die virtuelle Seite zu stärken. Dating-Apps sind ein Terrain, das vor allem für attraktive und selbstbewusste Menschen ein Ego-Boost ist. Der Weg in die Abhängigkeit ist schleichend, weil das Flirten in gewisser Weise ‚ritualisiert' wird. Im Gegensatz zum Zigaretten- oder Alkoholkonsum wird diese Form der Sucht allerdings nicht als Gefahr wahrgenommen. Eltern sollten beobachten, wie sich ihr Kind in den Sozialen Medien und Dating-Apps präsentiert. Aufgesetzte Poser-Bilder, die nicht das reale Leben widerspiegeln, sind möglicherweise ein erster Hinweis, dass das Kind nicht glücklich ist.

Der sanftmütige Poet

Er zeigt Mitgefühl mit hilfsbedürftigen Tieren, engagiert sich für den Umweltschutz und unterstützt Petitionen, um die Welt jeden Tag ein bisschen besser zu machen. Der sanftmütige Poet ist einfach ein liebenswerter Kerl. Seinen Gedanken lässt er in den Sozialen Medien und Flirt-Apps freien Lauf – emotional, intensiv und immer ein bisschen poetisch. Zugegeben, der Poser kommt beim weiblichen Geschlecht ein bisschen besser an, doch auch der sanftmütige Poet zieht mit seiner tiefgründigen Art einige Mädels in seinen Bann. Denn schöne Texte sind im Internet selten.

Die gefühlvolle Hingabe in aller Öffentlichkeit ruft natürlich viele Kritiker auf den Plan, die in der Sanftmütigkeit eine Form von Schwäche sehen. Seit jeher ist bekannt, dass es sensible und feingliedrige Jungs in der Schule besonders schwer haben, weil sie aufgrund dieser vermeintlich zerbrechlichen Attribute gehänselt werden. Die Sozialen Medien verstärken diesen Effekt, weil es noch immer der Irrglaube vieler Teenager ist, sie würden Stärke zeigen, wenn sie sich über Gleichaltrige stellen, die anders sind als die ‚coolen Jungs'. Doch der sanftmütige Poet bleibt unbeirrt – und schon bald findet er ein nettes Mädchen in seinem Alter. Zusammen machen sie Spaziergänge mit einem Hund aus dem Tierheim.

Ende gut, alles gut? Nicht immer. Natürlich sind viele Eltern stolz auf ihre Kinder, und dies besonders dann, wenn sie schon in jungen Jahren ihre poetische und sanftmütige Art zeigen. Doch die Sozialen Medien, und dazu gehören schließlich auch die heutigen Dating-Apps, können grausam sein. Ein verträumtes Foto, ein paar zu zarte Wörter, und schon kommen einige Teenager daher, die sich daran stören – und glauben, ein wehrloses Opfer gefunden zu haben. Eltern sollten mit ihren Kindern darüber sprechen, dass alles, was im Internet veröffentlicht wird, zu Reaktionen führt. Selbst schöne und gut gemeinte Texte stoßen manchmal auf Hass und Wut. So sind die Sozialen Medien nun einmal. Das wissen Medienexperten, Pädagogen und auch viele Erwachsene – nicht aber die Kinder, die nur vom Guten in der Welt ausgehen.

Der Stelzbock

Facebook, Instagram und Co. sind das Dschungelcamp des kleinen Mannes, denn hier können sich alle medial bestens zur Schau stellen – gerne auch mal halb nackt und in lasziven Posen. Da wäre zum Beispiel die süße Lisa mit ihren 4.897 Facebook-Freunden. Und dann gibt es noch die fitnesssüchtige Alina, die ihre männlichen Instagram-Follower täglich mit heißen Pics verwöhnt. Dem schüchternen Tom gefällt das, und er versieht Lisas und Alinas Fotos jeden Tag mit einem Like. Auch die dunkelhaarige Carmen hat es Tom angetan. Doch wer ist dieser Manuel, der laufend Carmens Bilder auf Instagram für alle sichtbar kommentiert? Tom wird wütend und traurig zugleich, ärgert sich über Carmen und über sich selbst. Was er nicht weiß: Manuel ist lediglich Carmens Cousin.

Tom lenkt sich auf Lovoo und Tinder ab. Er schreibt sehr viele Frauen an, doch nur wenige antworten. Seine Anmachsprüche wirken verkrampft. Das merken die Girls natürlich. So dreht sich die Spirale immer weiter, bis Tom irgendwann denkt, dass er wohl völlig unattraktiv sein muss. Glücklicherweise hat Tom ein sehr gutes Verhältnis zu seinen Eltern, denn sie sind sehr junggeblieben und haben sich einst selbst über das Internet kennengelernt. Toms Mutter macht ihm Mut, und sein Vater kommt auf die Idee, gemeinsam eine Kartbahn zu besuchen. Tom freut sich. Einige Tage später stellt Tom ein Foto online: „Mit Daddy beim Kartfahren!" Carmen kommentiert: „Wow, cool." Die Welt ist wieder in Ordnung.

Zum Glück hat Tom Eltern, denen er sich anvertrauen kann. Und die wissen, dass echte Lebenserfahrungen mit der Familie für Kinder und Jugendliche sehr wichtig sind. Denn es kann auch anders kommen. Tief- und Rückschläge in Liebesangelegenheiten können Jugendliche emotional sehr belasten, vor allem dann, wenn solche Erfahrungen wiederholt auftreten. Gerade Flirt-Apps muten auf den ersten Blick verführerisch an, weil jederzeit virtuelle Flirt-Situationen entstehen können. Doch die exzessive Nutzung ist nicht gut für die Psyche, weil es passieren kann, dass sich Jugendliche – wie übrigens auch Erwachsene – irgendwann über den Erfolg und Misserfolg, den sie beim virtuellen Flirten erleben, definieren. Besser ist es also, den Schwarm in der Eisdiele anzusprechen, auch wenn dieser reale Schritt auf den ersten Blick viel schwieriger zu sein scheint – doch er ist *echt*.

2.4 Das Phänomen „Benching"

Für Versicherungen sind wir nur eine Nummer, unser Stromanbieter teilt uns ein Aktenzeichen zu, und im Supermarkt werden wir nach unserer Postleitzahl gefragt, anstatt einfach nur nett bedient zu werden. Auch im Online-Dating geht die Menschlichkeit mehr und mehr verloren. Menschen, die solche Apps nutzen, seien es Jugendliche oder Erwachsene, schreiben meist mit mehreren Nutzern gleichzeitig. Irgendwann landet man selbst in der Warteschleife, ohne es zu merken.

Im Profisport fühlt sich niemand als Ersatzspieler wohl. Das zeigt sich beim FC Bayern München, in der deutschen Nationalmannschaft und auch in der Kreisliga. Nein, die Ersatzbank ist wirklich kein Ort zum Wohlfühlen. *Bench* kommt aus dem Englischen und bedeutet Bank im Sinne von Sitzbank. Wer im Cyberspace mit mehreren Boys oder Girls gleichzeitig flirtet, schickt so manchen User irgendwann auf die soziale und emotionale Ersatzbank. Diese Verhaltensweise nennt sich *Benching*.

Der 17-jährige Marco chattet täglich mit mehreren Frauen. Das wird ihm irgendwann zu anstrengend. Die Lösung: Marco antwortet in unregelmäßigen Abständen. Mal wartet er einen Tag, mal sogar drei Tage. Der sportlichen Janina schickt Marco einfach mal ein Foto aus dem Fitnessstudio. Bei der schüchternen Annika würde das nicht funktionieren, also bekommt das Mädchen ein Foto von einem Hund aus dem Tierheim. Und so macht es Marco auch bei den anderen Girls, die er hübsch findet. Er passt sich an. Mal ist Marco cool, mal tierlieb, mal ist er ein Kochgenie und dann wieder die ausgeflippte Sportskanone – alles schön bebildert in den Sozialen Medien. Warum macht Marco das? Er steht eigentlich auf ein für ihn ganz besonderes Mädchen und hält sich Janina, Annika und ein paar andere Mädchen warm.

Benching ist nicht anständig und führt oftmals zu einer Kettenreaktion: Ein Mann hält sich eine Frau warm, die in der Zwischenzeit mit ein paar anderen Männern schreibt, um sich von der Enttäuschung abzulenken. Doch die Männer, die nur der Ablenkung dienen, sind natürlich irgendwann auch enttäuscht. Das Flirtverhalten im Internet ist ein Spiegelbild der Konsumgesellschaft. Nehmen, nehmen, nehmen – um es dann wegzuwerfen, ohne es zu ‚gebrauchen‘. Diese Wegwerf-Mentalität ist bedenklich, zumal es sich beim digitalen Flirten um echte Menschen handelt – und nicht um Gebrauchsgegenstände.

2.5 Das Phänomen „Ghosting"

Ein 17-jähriges Mädchen sitzt in einem altmodischen Wiener Café. Während sie genüsslich an ihrer Wiener Melange nippt, schaut sie immer wieder in ihre Lovoo-App auf ihrem Smartphone. Seit Tagen flirtet das Mädchen mit einem smarten Studenten. Heute, nach tagelangen intensiven Chats, wollen sie sich endlich treffen. Das Mädchen möchte davor den Chat mit dem jungen Mann noch einmal öffnen, doch alles Geschriebene ist weg – und der Mann auch. Er hat sich gelöscht, einfach so. Ohne sich zu verabschieden.

Kuss-Emojis, Andeutungen und der Traum vom Partner fürs Leben: Beim Flirten im Internet kommt das Kopfkino so richtig in Fahrt. Die Fantasie entscheidet, wie toll ein Mensch riechen könnte. Die aufgebaute Nähe entspringt der Vorstellungskraft und bleibt in den meisten Fällen fiktiv. Kommt es nicht zeitnah zu einem Treffen, ist der Kontakt irgendwann verbraucht und obsolet. Cyber-Lüstlinge, das sind diejenigen, die im Internet mit den Gefühlen anderer Menschen spielen, sind wie Nomaden. Sie ziehen umher und sind auf der

Suche nach schlüpfrigen Oasen, doch sie hinterlassen eine emotionale Wüstenlandschaft.

In dem Filmklassiker „Ghost – Nachricht von Sam" stirbt Hauptdarsteller Patrick Swayze bei einem Überfall. Durch den Tod verschwindet er für seine Mitmenschen, lebt jedoch als unsichtbarer Geist weiter. Auch in den Sozialen Medien verschwinden Menschen einfach so: Sie melden sich nicht mehr, blockieren die Kommunikation oder löschen im Extremfall ihren Account. Der Kontaktabbruch geschieht ohne Vorwarnung. Dieses Phänomen wird als *Ghosting* bezeichnet. Es betrifft übrigens nicht nur Kontakte in Dating-Apps, sondern bisweilen auch Partnerschaften im realen Leben.

Wenn sich Kinder und Jugendliche irgendwann an Dating-Apps heranwagen, haben sie einen sehr kleinen Erfahrungsschatz. Klar, sie hören natürlich von Freundinnen und Freunden, wie toll es ist, andere Teenies via Smartphone aufzureißen. Doch die Realität sieht oftmals anders aus. Die erste Kontaktaufnahme klappt wunderbar, doch dann macht sich der Schwarm irgendwann rar. Tatsächlich ist es wichtig, ein Gefühl dafür zu entwickeln, was der Seele guttut. Beim ersten Alarmsignal ist es ratsam, mit den Eltern und anderen Wegbegleitern darüber zu sprechen. Gerade wenn sexuelle Belästigung oder Cyber-Mobbing vorliegen, sollte der Kontakt umgehend beendet werden. In diesen Fällen ist das Blockieren und Löschen des Kontakts auch völlig in Ordnung.

3. „Online-Dating ist immer ein Risiko"

Interview mit Lea Römer von JUUUPORT e. V.

JUUUPORT e. V. ist ein gemeinnütziger Verein, der junge Menschen bei Problemen im Web unterstützt und sich für einen respektvollen Umgang in der Onlinekommunikation einsetzt. Ich hake bei den Experten von JUUUPORT nach und möchte wissen, ob „Online-Dating" überhaupt etwas für Kids/Jugendliche ist. Ein Gespräch mit Lea Römer, Redakteurin und Pressereferentin bei JUUUPORT e. V.

Dr. Frederik Weinert: Tinder ist ab 18 Jahren zugänglich, Lovoo ab 16 Jahren. Doch auch auf Plattformen wie Instagram und Facebook flirten die Kids wie verrückt, auch wenn sie 14 oder noch jünger sind. Ist „Online-Dating" für Kids/Jugendliche überhaupt zu empfehlen?

JUUUPORT: In der Onlineberatung von JUUUPORT erhalten wir häufig Anfragen zu diesem Thema. Aus Sicht von Jugendlichen ist das eine gute Möglichkeit, um sich auszuprobieren. Hier fühlen sie sich, durch die Distanz zum anderen, sicher und geschützt. Sie müssen so nicht die klassischen „Risiken" des Kennenlernens eingehen (z. B. dass man sich wenig zu sagen hat, sich blamieren könnte oder optisch doch nicht ganz den Vorstellungen des anderen entspricht). Stattdessen können sie Dating im Internet spielerisch erproben – und sich jederzeit wieder der Situation entziehen, wenn sie keine Lust mehr haben oder merken, dass der oder die am anderen Ende einfach nicht zu ihnen passt.

Dr. Frederik Weinert: Und was sind die Gefahren?

JUUUPORT: Das Brisante an der Sache ist, dass dieser Raum natürlich nur aus Sicht von Jugendlichen ein geschützter Raum ist. Denn genau diese Möglichkeit, sich nicht zeigen zu müssen, kann von anderer Seite missbraucht werden, z. B. durch Pädophilie (Cybergrooming), Cybermobbing, Sextortion (Erpressung mit Bildern oder Videos) usw. Unabhängig vom Alter ist Online-Dating immer ein Risiko, da man einfach nicht weiß, ob die andere Person die Angaben über sich wahrheitsgemäß gemacht hat. Selbst das Bild kann ja irgendein Bild sein. Insofern würden wir aus Jugendschutzsicht den Jugendlichen eher von Online-Dating abraten.

Dr. Frederik Weinert: Welchen Rat haben Sie, wenn sie es doch versuchen?

JUUUPORT: In dem Fall sollten ihre Eltern sie unbedingt über mögliche Gefahren aufklären und ihre Kinder darum bitten, sich bei ihnen zu melden, falls ihnen irgendetwas komisch vorkommt. Außerdem sollten die Kids einige Regeln beachten, so z. B., dass man sich nicht allein mit Online-Bekanntschaften trifft – und auch nur an belebten Orten, wie etwa in einem Café. Je jünger die Jugendlichen sind, desto mehr Vorsicht ist geboten.

Dr. Frederik Weinert: Vielen Dank für die hilfreichen Tipps!

4. Memes und Insider-Jokes im Internet

Wer sie nicht kapiert, gehört nicht dazu

Ein Typ mit Baseballkappe schaut in die Kamera. „2016 war nicht alles schlecht", sagt er und ergänzt: „Zum Beispiel: Alessio geht es gut!" Es handelt sich um eine Fotomontage. Junge Menschen, vor allem Kinder und Jugendliche, wissen jetzt ganz genau, um was und wen es geht. Die Rede ist von Pietro Lombardi, der 2011 als Gewinner der Show „Deutschland sucht den Superstar" bekannt wurde. Im März 2013 heiratete Pietro seine Finalgegnerin Sarah. 2015 kam ihr gemeinsamer Sohn Alessio zur Welt, und 2016 trennte sich das Paar wieder. Der Rosenkrieg wurde teilweise über die Sozialen Medien ausgetragen und von den klassischen Medien regelrecht ausgeschlachtet. „Hauptsache, Alessio geht's gut", avancierte zum zynischen Kultspruch im Netz. In den Sozialen Medien „tummeln sich deswegen Witze über den Lombardi-Zögling, der für die öffentliche Schlammschlacht seiner Eltern eigentlich am allerwenigsten kann"[188].

Es sind manchmal ganz bestimmte Äußerungen, die einen Hype auslösen. Neu ist das Phänomen nicht. Bereits im Jahr 1999 veröffentlichte der Entertainer Stefan Raab den Song *Maschen-Draht-Zaun*, der zu einem Millionen-Hit avancierte. Der Titel des Songs war eine Anspielung auf die Gerichtsshow „Richterin Barbara Salesch", in der eine Frau auftrat, die das Wort „Maschendrahtzaun" auf amüsante Weise betonte. Raab, der schon immer ein Gespür für Trends hatte, erkannte das Potenzial des eigentlich harmlosen Wortes und machte daraus einen musikalischen Running Gag – und schaffte es mit dem

Song sogar auf Platz eins der deutschen Single-Charts. Weil das Publikum den Daumen nach oben hielt.

Diese Brot-und-Spiele-Mentalität, ein Prinzip, das bereits vom römischen Dichter Juvenal (1. und 2. Jahrhundert n. Chr.) erkannt wurde, erreicht im Zeitalter der Sozialen Medien eine ganz neue Dimension. Schon damals, in der römischen Kaiserzeit, entstanden Spezialunternehmen, „die alles für die Spiele Notwendige lieferten".[189] So wie viele Kaiser versuchten, „ihre Vorgänger an Pracht, Ausstattung und Häufigkeit der Spiele zu übertrumpfen",[190] entsteht auch in den Sozialen Medien ein Wettkampf um die beste Unterhaltung. Mit dem signifikanten Unterschied, dass in den Sozialen Medien keine oligarchische Struktur vorhanden ist, sondern jeder gleichberechtigt mitmischen kann. Als Waffen werden keine Schwerter getragen, sondern Smartphones: immer schussbereit für das krasseste Foto und den lustigsten Gag.

Was sind Memes?

Memes sind lustige Grafiken, die im Internet und vor allem in den Sozialen Medien die Runde machen. Meistens handelt es sich um Fotomontagen, die sowohl Bild- als auch Textelemente enthalten. Der lustige Effekt entsteht, indem auf bekannte Filme, Serien, Situationen oder Prominente verwiesen wird. Dieses Prinzip wird in der Literatur- und Sprachwissenschaft als *Intertextualität* bezeichnet, die dann entsteht, „wenn vom Autor bewusst und mit einer bestimmten Absicht"[191] auf andere Text- oder Bildelemente Bezug genommen wird. Werden Screenshots von Filmen oder Serien – dazu im Folgenden gleich mehr – in *Memes* umgewandelt, so lässt sich das in gewisser Weise als *transformierende Intertextualität* bezeichnen.[192] Claude Lévi-Strauss entwickelte in seiner strukturalen Anthropologie den Begriff der *Bricolage*, womit „er die Neuordnung und Neuzusammenstellung (Rekontextualisierung) von Objekten" meint, „um auf diese Weise neue Bedeutungen zu kommunizieren".[193] Memes fallen in diese Kategorie. Insbesondere Internet-Grafiken lassen sich auf einfache Weise manipulieren, weshalb Memes bei Jugendlichen besonders beliebt sind – und sogar als jugendkulturelles Stilmittel fungieren, das nur derjenige versteht, der in der ‚Szene' wirklich drin ist.

Kulturelles Wissen

Eine hübsche Blondine hält ein rundes Etwas in der Hand, das sie zu bewundern scheint. Zu lesen ist dieser Text: „Der Moment, wenn du die perfekte Avocado im Supermarkt findest." Haha! Aber was genau ist daran eigentlich lustig? Die Frau auf dem Bild ist Emilia Clarke, die in der Erfolgsserie „Game of Thrones" (GoT) die anmutige Drachenmutter Daenerys Targaryen spielt. Sie hält natürlich keine Avocado in der Hand, sondern ein seltenes Drachenei. Fans der Serie lachen darüber, denn sie verfügen über das entsprechende Hintergrundwissen – und finden die Montage urkomisch.

Jeder Mensch verfügt über einen individuellen Wissenspool. Natürlich gibt es Überschneidungen mit den Wissensbeständen anderer Menschen. Wenn 100 Deutsche gefragt werden, wie die deutsche Bundeskanzlerin heißt, werden vermutlich sehr viele die richtige Antwort nennen. Möglicherweise schwächeln die Kids bei dieser politischen Wissensfrage, dafür kennen sie sich allerdings im GoT-Universum besser aus. Alltagswissen und Annahmen über die Realität werden in der Literaturwissenschaft als kulturelles Wissen bezeichnet. Die Linguistik hingegen spricht von Weltwissen, das erforderlich ist, um bestimmte Texte überhaupt verstehen zu können.

Das Avocado-Beispiel wird nur dann verstanden, wenn für die Interpretation der Fotomontage das entsprechende Weltwissen herangezogen wird.[194] Ansonsten gelingt die Kommunikation nicht, und das Meme wird als belangloser Trash abgetan. Dem Ersteller des Memes ist natürlich klar, dass es sich auf dem Foto nicht um eine

Avocado-Frucht handelt, sondern um ein Drachenei. Diese Verletzung der Grice'schen Konversationsmaximen („Sage nichts, was du für falsch hältst") wird erkannt, weshalb das allgemeine Kooperationsprinzip eingehalten wird.[195]

Dieser wissenschaftliche Exkurs zeigt, dass Memes ein durchdachtes Stilmittel sind, deren Verständnis oftmals durch ein entsprechendes Nischenwissen bedingt ist. Das Verschicken und Verstehen von Memes kann jugendliche Gruppen festigen und ein Wir-Gefühl evozieren. Denn schnell entsteht ein spezieller Insider-Humor.

Merkel und Thor

Täglich entstehen neue Memes in den Sozialen Medien. Eines zeigt einen dicken Mann mit Pferdeschwanz, pickeliger Haut und Brille. Das soll wohl eine Anspielung auf einen Computerfreak sein. Der dazugehörige Text rundet das Klischee ab: „Real Life? Von diesem Server habe ich noch nie gehört." Teenager schicken sich solche Memes, um sich auf kumpelhafte Weise zu necken. Auch Sexualität spielt bei manchen Memes eine Rolle. Eine Fotomontage zeigt zwei Frauen, die nebeneinander sitzen. Die eine sagt: „Ich hatte mein erstes Mal mit sechzehn!" Die andere antwortet: „Ich nur mit einem!" Weibliche Teenager foppen sich, indem sie sich solche Memes via WhatsApp schicken. Ein Mädchen deutet ihrer Freundin auf diese Weise vielleicht an, dass sie es faustdick hinter den Ohren hat. Und diejenige, die gefoppt wurde, sucht dann im Internet ein anderes Meme als Retourkutsche. Zum Beispiel dieses: Zu sehen ist ein junger Mann, der erstaunt guckt. „Dieser Moment, wenn ihr Höschen schneller fällt als Polen." Das ist schon ein wenig böse und eine makabre Anspielung auf den Blitzkrieg. Der Internet-Humor überschreitet oftmals die Grenzen des guten Geschmacks – besonders unter Jugendlichen.

Auch Prominente müssen für Memes herhalten, ohne davon Kenntnis zu haben. Dass dabei Urheberrechte verletzt werden, interessiert die Kids nicht die Bohne. Ein Meme zeigt Angela Merkel. Sie schaut grimmig, während einige wichtige Leute auf sie einreden. Zu lesen ist der Text: „Wenn dir während der Gruppenarbeit klar wird, dass du alleine eine bessere Note kriegen würdest." Das ist doch eigentlich ganz witzig und passt gut in den Kontext von Schulreferaten. Ein anderes Meme zeigt den Fußballtrainer Jürgen Klopp mit erzürntem Gesichtsausdruck: „Wenn der DJ das Lied nicht spielen will, das wir uns gewünscht haben." Auch das kann lustig sein, beispielsweise einen Tag nach dem Schulball.

Dass Tiervideos durchaus amüsant sein können, ist bekannt. Doch wie wäre es mit einem Halbwesen aus Fohlen und Dieter Bohlen? Ein Meme zeigt tatsächlich die entsprechende Fotomontage. Das Fohlen liegt auf einer Wiese, doch der Kopf ist der des Poptitans. Der Text ist albern: „Halo i bims Dieter Fohlen." Soll das eine Anspielung auf Bimssteine sein? Natürlich nicht! Vor Jahren entwickelte sich im Internet die *Vong- und Bims-Sprache*. Das Sprechen funktioniert dann in etwa so: „Halo, i bims Frederik Weinert vong Buchautor her!" Damit kommt man bei Jugendlichen (Vortrag vor einer Schulklasse etc.) gut an, in einer seriösen Gesprächsrunde unter Professoren eher nicht.

Labradore gehören zu den beliebtesten Familienhunden überhaupt. Kein Wunder also, dass sie Hauptdarsteller in vielen Tiervideos und Memes sind. Der Hammer des Donnergottes Thor ist wohl vielen bekannt – allerdings nicht im Maul eines Labradors. Zu sehen ist also ein Hund, der den Hammer wie einen Stock apportiert. Wieder kommt die *Bims-Sprache* zum Einsatz: „Halo i bims 1 Labrathor!" Vor allem die ältere Generation kann über solche Jokes wohl nicht lachen. Bezeichnend ist ein Meme, das Legolas zeigt, eine Figur aus der Filmreihe „Der Herr der Ringe". Zu lesen ist der Text: „Hallo i bims 1 11!" Übersetzt in die Erwachsenensprache heißt das: „Hallo, ich bin ein Elf!" Darauf muss man als Nichteingeweihter erst einmal kommen. Die Kids lachen sich natürlich ins Fäustchen, dass sie ihre eigene Sprache haben, von der die meisten Eltern, Lehrer und auch sonst viele Erwachsene keine Ahnung haben dürften. Mit dem Lesen dieses Kapitels hat sich das nun geändert.

1. „Influencer sind nur virtuelle Litfaßsäulen"

Interview mit dem Berliner Schauspieler Julian F. M. Stoeckel

Julian F. M. Stoeckel ist Schauspieler, Entertainer und Diva. Seine Teilnahme am RTL-Dschungelcamp 2014 machte aus dem privaten Julian einen gefragten Star, der sich trotz Glitzerwelt sozial engagiert. Julian gibt Workshops („Wie werde ich und vor allem bleibe ich berühmt?"), singt auch ohne große Stimme und sieht sich in der Rolle einer männlichen Marlene Dietrich. Im Dialog mit Dr. Frederik Weinert spricht Julian F. M. Stoeckel über Charisma, harte Arbeit, schwindelige Weinabende und das, was ihn wirklich glücklich macht.

© Julian F. M. Stoeckel

Dr. Frederik Weinert: Hallo, Julian. Du gibst Workshops zu dem Thema „Wie werde und vor allem bleibe ich berühmt?". Wer besucht diese Workshops und welche Tricks und Kniffe gibst du den Leuten?

Lässt sich „berühmt sein" tatsächlich erlernen oder kommt es auf das Charisma an, das man entweder hat oder nicht?

Julian F. M. Stoeckel: Eine tolle Frage! Als Erstes freue ich mich, dass meine Workshops so weit in die Öffentlichkeit gelangt sind, dass du auch davon erfahren hast. Ich mache die Workshops meistens als gebuchten Event. In den letzten Jahren für die Miss Austria Cooperation, Mister Austria, Miss Germany, Mister Germany, TUI MAGIC LIFE sowie als Vorträge für Creditreform und andere Unternehmen. Es gibt verschiedene Möglichkeiten, das Thema „Wie werde ich berühmt und vor allem: wie bleibe ich es?" auszulegen. Ich erzähle in meinen Workshops von meinem Leben und meinem Lebensweg. Ich glaube zum Beispiel, dass man sich keine Ziele setzen kann, denn der Weg ist das Ziel, und auf diesem Weg begegnen dir Menschen, und die können dir Türen öffnen. So ergeben sich neue Möglichkeiten, und das vollkommen abgesehen vom Showgeschäft. Das kannst du auf jede Branche, jedes Leben adaptieren. Berühmt sein ist kein Beruf – Berühmtheit erlangt man durch Leistung! Wie immer diese auch aussieht, aber du kannst nicht morgens aufstehen und sagen „Ich bin ein Star! – Achtung, Achtung, alle aus dem Weg!" Zum Star machen dich die anderen, die Menschen, das Publikum – kurz gesagt die Welt, und das kannst du ebenfalls nichts selbst bestimmen. Es kann passieren, aber es kann auch passieren, dass es nie passiert. Ich für meinen Teil habe einfach gearbeitet. Ich bin als Berliner „It-Girl" auf jeden roten Teppich gesprungen, der nicht bei drei aufgerollt wurde. Dann fing ich 2010 mit meinen eigenen Fashion-Events an, dann kam das Fernsehen auf mich zu, außerdem hatte ich das Glück, dass ich eine großartige Mentorin (Witta Pohl) hatte, die mir sehr viele Wege aufgezeigt und die ersten Schritte geebnet hat. Ich weiß gar nicht, wo ich *ohne* sie heute wäre … Vielleicht bei Schlecker an der Kasse …? Und über die Disziplin, die Arbeit und dein eigenes Engagement kommt ein wichtiger Punkt hinzu: Glück! Du kannst noch so viel machen, andere müssen etwas in dir sehen und in dir wecken. Und damit komme ich zu deinem letzten Punkt: „Kommt es auf das Charisma an?" Ich würde sogar so weit gehen zu sagen, dass man ein Stück weit als „Star" auf die Welt kommt, und das muss nicht im Fernsehen sein! Das kann auch in einem Unternehmen oder in einem Supermarkt sein. Du kannst überall ein Star sein. Aber es braucht etwas, und das ist in meinen Augen „das gewisse Etwas" – das kannst du haben, in dir entdecken, aber man kann es, glaube ich, nicht lernen!

Dr. Frederik Weinert: Du bist Entertainer, Schauspieler, Designer, Diva und Paradiesvogel. Im Fernsehen bewegst du dich in vielen Formaten, die einige Menschen als „Trash" bezeichnen. Ich behaupte, dass Trash eine neue Form der Kunst ist, vor allem in den Sozialen Medien. Warum stehen Menschen auf diese Form der Unterhaltung? Und was macht dir persönlich daran Spaß?

Julian F. M. Stoeckel: Du hast vollkommen recht. Meine Teilnahme an „Ich bin ein Star – Holt mich hier raus!" wurde groß debattiert. Die Berliner High Society, vor allem Gay-Berlin sowie zahlreiche It-Girls und It-Boys der 2000er-Jahre, sind vor Neid auf die Bäume gesprungen. Ich sah es damals gar nicht so sehr als ein Privileg, ins Dschungelcamp zu gehen … Nach meiner Teilnahme merkte ich erst, was das wirklich bedeutet. Ich bin über Nacht von „Julian", dem kleinen privaten Julian, zu Julian F. M. Stoeckel aus dem Dschungelcamp geworden, und jetzt gibt es zwei Möglichkeiten: Entweder du arrangierst dich mit deinem „Image", denn der große Vorteil an einem Image ist, dass andere kein Image haben; oder du wehrst dich pausenlos dagegen und versuchst Brecht- und Hamlet-Schauspieler zu werden. Ich entschied mich für Ersteres … Und so lebe ich nun seit meinem 18. Lebensjahr davon, Julian F. M. Stoeckel zu sein, und wie du so schön gesagt hast: Trash – und ich finde es gar nicht schlimm, sondern würde es vielleicht sogar „Kitsch" nennen – ist, wie du richtig erkannt hast, eine „Kunstform". Was wurde ich belächelt in meinen ersten Jahren: „It-Boy – was ist das denn?" Meine Antwort war einfach und klug: Ich zitierte Paris Hilton, die auf die Frage „Was können It-Girls?" sagte: „Sie beherrschen die Kunst des DABEI-SEINS!" Eine bessere Antwort kann es nicht geben. Ich habe mich in meine Rolle eingefunden und bin heute wahnsinnig gerne ein Paradiesvogel und eine männliche Diva à la Marlene Dietrich oder Hildegard Knef. Ich singe inzwischen auch seit 2017/2018. Natürlich habe ich keine große Stimme, aber es kommt auf dein „Charisma" und auf deine Bühnenpräsenz an. Dann kannst du jeder „Autobahnteilstück"-Eröffnung den Glamour von Hollywood verleihen …

Dr. Frederik Weinert: In den Sozialen Medien geht es oftmals ruppig zur Sache. Hast du selbst schon mal die Schattenseiten der Sozialen Medien erlebt? Wie gehst du mit kritischen oder gar gemeinen Kommentaren um?

Julian F. M. Stoeckel: Als ich aus dem Dschungelcamp (2014) zurück nach Deutschland kam, merkte ich erst mal, dass ich von 2.000 Followern auf Facebook plötzlich 30.000 Follower hatte. 80 Prozent meiner Fans waren natürlich gerne auf meiner Seite. Aber 20 Prozent wollten Ärger machen. Es wurde meine private Handynummer veröffentlicht, meine Büro- und Privatadresse wurden veröffentlicht, und man versuchte, mich an vielen Stellen zu demaskieren. Die Gründe dafür können die wenigsten wahrscheinlich nicht mal selbst sagen. Aber über die Jahre verschwanden diese 20 Prozent, und es sind auf all meinen Kanälen (70.000 Follower) inzwischen vielleicht 2 bis 5 Prozent der Leute, die mal etwas Negatives posten. Aber ich gehe damit sehr einfach um! Entweder hält man sich an die Richtlinien meiner Seiten. Das bedeutet, dass man mit Respekt und Sinn kommentiert und nicht persönlich diffamierend oder beleidigend wird – dann darf man auch bleiben!

Dr. Frederik Weinert: Der Beruf „Influencer" wird von vielen Erwachsenen belächelt, doch die Kids wollen unbedingt zu Internet-Berühmtheiten werden. Wie erklärst du dir das?

Julian F. M. Stoeckel: Ich kann die Erwachsenen sehr gut verstehen und finde das Phänomen „Influencer" auch keine gute Entwicklung. Früher sagte man zu mir: „Was kannst du eigentlich?" – Dann sagte ich immer: „Nichts, das wäre schändlich für mich!" Aber es war ein großer Unterschied. Ich war in der Gesellschaft, wir mussten uns zeigen, wir wollten auf uns aufmerksam machen. Ich wollte Menschen, Geschichten und Erlebnisse erfahren. Aber „Influencer" verdienen Geld damit, dass Unternehmen sie dafür bezahlen, dass sie etwas bewerben oder präsentieren! Das sind im Grunde genommen nur virtuelle „Litfaßsäulen". Und der Witz an der Geschichte ist: Im Internet fühlen sie sich groß, angesagt und toll. Aber was ist, wenn sie diesen virtuellen Raum verlassen? Zu einer Vernissage gehen, ins Kino oder zu einem Abendessen mit wichtigen Leuten. Was sollen sie dann erzählen? Wie viele Follower sie haben? Das will niemand wissen, denn die wirklich wichtigen Leute der Society, und das sehe ich fast tagtäglich, sind weder auf Instagram noch auf Snapchat & Co., sondern sie arbeiten – ARBEITEN, sie leisten etwas, und durch die Leistung erhalten sie Anerkennung, und durch diese kommt BERÜHMTHEIT! Wofür auch immer! Ich mache zum Beispiel keine bezahlten Partnerschaften auf Instagram, weil ich nicht für Geld etwas bewerben möchte. Ich mache dafür Werbung, was mir gefällt, was ich nutze und was ich toll finde. Sie können mich buchen, dass ich für sie etwas moderiere – sie können mich auch als Stargast für ihr Event buchen. Aber für 1.000 Euro einen Fitness-Tee bewerben, den ich nach der Instagram-Story wieder auskotzen muss, dafür bin ich mir zu schade und nicht banal genug (lacht).

Dr. Frederik Weinert: Lieber Julian, jetzt haben wir uns genug über die Medien unterhalten. Was machst du zum Ausgleich, wenn du ‚offline' unterwegs bist? Und wie wichtig sind dir diese Auszeiten?

Julian F. M. Stoeckel: Haha – jetzt kommen wir also zu den wirklich interessanten Dingen! Ich liebe Abendessen mit gutem Wein. Ich könnte Wein trinken, bis mir schwindelig wird. Wenn du dann noch mit tollen Leuten zusammen bist und viel lachst … Ich liebe lachen … lachen … lachen. Dann kann die Welt nicht schöner sein. Dann bin ich wahnsinnig gerne zwischen Berlin, Hamburg, Köln, Wien – und Wörthersee – unterwegs. Überall habe ich Freunde, Bekannte und Wegbegleiter. Man geht zusammen ins Theater, in die Oper und man geht Abendessen … Ich versuche, wieder viel mehr in die Gesellschaft zu gehen. Du lernst immer spannende Leute kennen, und das macht das Leben aus: dass man lebt und nicht online immer auf seine Likes wartet!

Dr. Frederik Weinert: Julian, vielen Dank für das spannende Gespräch!

2. „Influencer sind die neuen Stars"

Interview mit Ravi Walia und Influencerin Carolin Dumler

Ravi Walia ist Blogger und Inhaber der Social-Media-Agentur RAVIWALIA.COM. Geboren und aufgewachsen ist Ravi Walia in Düsseldorf, der „Modestadt in Deutschland", wie er selbst sagt. Schon relativ früh war für ihn klar: „Ich will in die Modewelt." Ravi vereint eine breit gefächerte Community hinter sich, betreut Prominente und ist mit seinen knapp 20.000 Abonnenten auf Instagram selbst Influencer. Im Januar 2018 gründete Ravi seine eigene Agentur. Im Gespräch mit Dr. Frederik Weinert erzählt Ravi Walia, ab wann man in Deutschland als Influencer gilt und ob man diesen Beruf ‚lernen' kann.

Carolin Dumler hat fast 100.000 Abonnenten auf Instagram und nennt sich dort karolina.alexandrova. Sie lebt in München, verbringt die meiste Zeit allerdings an wundervollen Orten auf der ganzen Welt. Carolin ist Berufs-Bloggerin und Expertin für Urlaubsreisen, Mode und Beauty. Stand März 2019 hat Karolin 1.400 Bildbeiträge auf Instagram veröffentlicht. Ihre Bilder muten hochwertig an, punkten mit kraftvollen Hintergrundmotiven und sind stilvoll fotografiert. Im Gespräch mit Dr. Frederik Weinert verrät Carolin Dumler, wie ihr beruflicher Alltag als „Influencerin" aussieht und warum sie sich mehr Verständnis und gesellschaftliche Akzeptanz für ihren Job wünscht.

Dr. Frederik Weinert: Hallo Ravi, ich begrüße dich herzlich! Du hast deine eigene Social-Media-Agentur und betreust prominente

© Ravi Walia

Persönlichkeiten wie Barbara Becker und Gülcan Kamps. Auch du selbst hast ziemlich viele Follower. Ab welchem Schwellenwert gilt man in Deutschland als Influencer? Kommt es auf die jeweilige Nische an? Und welche Rolle spielt Attraktivität/Charisma?

Ravi Walia: Schöne Grüße zurück und vielen Dank, dass du uns angeschrieben hast, Frederik! Es gibt eigentlich keinen Wert, wo man jetzt sagt: „Du bist Influencer." Es kommt ganz klar auf die Community an. 5.000 echte Follower sind wertvoller als 300.000, wenn keine starke Community vorhanden ist. Ein Influencer ist für mich jemand, der eine Community hat. Ich denke, dass Charisma und Attraktivität auf jeden Fall eine Rolle spielen. Keiner folgt jemandem, wenn er diese Person nicht als passend oder attraktiv in welchem Sinne auch immer findet. Das ist auch immer eine Sache von Glück und Qualität, die zu einer Nische bzw. zu einem Publikum passt.

Dr. Frederik Weinert: Ravi, als Profi weißt du natürlich, was in den Sozialen Medien zieht. Viele Kids wollen über Instagram berühmt werden. Man könnte auch sagen: Einige Teenies von heute sind geil auf schnellen Ruhm. Einerseits verständlich, denn Influencer ist ein neuer Berufszweig, der voll im Trend liegt. Doch kann man den Beruf „Influencer" tatsächlich lernen wie einen klassischen Ausbildungsberuf? Reicht es, sich mit Mode, Beauty und Bildbearbeitung auszukennen? Oder ist es vielmehr Glück, Charisma, Attraktivität oder eine in die Wiege gelegte künstlerische Gabe, die zum Erfolg führt?

Ravi Walia: Es ist natürlich klar, dass viele große Medienhäuser, Verlage und auch Universitäten den Hype ausnutzen und zum Beispiel Studiengänge anbieten wie „Influencer Management". Studiengänge, die erklären wollen, wie man Influencer wird, sind Bullshit. Man kann das nicht lernen, es ist kein Medizinstudium. Ich habe die Erfahrung gemacht, dass Glück dazu gehört, zum richtigen Zeitpunkt den richtigen Content zu posten. Dann entsteht ein Hype und der Erfolg kommt von selbst. Es gibt auch Influencer, die haben die schönsten Bilder und den tollsten Content, aber die bekommen nicht die Aufmerksamkeit, die sie vielleicht verdient haben. Ich denke, dass man Influencer nicht wirklich lernen kann, weil der Glücksfaktor zu hoch ist. Man kann ja nicht lernen, wie man Leute begeistert. Es passiert einfach, und dann ist es auch da. Deshalb glaube ich auch nicht, dass man solche Kurse an der Universität oder woanders besuchen sollte. Gutes Timing ist der entscheidende Punkt, um Influencer zu werden.

Dr. Frederik Weinert: Ravi, viele große Konzerne arbeiten mit Influencern zusammen. Warum ist der Beruf „Influencer" in der Wirtschaft voll angekommen und in der Gesellschaft noch nicht? Ist das typisch deutsch und in anderen Ländern anders? Wohin geht der Trend?

Ravi Walia: Tatsächlich ist das Influencer-Marketing bei uns auch in der Wirtschaft noch nicht so richtig angekommen. Es gibt viele mittelständische Unternehmen, die erst jetzt merken: „Oh, vielleicht sollten wir in dem Bereich ja mal was machen." Und es passiert auch jetzt gerade erst, dass viele große Konzerne das richtig professionell machen. In Deutschland ist das auch anders als in unseren Nachbarländern wie Holland oder England. Da sind die Influencer schon richtig gefestigt in der Gesellschaft. Das liegt auch daran, dass es das Influencer-Dasein dort schon etwas länger gibt. In Deutschland sind wir ja eh immer sehr kritisierend, wir verstehen viele Dinge nicht und finden sie dann blöd. In anderen Ländern verstehen sie auch nicht alles, aber wenn man es ihnen erklärt, wird das positiv aufgenommen. Ich denke, das Influencer-Marketing wird sich insgesamt weiterentwickeln und nicht verschwinden. Es werden neue Apps auf den Markt kommen. Für die junge Generation sind Influencer und YouTuber die neuen Stars. Das wird sich in der nächsten Zeit nicht ändern. Influencer werden weiterhin große Deals bekommen, allerdings wird sich die Spreu vom Weizen trennen. Die Influencer, die nicht auf Qualität setzen, werden nicht mehr lange überleben.

Dr. Frederik Weinert: Hallo Carolin, ich begrüße dich herzlich. Du bist Fashion-, Travel- und Beauty-Bloggerin. Du hast rund 100.000 Abonnenten auf Instagram – Tendenz steigend! Wie alt warst du, als du gemerkt hast, dass Social Media voll dein Ding ist? Hattest du von Anfang an Erfolg? Und wie hat sich dein Leben dadurch verändert?

Carolin Dumler: Instagram habe ich seit sieben Jahren, da war ich also 16. Ich habe anfangs nur meine Bilder bearbeitet und diese online gestellt, ich wusste gar nicht, dass man jemandem folgen bzw. Follower für sich gewinnen kann. Jedoch hat mir es schon immer Spaß gemacht, schöne Bilder zu machen und diese zu bearbeiten. Erst vor vier Jahren habe ich verstanden, dass man durch Instagram sein Hobby zum Beruf machen kann. Ich hatte schon eine kleine Reichweite und habe auch die ersten Anfragen von Firmen bekommen. Am Anfang war ich schon happy, wenn ich kostenlose Produkte bekommen habe, dann habe ich mit der Zeit verstanden, dass man dadurch auch Geld verdienen kann. Durch meinen Job als Blogger/Influencer konnte ich bis jetzt sehr tolle Orte bereisen, auf großen Events dabei sein, spannende Leute kennenlernen und bei coolen Projekten wie zum Beispiel Shootings für Magazine mitwirken. Ein großer Vorteil ist, dass ich von überall aus arbeiten und somit auch mal ein paar Monate im Ausland verbringen kann.

Dr. Frederik Weinert: Carolin, vor allem Teenager setzen auf Instagram unzählige „trendige" Hashtags unter ihre Bilder, um möglichst viele Likes zu kassieren. Du verwendest wenige und dafür hochwertige Hashtags, manchmal sogar gar keine. Dennoch bekommen deine Bilder sehr viele Likes. Das wirkt auf mich souverän und professionell. Wirken zu viele (wahllose) Hashtags schnell billig? Möchten viele Teenies den Erfolg erzwingen?

Carolin Dumler: Genau, ich verwende ein bis maximal drei aussagekräftige Hashtags. Meistens beschreiben die Hashtags mein

© Carolin Dumler

Bild, den Ort oder meine Stimmung und sind nicht da, um mehr Likes oder Follower zu gewinnen. Ich sehe darin die Funktion nicht mehr. Ich persönlich gehe auch auf keinen Hashtag, schaue mir die Bilder durch und folge dann den Personen. Ich glaube, das bringt mittlerweile wenig. Erzwingen sollte man auch nichts, entweder das Bild kommt gut an und der Algorithmus zeigt dein Bild in der Timeline deiner Follower oder nicht. Am wichtigsten ist es, dass deine Bilder dir selbst gefallen.

Dr. Frederik Weinert: Carolin, Influencerin ist dein Beruf. Die Menschen bewundern deine Bilder, du bist an vielen tollen Orten und beliebt. Alles scheint von selbst zu laufen. In Wirklichkeit steckt sehr viel Arbeit dahinter – und vor allem jahrelange Geduld und der Glaube an sich selbst. Wie siehst du deinen Beruf in der Öffentlichkeit?

Carolin Dumler: Ja, leider wird unser Beruf noch nicht ganz ernst genommen. Man sieht nur das perfekte Bild oder den perfekten Urlaub auf Instagram, jedoch nicht die Arbeit, die dahintersteckt. Ich arbeite wirklich 24/7. E-Mails beantworten, Akquise, Gespräche und Termine mit Kunden, Kooperation planen und umsetzen, Reisen planen, Content produzieren, Blogposts schreiben, mit der Community kommunizieren, tägliche Postings und Storys veröffentlichen, Gewinnspiele und Aktionen planen und umsetzen, Pakete verschicken, all das gehört zu unseren täglichen Aufgaben. Da muss ich auch mal in einem privaten Urlaub oder am Wochenende den Laptop auspacken und arbeiten. Ich möchte mich jedoch nicht beschweren, es ist kein physisch schwerer Job, jedoch wäre es toll, wenn der Job endlich von der Gesellschaft anerkannt werden würde.

Dr. Frederik Weinert: Ravi, wir haben jetzt viel über das Berufliche gesprochen, also kommen wir jetzt zum privaten Part. Du bist beruflich viel in den Sozialen Medien unterwegs. Was machst du zum Ausgleich? Und gönnst du dir regelmäßig ganz bewusst eine internetfreie Zeit? Und wie wichtig sind solche Auszeiten?

Ravi Walia: Auszeiten sind sehr wichtig. Durch unseren Beruf können wir natürlich nicht zwei Wochen ohne Social Media bleiben. Das würde ein bisschen schwierig werden. Es ist schon wichtig, beispielsweise an einem Sonntag ein paar Stunden das Handy wegzupacken. Das merke ich auch, das brauche ich auch. Also, das ist ganz wichtig! Und dann macht man halt ganz normale Sachen. Ich gehe reiten, treffe mich mit Freunden und lese vielleicht auch mal ein Buch.

Dr. Frederik Weinert: Carolin und Ravi, vielen Dank für das Gespräch und die interessanten Einblicke in euer Leben.

3. Faszination Gaming

Wie das digitale Spielen Jung und Alt vereint

Jedes Kind kennt die Fußballbundesliga in Deutschland. Nein, nicht die Bundesliga mit Robert Lewandowski, Marco Reus und Kai Havertz. Wir sprechen hier nämlich vom virtuellen Fußball und der sogenannten „Virtual Bundesliga" (VBL).[196] Bekannte Namen sind dort B04_ B4RV und B04_Dubzje. Ob sich der Autor dieses Buches einige Tippfehler erlaubt hat? Bei weitem nicht! Hinter diesen beiden Pseudonymen verstecken sich zwei professionelle Computerspieler: Marvin Hintz und Fabian DeCae. In der Gaming-Szene sind sie allerdings in erster Linie unter ihren kryptischen Pseudonymen bekannt. Marvin und Fabian sind „FIFA 19"-Profis von Bayer Leverkusen. Richtig, die Werkself mischt jetzt im E-Sport mit, so wie ein paar andere Vereine (VfL Wolfsburg, Hamburger SV usw.) auch.

Neben der FIFA-Reihe ist auch „Counter-Strike" ein sehr beliebter E-Sport-Titel. Freigeben ist das Spiel ab 16 Jahren, was bedeutet, dass Counter-Strike für Kinder völlig ungeeignet ist. Kopfschüsse, auch genannt *Headshots*, sind in dem Spiel extrem wichtig, um Runden zu gewinnen. Beinschüsse bringen also nicht viel. „Counter-Strike" wurde in den letzten Jahren immer wieder als ‚Killerspiel' bezeichnet. Auslöser der Debatte um Ballerspiele waren vor allem die Amokläufe junger Männer. Mittlerweile ist das in Vergessenheit geraten.

Im März 2019 berichtet *sport1* über einen 16-jährigen „Counter-Strike"-Star. „Aktuell spielt er mit seinem Team bei der WESG in China mit, wo insgesamt eine halbe Million US-Dollar für den Sieger auf dem Spiel stehen".[197] Klar, dass die normalen Kids auch davon träumen, irgendwann als Pro-Gamer sehr viel Geld zu verdienen. Viele Spieler, die noch zur Schule gehen, spielen nach dem Unterricht acht Stunden Computer – täglich. Das heißt allerdings noch lange nicht, dass es mit der E-Sport-Karriere auch klappt. Für diesen Beruf, wenn es denn überhaupt einer ist, gibt es keine Ausbildung. Profi-Spieler haben klein angefangen und haben sich schrittweise in den Fokus von Profiteams gespielt.

Nur die Starken überleben

Der Multiplayer-Shooter „PlayerUnknown's Battlegrounds" liegt bei Jugendlichen absolut im Trend, obwohl das Spiel keine Jugendfreigabe besitzt. „Das Spiel thematisiert Kampf und Töten ohne jegliche Begründungen und ist daher nicht für Kinder und Jugendliche geeignet"[198], meint Marco Rasche, Redakteur bei *Spieleratgeber-NRW*. Das Spiel sei nur für die Unterhaltung Erwachsener bestimmt. Worum also geht es in dem Ballerspiel, das die Jugend fasziniert? Die Handlung klingt reizvoll: Bis zu 100 Spieler sitzen in einem Flugzeug und werden über einer fiktiven Insel abgeworfen. Es ist ein Mehrspielerspiel, also treten 100 echte Menschen gegeneinander an, die eine Figur steuern. Sobald diese Figur auf der Insel gelandet ist, muss sie Waffen und Items sammeln. Es gilt, die Gegner zu töten. Je länger die Spielrunde dauert, desto enger werden die Spieler zueinander geführt. Es gibt also einen Spielradius. Das hat durchaus etwas Bedrohliches, wenn sich dieser Radius mehr und mehr verengt. „Ziel des Spiels ist es, als letzter aller Mitspieler zu überleben."[199] Die Spieler sind ständig unter Zeitdruck. „Das führt dazu, dass die verbliebenen Spieler am Ende in einer immer enger werdenden Zone aufeinander treffen".[200]

Warum kennen Kinder und Jugendliche überhaupt solche Spiele? Spielvideos auf YouTube sind ein wesentlicher Teil des Erfolges, weil sich die Kids tagtäglich in die Filmchen einklinken. Ein anderes (und sogar besseres) Wort für Spielvideo ist der Begriff „LetsPlay". LetsPlay-Videos stellen Spiele zur Schau, und das Prinzip ist wirklich sehr simpel: Jugendliche oder junge Erwachsene zocken populäre Spiele wie „Call of Duty" und zeichnen das Spielgeschehen auf. Über ein Mikrofon werden lustige Kommentare eingesprochen, um die Zuschauer zu unterhalten. Es macht den Kids natürlich Spaß, diese Videos anzuschauen – und gerade Minderjährige bekommen Lust darauf, die entsprechenden Spiele selbst auszuprobieren. Schließlich gilt: *Verbotene Früchte schmecken süß!*

Spielen und lernen

Natürlich gibt es auch die pädagogisch wertvolle Variante, nämlich dann, wenn digitale Lernspiele im Bereich E-Learning eingesetzt werden. *E-Learning* (Electronic Learning) meint das Lehren und Lernen mittels elektronischer, digitaler und computergestützter Soft- und Hardware. Ganz neu in Mode ist *Game Based Learning*. Bei diesem Lehr- und Lernkonzept werden Computerspiele zu Bildungszwecken gezielt eingesetzt. Diese Spiele nennen sich *Serious Games*. Das Uniklinikum Augsburg setzt beispielsweise spezielle Computerspiele ein, um betagte und demente Menschen wieder in Bewegung zu bringen. „Ohne jeglichen Joystick, allein durch seine Körperhaltung, steuert [ein Patient] das Motorrad, legt sich kühn in die Kurve, düst davon."[201] Die Videospiel-Plattform nennt sich *MemoreBox*, mit der Senioren ihre geistigen und körperlichen Fähigkeiten gleichermaßen fördern.[202] Neben dem Motorrad-Spiel gibt es auch ein Briefträger-Spiel, um das Reaktionsvermögen zu unterstützen. „Hier gilt es, während der Fahrt die virtuellen Briefkästen durch zielgerichtete Armbewegungen zu erreichen."[203] Kaum zu glauben: Ältere Menschen entwickeln bei solchen Spielen einen richtigen Ehrgeiz, wie eine Oberärztin der Geriatrie bestätigte.[204]

Egal ob es sich um ältere oder jüngere Spieler handelt: Studien belegen positive Gaming-Effekte. Das digitale Zocken schult die Reflexe (so zu lesen im Ärzteblatt)[205] und hilft, neue Situationen schnell zu erfassen – und das auch in Situationen mit hoher Unsicherheit, wie eine Studie der Ruhr-Universität Bochum berichtet[206]. Lernspiele werden deshalb auch schon vereinzelt im Schulunterricht eingesetzt, beispielsweise das Spiel „Blue Brain Club". In ihm geht es darum, gemeinsam Aufgaben und Rätsel rund um das menschliche Gehirn zu lösen. Deutlich wird ein gewisser E-Sport-Charakter, denn „am Ende jedes Moduls wird das Klassenergebnis gewertet und kann in einer Rangliste mit den Ergebnissen aller anderen teilnehmenden Schulen verglichen werden".[207] Einige Gymnasien bieten bereits IT-Klassen an, die eigene Programme und Apps entwickeln. Solche Kompetenzen sind wichtig für das spätere Berufsleben, und in der IT-Branche lässt sich gutes Geld verdienen.

Mythologie und Nischenwissen

Lernspiele können durchaus unterhaltsam sein, haben allerdings das primäre Ziel, Lehr- und Lerninhalte zu vermitteln. Es handelt sich also um *Edutainment* (unterhaltsames Lernen). Die Kids, vor allem die coolen, interessieren sich natürlich eher für knallharte Entertainment-Spiele mit viel Wumms, also für Spiele, die *nur* der Unterhaltung dienen. Erwachsene der älteren Generation glauben, dass das Spielen von Games zu einer gewissen Verblödung führt, und sind sich sicher, dass es sich dabei um absolute Zeitverschwendung handelt. Dem ist an dieser Stelle zu widersprechen: Spiele machen schlau!

Kids, die die FIFA-Reihe an der Spielkonsole zocken, kennen die Geburtstage ihrer Lieblingsspieler auswendig. Sie wissen, welcher Profisportler bei welchem Verein spielt, welche Stärken der Fußballer hat und auf welchen Positionen er besonders stark ist. Die Kids studieren die Marktwerte der Fußballspieler und setzen ihr Wissen auf dem virtuellen Fußballplatz um. Die FIFA-Reihe ist beinahe ein deutsches Jugendkulturgut. Wer mitreden und zugleich gut mit seinem Controller umgehen kann, gewinnt schnell neue Freunde.

Doch nicht alle Kids interessieren sich für Fußball. Das betrifft vor allem die Mädchen. Fantasy-Fans lieben Spiele wie „World of Warcraft". Hier tauchen nordische Gottheiten und Riesen auf, außerdem gibt es weitere Misch- und Fabelwesen, die an mythologische Figuren und Geschichten angelehnt sind. Solche Spiele können das kindliche Interesse für Geschichte und Mythologie wecken.

Männliche Teenager interessieren sich für das Dritte Reich, weil die Thematik irgendwie ein Tabuthema ist. Einige Kids gehen mit dem Thema leider sehr unkritisch um, denn sie finden Adolf Hitler ‚irgendwie geil'. Im Online-Multiplayer des Ego-Shooters „Call of Duty: WWII" beschießen sich die Alliierten und Achsenmächte, bis das virtuelle Blut spritzt. Jugendliche und Erwachsene kämpfen gegeneinander, obwohl das Spiel keine Jugendfreigabe hat. Da wird halt der große Bruder losgeschickt, um es zu kaufen. Die Waffen und Kriegsschauplätze sind authentisch nachgebildet. Dementsprechend realistisch wirkt das Spiel. Die Kids lernen die Waffen des Zweiten Weltkriegs kennen, merken, dass ein Kopfschuss effizienter ist als ein Schuss in die Schulter, und üben das Werfen von Handgranaten. Stopp! Lernen die Kids in diesem Fall wirklich etwas? Und sollte Krieg solchen Spaß machen? Nein, auf keinen Fall. Spiele ohne Jugendfreigabe sind nichts für Minderjährige, auch wenn die Kids ein gewisses Nischenwissen über Weltkriegswaffen, Luftangriffe und Handgranaten erlangen.

Hobby mit Risiko

Eltern und Pädagogen kritisieren häufig das Spielverhalten der Kinder und Jugendlichen. Klar, einige Spiele sind so brutal, das macht es den Kritikern (zu Recht!) sehr einfach. Im Frühjahr 2019 wäre beinahe das Vergewaltigungsspiel „Rape Day" erschienen. Die Bundes-prüfstelle für jugendgefährdende Medien (BPjM) indizierte das Spiel im Eilverfahren. „Der Indie-Titel wurde anfangs über Steam bewor-ben und sollte dort in naher Zukunft verkauft werden".[208] Die Begrün-dung der Indizierung ist wie folgt:

> *„Nach Einschätzung des Gremiums ist der Inhalt des Spiels nicht nur jugendgefährdend, sondern erfüllt aufgrund der dargestellten Vergewaltigungen und Sexualmorde auch den Straftatbestand der Gewaltpornografie nach § 184a Strafgesetzbuch (StGB). Die BPjM wird daher gemäß § 24 Abs. 4 S. 1 Jugendschutzgesetz (JuSchG) die zuständige Staatsanwaltschaft in Kenntnis setzen".[209]*

Das BPjM hat richtig entschieden. Dieses Beispiel zeigt, welche Gefahr von Spielen ausgehen kann – nicht aber ausgehen muss. Es kommt eben immer auf das jeweilige Computerspiel an.

Dennoch scheint das Spielen von Games für Kritiker eine nutz-lose Tätigkeit zu sein, die dumm macht. Schließlich sitzt das eigene Kind teilweise stundenlang vor der Kiste, um einen virtuellen Ball ins Tor zu zirkeln oder die virtuelle Kugel zwischen die Augen des Gegners zu ballern. Letztendlich bleibt aber nichts, als im Einzelfall abzuwägen: Welche Spiele sind als harmloses Hobby zu betrachten? Welche Spiele können krank und süchtig machen?

Kinder sollten keine Games spielen, die erst ab 12 Jahren frei-gegeben sind. Eine entsprechende Liste mit Suchfilter gibt es unter *www.usk.de.* Das Spiel „FIFA 19" hat beispielsweise eine USK von 0. Unter diese Kategorie fallen familienfreundliche Spiele. Pikant ist allerdings, dass in „FIFA 19" die sogenannten In-Game-Käufe mög-lich sind, wodurch Spielvorteile erworben werden können; es han-delt sich um den Zukauf von Spielkarten für den Modus „FIFA Ulti-mate Team" (FUT). In unserem Nachbarland Belgien wurden diese In-Game-Käufe nun entfernt, weil die belgische Regierung das Loot-boxen-System, damit ist das Öffnen von Kisten per Zufallsprinzip gemeint, zum Glücksspiel erklärte. „Die Behörden stufen dieses Pay-to-Win-Prinzip als Glücksspiel ein."[210] Die *Sport Bild* spricht von einem klaren „Wettbewerbsnachteil im internationalen Vergleich"[211]. Auch ein deutscher FIFA-Profi-Spieler meinte, ein solches Verbot würde dem E-Sport „nicht gut tun"[212]. Aus Sicht der Medienpädagogik ist die belgische Entscheidung allerdings richtig, immerhin werden Minderjährige verleitet, zusätzlich Geld – nämlich riskante Mikrotransaktionen – zu investieren, um im Spiel überhaupt noch mithalten zu können.

Einfluss und Akzeptanz

Für viele Kinder und Jugendliche ist Gaming ein Hobby, für eine kleine Elite ist es ein Beruf. Es ist verständlich, dass Eltern diese Bestrebungen und Karrierewünsche sehr kritisch sehen. Doch es gibt einen vernünftigen Mittelweg, nämlich den, dass die Kids in Maßen zocken – und vor allem nur die Spiele, die dem jeweiligen Alter entsprechen. Games komplett aus dem Kinderzimmer zu verbannen, ist ein Ding der Unmöglichkeit. Das würde nämlich auch bedeuten, den Kids ihre Smartphones wegzunehmen. Ja, Kinder, die jünger als zwölf Jahre sind, brauchen kein Smartphone. Jugendliche hingegen schon, alleine aus Gründen der sozialen Akzeptanz.

Der Mix aus Unterhaltungs- und Lernspielen ist ideal. Lässt sich in Sachen Kindererziehung vielleicht eine *Fifty-fifty-Regelung* finden? Zum Beispiel: Ein 15-jähriges Kind erhält 60 Minuten ‚Bildschirmzeit' für Spiele pro Tag. Das Kind, in dem Fall ein männlicher Teenager, spielt gerne FIFA. Statt 60 Minuten sind nur noch 30 Minuten erlaubt (das sind genau zwei Online-Partien pro Tag). Die anderen 30 Minuten darf der Teenager auch spielen, allerdings ein Lernspiel, das die Eltern aussuchen (und ggf. auch bezahlen, wenn Kosten anfallen). Das könnte eine Biologie-App sein, vielleicht aber auch ein Quizspiel, das die Allgemeinbildung fördert.

Dieses Vorgehen – also das pädagogische Eingreifen der Eltern durch die *Fifty-fifty-Regelung* – schränkt das Kind nicht komplett ein, es nimmt allerdings Einfluss auf die kindliche Mediennutzung. Der Nachwuchs darf weiterhin sein Lieblingsspiel spielen, nur nicht mehr so ausgiebig. Dafür kommen Lernprogramme ins Spiel, die richtig Spaß machen können. Das setzt übrigens voraus, dass sich die Eltern Zeit nehmen, um zu recherchieren: Welche Lernspiele bzw. Lern-Apps eignen sich? Gibt es seriöse Produktbewertungen? Es empfiehlt sich, die Programme vorab selbst zu testen. Das kostet zwar Zeit, lohnt sich aber.

Sobald die richtigen Spiele für das Kind gefunden sind, sollten die Eltern ein bisschen mehr Akzeptanz zeigen. Gaming ist ein Hobby, und zwar ein sehr schönes. Oftmals interessieren sich die Kids auch noch für andere Freizeitaktivitäten (Fußball im Verein, Tanzgruppe, Ehrenamt etc.). Es liegt somit an den Eltern, die Kids zusätzlich für Offline-Aktivitäten zu begeistern.

4. Aufstieg und Fall in „Forge of Empires"

Der schmale Grat zwischen Spaß und Spielsucht

Endlich! Nach zwei Wochen harter Arbeit ist der Aachener Dom errichtet. Die Errichtung war ganz schön teuer: 80 x Kupfer, 80 x Gold, 160 x Granit, 120 x Honig und 60 x Alabaster gingen drauf. Um die Güter zu erhalten, war sehr viel Handel notwendig – und auch einige Plünderungen an menschlichen Mitspielern, die sich bestimmt heute noch über die verlorenen Güter ärgern. Egal, der Aachener Dom, auch Kaiserdom genannt, steht endlich. Er wurde von Karl dem Großen in Auftrag gegeben, der Aachen zum Zentrum seines Kaiserreichs machte. Im Spiel gibt der Dom einen kräftigen Angriffsbonus und einen satten Münz-Boost, und das alle 24 Stunden. Es handelt sich um ein sogenanntes „Legendäres Gebäude" (LG). Diese Gebäude sind besonders wertvoll und machen den Unterschied aus. Je mehr LGs gebaut werden, desto mehr Boni sind möglich. Es kann also losgehen – im Spiel „Forge of Empires" für das Smartphone, Tablet und den Browser am PC.

Das Spiel „Forge of Empires" (FoE) startet im Jahr 2012 als Browser-Strategiespiel und erreicht bereits nach wenigen Wochen die Marke von einer Million Spielern. Die Entwicklungskosten (InnoGames GmbH) liegen 2012 bei einer Million Euro. Schon 2015 liegt der Gesamtumsatz bei 100 Millionen Euro.[213] Mehrere Millionen Menschen weltweit spielen „Forge of Empires" aktiv.[214] Dabei gibt es auch viele Karteileichen, die für das Spiel zwar registriert sind, sich allerdings nicht mehr einloggen, also als inaktiv gelten. FoE hat in den letzten Jahren mehrere Auszeichnungen gewonnen, darunter den „MMO Award" in der Kategorie „Best Strategy Browser MMO"[215] – MMO ist die Abkürzung für *Massively Multiplayer Online Game*. Mittlerweile gibt es funktionstüchtige Apps für das Smartphone und Tablet (sowohl iOS als auch Android). Aus diesem Grund gilt FoE auch als typisches Smartphone-Spiel. Die Alterseinstufung liegt laut Apple App Store bei „9+". Die FSK-Empfehlung liegt bei zwölf Jahren. In einem Internetforum fragt eine Mutter recht verzweifelt, ob ihr Sohn (neun Jahre) „Forge of Empires" spielen dürfe.[216] Die Meinungen sind geteilt. Eine klare Antwort gibt es am Ende dieses Buchkapitels.

Worum geht es in dem Spiel?

„Forge of Empires" ist ein Strategiespiel, das den Spieler durch verschiedene Zeitalter der Menschheitsgeschichte führt. Von der Steinzeit geht es – in langsamen Schritten – von Epoche zu Epoche. Mit jedem Zeitalter gibt es neue Forschungen, die betrieben werden müssen, um das nächste Zeitalter freizuschalten. In der Eisenzeit wird beispielsweise das Pflügen erforscht, im frühen Mittelalter die Imkerei und im Hochmittelalter die Alchemie. Es entstehen regelrechte Forschungsbäume: Technologien können nur dann ausgebaut werden, wenn zuvor andere Technologien erforscht wurden. Sowohl militärische Erfolge als auch Handel sind wichtig, um die Entwicklung des Imperiums voranzutreiben. Je mehr die Zeit fortschreitet, desto mehr Optionen stehen zur Verfügung. Es braucht Zeit und Geduld, um in das Zeitalter der Gegenwart zu gelangen. Selbst ein Erforschen der Zukunft ist möglich. Stand April 2019 ist die *virtuelle Zukunft* die aktuellste Spiel-Epoche, in der beispielsweise „Smart-Textilien" erforscht werden können. Geplant ist eine weitere Epoche zur Erkundung des Planeten Mars. Der Reiz des Spiels liegt also darin, vom archaischen Steinzeitstamm zur fortschrittlichen Weltraummacht aufzusteigen.

Der Spieler steuert den Ausbau seiner Stadt aus der Vogelperspektive. Es werden neue Gebäude gebaut und produzierte Güter, Münzen und Vorräte eingesammelt. Auf diese Weise erhöhen sich die Ressourcen. Der Spieler hat demnach jederzeit das Gefühl, sich weiterzuentwickeln. Um alle Ressourcen einzusammeln, ist ein regelmäßiger Login notwendig. Wer effizient sein möchte, muss pro Tag im zweistelligen Bereich einloggen – vor allem zu Beginn des Spiels. Die erwirtschafteten Ressourcen werden nämlich nicht automatisch dem Spieler zugeschrieben, sondern müssen per Klick eingesammelt werden. Beispiel: Einige Gebäude werfen alle 15 Minuten Münzen oder Vorräte ab, weshalb ein Einloggen viermal pro Stunde notwendig ist, um keine Ressourcen zu verlieren. Smartphone-Spieler können mit ihren Fingern über die ganze Stadt wischen, um sich alle Ressourcen auf einmal zu sichern. Dieses Prinzip führt dazu, dass man als Spieler sehr aktiv sein muss, was natürlich die Bindung zum Spiel erhöht – und somit den Suchtfaktor.

Ein Punkt pro Stunde

Die Erforschung einer Technologie in der Eisenzeit ist relativ günstig. Benötigt werden sogenannte *Forge-Punkte*. Pro Stunde spendiert das Spiel einen solchen Punkt, doch nur zehn Punkte können auf einmal angesammelt werden. Nach einer erholsamen Nacht muss der Spieler also erst einmal einloggen, um sich die angesammelten Punkte abzuholen. Eine effiziente Nutzung des Spiels setzt mindestens (!) ein Einloggen vor der Nachtruhe und ein Einloggen nach dem Aufwachen voraus, denn so verfallen keine wertvollen Punkte. Die Erforschung der „Viehzucht" in der Eisenzeit kostet zwölf Forge-Punkte; das sind umgerechnet zwölf Stunden Spielzeit. Anders sieht es in der epochalen Gegenwart aus. Für die Erforschung der „erneuerbaren Energien" sind 107 Forge-Punkte notwendig. Dafür muss der Spieler fast fünf Tage Punkte sammeln. Forge-Punkte gibt es allerdings auch durch

Quest-Belohnungen und andere Spielmechaniken. Ein schnelleres Vorankommen ist also möglich, wenn der Spieler aktiv ist.

Im Spiel gesammelte Goldmünzen können eingesetzt werden, um Forge-Punkte zu kaufen. Mit jedem Kauf steigt der Preis. Goldmünzen erhält der Spieler durch Wohngebäude wie beispielsweise Hütten und Häuser, die gebaut werden müssen. Die Münzen sind mit Steuern gleichzusetzen, die von den virtuellen Stadtbürgern abgedrückt werden. Je mehr Bevölkerung eine Stadt hat, desto höher ist der Ertrag. Viele Wohngebäude werfen diese Goldmünzen alle vier Stunden ab. In diesem Fall muss der Spieler alle vier Stunden einloggen, um die Münzen zu kassieren. Das Gleiche gilt für Güter und Vorräte, die ebenfalls von Gebäuden produziert werden. Je kürzer die Produktionszeiten sind, desto höher ist im Verhältnis der Ertrag. Sprich: Eine Eisengießerei produziert zehn Eisenbarren alle acht Stunden, aber nur 30 Barren alle zwei Tage. Der Spieler kann die Produktionszeit selbst einstellen. Generell gilt, dass ein häufiges Einloggen mit verkürzten Produktionszeiten Spielvorteile erbringt. Erwachsene können ihre Spielzeit besser kontrollieren als Kinder und Jugendliche, die durch solche Mechanismen zu mehr Spielzeit verführt werden. Kein Wunder, denn die Kids sind ehrgeizig und wollen schnell vorankommen. So kann es durchaus passieren, dass die Kinder und Jugendlichen pro Tag hundertmal in „Forge of Empires" einloggen, ohne dass ihnen dieses riskante Spielverhalten übertrieben vorkommt.

Interesse für Geschichte

Neben verschiedenen Risikopunkten, die bereits genannt wurden, bietet das Spiel interessante Wissensaspekte. Ein wichtiger Bestandteil in FoE sind die *Legendären Gebäude* (LG). Relativ früh zu Beginn des Spiels, also in der Bronzezeit, kann der Spieler das „Orakel von Delphi" freispielen und in seiner Stadt aufstellen. Dieses LG gewährt zusätzliche Zufriedenheit und alle 24 Stunden einen Batzen an Vorräten. Zufriedene Bürger bringen mehr Ressourcen ein, weshalb das LG anfangs sehr hilfreich ist. Das Orakel von Delphi ist keine fiktive Erfindung des Spiels, sondern war tatsächlich eine Weissagungsstätte im alten Griechenland. Das Spielgebäude in FoE sieht dem Original sehr ähnlich, was die Authentizität des Spielgebäudes erhöht. Interessierte Spieler, und die wird es auch bei Kindern und Jugendlichen geben, recherchieren im Internet zu den realgeschichtlichen Aspekten des Orakels von Delphi.

Im Verlauf des Spiels tauchen weitere LGs auf, die gebaut werden können, beispielsweise der „Leuchtturm von Alexandria", die „Zeusstatue" und sogar der „Turm zu Babel", dessen tatsächlicher Bau bis heute nicht eindeutig nachgewiesen ist, dessen Existenz 1913 von Archäologen allerdings möglicherweise nachgewiesen wurde. Der Turm zu Babel ist nach wie vor ein Faszinosum, das dem Spiel FoE einmal mehr einen Hauch Mythologie verleiht. Weitere Legendäre Gebäude in FoE sind beispielsweise: Markusdom, Deal Castle, Castel del Monte, Alcatraz und Hagia Sophia. All diese Gebäude bringen nicht nur wertvolle Spielboni, sie wecken bei einigen Spielern auch das Interesse für echte Geschichte. Dieser Funke schlummert natürlich nicht in allen Kindern und Jugendlichen. Es kommt eben immer darauf an, wie Spielinhalte genutzt werden. Der Autor dieses Buches stellte auf jeden Fall weitere Recherchen zu den Bauwerken an und fand die FoE-Einbettung sowohl interessant als auch inspirierend.

Bei vielen Kids dürfte allerdings der Suchtfaktor vorherrschen, die Gebäude so schnell wie möglich zu verbessern. Die Gebäude – beispielsweise die Zeusstatue – unterliegen nämlich einem Stufensystem. Stufe 1 bringt 3 Prozent Angriffskraft, bei Stufe 2 sind es 6 Prozent usw. Der Ausbau von Stufe 6 auf 7 benötigt allerdings 330 Forge-Punkte. Das sind 330 Stunden und nach Adam Riese fast 14 Tage, an denen fleißig Punkte gesammelt werden müssen. Klar ist auf jeden Fall, dass FoE ein Langzeitspiel ist, das zum häufigen Einloggen animieren möchte. Es ist ein Spagat zwischen Spielspaß und Spielzwang. Die Entscheidung treffen die Kids, sofern sie in Sachen

Medienkompetenz *mündig* sind. Voraussetzung ist die richtige Medienerziehung durch Eltern und Pädagogen.

Freunde und Feinde

Kommunikation mit anderen menschlichen Spielern ist in „Forge of Empires" sehr wichtig. Im November 2016 wurde die Freundes-Taverne eingeführt. Online-Freunde können die Taverne anderer Online-Freunde besuchen und hinterlassen Tavernensilber; eine Währung, die für verschiedene Boni oder zum Ausbau der Taverne selbst genutzt werden kann. Das motiviert die Spieler natürlich, Freundschaften im Spiel zu knüpfen, wobei die Bezeichnung *Freundschaft* in diesem Kontext kritisch hinterfragt werden muss. Die Spieler sind in FoE mit Pseudonymen unterwegs. Ein 13-jähriges Mädchen ist möglicherweise als Franka13 unterwegs. Im Feldversuch entdeckte der Autor allerdings einige Namen, die anstößig sein könnten. Ein Spieler war als „Eicheluwe" unterwegs, ein anderer Spieler nannte sich „Master of the Empire 69". Letzterer half einer Spielerin namens „Kikilinchen" (was nach einem jungen Mädchen klingt), ein LG auszubauen. Über ein internes Mailing-System ist es möglich, andere Spieler zu kontaktieren, ohne dass jemand mitliest. Ältere Männer können also minderjährige Mädchen oder Jungs anschreiben. Nicht immer muss was passieren, doch es ist Vorsicht geboten – gerade wenn das Pseudonym ‚schmuddelig' wirken könnte.

Neben der direkten Chat-Kommunikation (Mail-Austausch, Gildenchat etc.) gibt es auch die indirekte Kommunikation. Spieler können anderen Spielern helfen, indem sie deren Gebäude *polieren* und *motivieren*. Die Hilfeleistung wird in der FoE-Sprache *moppeln* genannt. Das Moppeln von Gebäuden erhöht deren Effektivität und steigert aus diesem Grund die Produktion von Ressourcen. Spieler, die gerne moppeln, werden liebevoll „Moppler" genannt. Das klingt alles sehr lustig und nach hilfsbereiten Spielern, doch es geht auch anders. Einige Spieler erwarten nämlich, dass andere Spieler ihre Gebäude moppeln. Tun sie dies nicht, erfolgt ein militärischer Angriff. In einigen Internetforen ist sogar von „Erpressung" die Rede. Manche Spieler fühlen sich sogar gemobbt, weil sie jeden Tag von der gleichen Person angegriffen werden. In FoE entstehen so nicht nur Freundschaften, sondern auch Feindschaften. Spieler verschicken Wut-Mails an andere Spieler, was den Spielspaß deutlich verringern kann. Am besten ist es, auf provokante Mails gar nicht zu reagieren.

Der Countdown läuft

Jeden Tag bekommen die Spieler eine neue Aufgabe, die *Tägliche Herausforderung*. Mal müssen sie gegen eine große Armee antreten, mal muss ein komplexes Tauschgeschäft gelöst werden, ein andermal gilt es, Tavernensilber einzutreiben. Nicht immer sind die Aufgaben lösbar, vor allem für Neulinge, die noch keine Armee oder genug Güter besitzen. Sobald die Aufgabe startet, tickt die Uhr runter, denn nach 24 Stunden erlischt die Aufgabe. Werden sieben dieser Aufgaben gelöst, winkt ein mächtiger Extrabonus. Wer es schafft, die Herausforderung zu meistern, darf eine Truhe öffnen. In der Truhe befinden sich verschiedene Items oder Boni, die mit einer Prozentchance versehen sind: Die Wahrscheinlichkeit, einen unnützen Gegenstand zu erhalten, liegt oftmals bei 50 Prozent. Der beste Gegenstand, beispielsweise eine hohe Anzahl an Forge-Punkten, hat eine Wahrscheinlichkeit von 5 Prozent. Viele Spieler empfinden diese Glücksspielstruktur als frustrierend. Dennoch setzt man alles daran, die Herausforderung zu lösen, um den Anschluss nicht zu verlieren. Die Leistungsgesellschaft lässt grüßen.

Mehrfach im Jahr starten spezielle Events, die von InnoGames in das Spiel implementiert werden. Diese Events dauern meist einige Wochen an. Im Februar 2019 startete der Karnevals-Event und Ende

März 2019 der Frühlings-Event. Zu gewinnen gab es Event-Gebäude, Forge-Punkte, Militäreinheiten und andere nützliche Dinge.

Wie funktionieren diese Events? Die Spieler treten serverintern in einer Liga gegeneinander an. Je mehr Event-Punkte, beispielsweise *Laternen* im Frühlings-Event, vom Spieler investiert werden, desto höher ist die Wahrscheinlichkeit auf eine bessere Liga. Das Problem ist allerdings, dass Inaktivität bestraft wird. So kann es vorkommen, dass eine Punktzahl, die nach drei Tagen für die beste Liga reicht, nach einer Woche nicht mehr gut genug ist, weil andere Spieler vorbeiziehen. Das klingt nicht nur kompliziert, das ist es auch. Zeitgleich läuft ein Countdown ab.

Event-Punkte erhalten die Spieler – mal wieder – durch das Lösen von Quests und Challenges. Jeden Tag müssen also irgendwelche Aufgaben gemeistert werden, was ganz schön knifflig und anstrengend sein kann. Sicherlich ist es möglich, diese Aufgaben einfach zu ignorieren. Dann aber läuft der Spieler Gefahr, geschwächt aus dem Event herauszugehen, weil aktive Spieler in der Zeit massenweise Boni absahnen.

Als wären das nicht schon genug Aufgaben, soll sich der Spieler auch noch am Aufbau einer Wikinger-Siedlung beteiligen, die – wie das eigene Dorf – mühsam errichtet werden muss (Häuser, Produktionsgebäude etc.). Zwanzig Quests gilt es zu lösen, erst dann steht die Wikinger-Siedlung. Bei Erreichen winkt ein Bonus. Dumm nur: Erneut tickt ein Countdown, was zusätzlich Druck erzeugt. Der Aufbau der Siedlung nervt, doch der Spieler ackert die Aufgaben trotzdem ab, um mithalten zu können. Der Autor dieses Buches hat den Test gemacht und die Aufgabe innerhalb des Countdowns nicht (!) gelöst. Mit dem Einsatz von Diamanten hätte das allerdings locker geklappt. Doch was sind Diamanten eigentlich?

Das kann teuer werden

„Forge of Empires" bietet viele Lust- und Frustmomente. Es macht Spaß, neue Technologien zu erforschen und die Atmosphäre der jeweiligen Epoche zu spüren. Die Interaktion mit anderen Spielern ist meistens sehr freundlich, und die Mischung aus Handel und Plünderungen ist gut gelungen. Doch es geht langsam voran, sehr langsam. Wenn es da doch nur einen Trick gäbe. Moment, den gibt es ja: Diamanten, die Premium-Währung in FoE. Mit Diamanten geht alles schneller und komfortabler.

10.000 Diamanten kosten 89,99 Euro. Der Kauf über die Browser-Version am PC ist etwas günstiger. Wer das *Legendäre Gebäude* „Alcatraz" bauen möchte, ohne die notwendigen Güter und Blaupausen zu sammeln, muss 10.550 Diamanten berappen – das ist Wahnsinn! Allerdings: Im Laufe des Spiels kann der Spieler die Güter und Blaupausen kostenlos sammeln. Es ist halt immer eine Frage der Bequemlichkeit. Für 50 Diamanten lassen sich Produktionen (Münzen, Vorräte, Güter etc.) beschleunigen. Wer keine zwei Stunden warten kann oder will, bezahlt diesen Preis gerne.

FoE kann süchtig machen. Es ist eine Mischung aus Spaß und Sucht. Es fühlt sich falsch an, alle 60 Minuten ins Spiel einzuloggen. Einige Aufgaben erfordern genau das, beispielsweise diese: „8-mal eine 1-Stunden-Produktion in einer Produktionsstätte fertigstellen." Hat der Spieler nur eine Produktionsstätte, muss er achtmal einloggen. „Dann bau doch acht Produktionsstätten", könnte man nun vorlaut meinen. Es herrscht allerdings chronischer Platzmangel, weil Bauplätze im Spiel entweder selten oder teuer sind. Mit Diamanten lassen sich zusätzliche Bauplätze kaufen. Sehr suggestiv und indirekt weist die Spielmechanik immer wieder darauf hin, dass der Kauf von Diamanten vermeintlich klug wäre. Genau deshalb gibt es regelmäßig Angebote, bei denen der Spieler angeblich 252 Prozent spart. Doch 252 Prozent von was? Es ist ja nur eine fiktive Währung, für die man im echten Leben nicht einmal ein Appel und ein Ei bekommt.

Kinder können diese Diamanten recht problemlos erwerben. Die Bezahlung ist über Telefon und SMS möglich. Die sogenannten „paysafecards" gibt es an jeder Tankstelle – und zur Not ‚leiht' man sich halt Papas Kreditkarte aus und legt sie unauffällig zurück. Die Spieler können auch kleine Beträge einzahlen; beispielsweise fünf Euro. Auch wenn die Kids kein echtes Geld investieren, werden sie schon in jungen Jahren mit In-Game-Käufen und Mikrotransaktionen konfrontiert. Das ist aus Sicht der Medienpädagogik unverantwortlich. Das Spielen – egal ob mit Playmobil oder Smartphone-Apps – muss ein geschützter Raum sein, in denen sich die Kinder ohne Risiken entwickeln können.

Medienpädagogische Einschätzung

Ein neunjähriges Kind sollte das Spiel „Forge of Empires" auf keinen Fall spielen, zu hoch ist die Suchtgefahr. Neben Kampfhandlungen stellt auch der potenzielle Kontakt mit älteren Spielern ein zu hohes Risiko dar. Aus Sicht des Autors sollten die Spieler mindestens 16 Jahre alt sein, um die Gefahren einschätzen zu können. Lässt man die Verführungen (Stichwort: Diamanten), den Zeitdruck und die suggerierte Login-Pflicht mal außen vor, ist FoE für Jugendliche aber durchaus geeignet. Einen guten Einblick in das Spiel gibt der YouTube-Kanal „FoETipps". Es empfiehlt sich, als Eltern einfach mal ein Spielvideo anzuschauen oder das Spiel selbst herunterzuladen, um es zu testen.

Premium-Währungen gibt es mittlerweile leider in fast allen Smartphone-Spielen. Bei aller Kritik an diesem System muss berücksichtigt werden, dass die Bezahl-Spieler die Entwicklung solcher Games finanzieren. In vielen Foren freuen sich viele Spieler darüber, die „Forge of Empires" deshalb kostenlos nutzen können.

Wichtig ist, dass die Kids neben dem Gaming weitere Hobbys haben, in denen sie ihren Ehrgeiz ausleben können; beispielsweise im Sportverein. Erfolgserlebnisse in der Offline-Welt sind sehr wichtig. Erfahren Kinder und Jugendliche nur in Spielen Wertschätzung, führt der Weg definitiv in die Sucht. Das Risiko von Spielen wird bislang unterschätzt – sowohl von Eltern als auch von Pädagogen.

Teil V: Gefahren im digitalen Zeitalter

1. Gewaltvideos und Selbstverfremdung

Risiken und Nebenwirkungen in digitalen Welten

Es ist ein lauer Frühlingsabend. Die Dämmerung setzt ein. Ein paar Jungs treffen sich unter einer Unterführung. „Wo bleibt der Trottel?", fragt einer der Halbstarken. „Der wird schon kommen, und dann kriegt er eine aufs Maul", sagt ein anderer mit Zigarette im Mund. Immer mehr Schaulustige treffen ein, sogar ein paar Mädchen in Skater-Klamotten. Dann kommt Marcel, er ist 15 und gleicht tot. Einige Kraftwörter fallen. Dann fällt Marcel hin. Erst tritt ein Jugendlicher auf ihn ein, dann ein anderer, dann zwei andere gleichzeitig. Ein Junge filmt die Schlägerei, zoomt heran und sagt: „Krass, da ist Blut!" Es ist zu spät. Marcel erstickt gerade an seinem Blut. Notärzte eilen herbei. Die Situation wird hektisch. Auch Marcels Mutter steht plötzlich da – und weint.

Ein fast identischer Fall hat sich im April 2018 in Passau zugetragen. Der Junge hieß nicht Marcel, sondern Maurice. Der 15-jährige Berufsschüler starb nach einer Schlägerei.[217] Es gab ein Video. Das belegte ein WhatsApp-Verlauf. Das Video konnte die Polizei allerdings nicht mehr sicherstellen, weil die Jugendlichen es rechtzeitig löschten. Dieser Gewalt-Voyeurismus ist in der Jugend stark verbreitet. Die Jugend stumpft ab.

Im Dezember 2014 haben zwei junge Menschen Sex vor einer Diskothek. Auch Jugendliche sind dabei, um das Paar zu begaffen. Sie zücken ihre Smartphones und filmen die Handlung, es gelingen sogar pornografische Nahaufnahmen. „Die junge Frau versuchte auf einem Video, die Handys wegzudrücken. Der Mann indes machte Siegerposen und lachte in die Kameras."[218] Das Video verbreitet sich derweil in Windeseile über WhatsApp. Freunde und Bekannte leiten es weiter, und sogar auf der Videoplattform YouTube ist das Video für kurze Zeit online. Für die Frau ist das ein schockierendes Erlebnis – und es ist ein Spiegelbild der ‚Generation Handy‘, die gnadenlos ist.

1.1 Abhängigkeit und Sucht

Internet-Sucht tritt in vielen Varianten auf und gilt als „die neue Abhängigkeit"[219] schlechthin. Wie früher das Rauchen ist die Internet-Sucht dabei sozial durchaus anerkannt. Sprich: Das ständige Klicken am Smartphone im Bus ist kein atypisches Phänomen, zumal es den anderen Fahrgästen, auch den älteren, teilweise ganz recht ist, wenn kein Augenkontakt hergestellt wird, denn dann hat man seine Ruhe und muss kein Gespräch mit offenem Ausgang anfangen. Auch wer ständig online und erreichbar ist, gilt in der Gesellschaft *nicht* als krank. Es wirkt eher seltsam, wenn ein Mensch nicht bei Facebook oder WhatsApp dabei ist. Es manifestiert sich also ein gewisser sozialdigitaler Gruppenzwang.

Früher, beispielsweise vor 20 Jahren, war der Zugang zum Internet an feste Örtlichkeiten gebunden: Internet-Café, Familien-PC, Arbeits-PC etc. Heutzutage sind wir von überall aus online, auch die Kinder und Jugendlichen. Sie sind online, wenn sie auf dem Bolzplatz kicken, und sie sind online, wenn sie einen Tanzkurs oder den Ponyhof besuchen. Schuld sind auch die Eltern, die sich eine ständige

Erreichbarkeit des Kindes wünschen. Statt Stulle wird dem Kind ein Smartphone mit dickem Internet-Paket (XXL-Flatrate) in die Hand gedrückt. Derweil erkennen viele Erwachsene, dass zu viel Internet krank macht. Das digitale Zeug sei Gift. Menschen machen Urlaub auf dem Land und umarmen Bäume, um sich digital zu entgiften. Dieses Prinzip nennt sich *Digital Detox*. Der Modebegriff macht digitale Auszeiten wieder sexy, zeigt aber auch unmissverständlich, dass Erwachsene einen solchen Begriff brauchen, um ihr Smartphone bewusst wegzulegen. Wenn das Erwachsenen schon so schwer fällt, wie sollen das dann die Kinder und Jugendlichen schaffen?

Die Gesundheitsbranche nimmt die Internet-Sucht ernst. Die DAK-Krankenkasse führt verschiedene Symptome auf.[220] Erste Symptome für eine Internet-Sucht sind, dass der Betroffene den starken Wunsch hat oder sogar einen inneren Zwang verspürt, sich mit einer Aktivität im Internet zu beschäftigen. An dieser Stelle wird deutlich, dass Internet-Sucht auch die Smartphone-Sucht umfasst (Games, soziale Apps, Pornografie etc.). Der Betroffene verwendet immer mehr Zeit auf seine Aktivitäten im Internet, um weiterhin das Gefühl von Befriedigung und Entspannung aufrechtzuerhalten. Es müssen also immer wieder neue Reize gesetzt werden. Das bezieht sich nicht nur auf die Erhöhung der Online-Zeit, sondern auch auf die Verschärfung der Internet-Inhalte (brutalere Games, Geldaufwendungen etc.). Der Betroffene vernachlässigt andere Interessen und soziale Kontakte. Es ist ein schleichender Prozess: Nach und nach werden die Online-Aktivitäten immer wichtiger und befriedigender als verschiedene Offline-Aktivitäten in der realen Welt. Natürlich gibt es auch Entzugserscheinungen: Gereiztheit, Schlafstörungen, Aggressivität und innere Unruhe.

Sucht-Differenzierung

Die Begriffe *Internet-Sucht* und *Smartphone-Sucht* sind sehr allgemein gehalten. Gerade im Bereich der mobilen Sucht (Smartphones, Tablets) korreliert das Suchtverhalten mit der Anbindung ans Internet. Gefährlich sind also Apps und Spiele, die einen Online-Zugriff voraussetzen (z. B. reine Multiplayer-Spieler, Dating-Apps und Social Media). Die *Gaming-Sucht* dürfte vielen Eltern, Pädagogen und Medizinern bereits bekannt sein; schon 2005 haben Spiele wie „World of Warcraft" diese Problematik verdeutlicht und in den darauffolgenden Jahren verstärkt.

Die spezifische *Mobile-Gaming-Sucht* ist neu und zugleich perfide. Tatsächlich werden Smartphone-Spiele oft noch nicht wirklich als Risikofaktor wahrgenommen. Gerade Menschen, die keine hohe Smartphone-Affinität besitzen, denken, dass es sich um belanglose Mini-Spiele wie Tetris am Gameboy aus den 90er-Jahren handelt, die nach fünf Minuten durchgespielt sind. Ganz im Gegenteil: Smartphone-Spiele machen extrem süchtig, weil sich die Kids durch den Online-Zwang mit der ganzen Welt messen. Sie sind aber nicht nur deswegen gefährlich. Ist der Betroffene nämlich erst einmal süchtig, wird er zur Kasse gebeten: In-App- bzw. In-Game-Käufe sind notwendig, damit der Spielspaß erhalten bleibt oder sogar erhöht wird. Wer einmal einzahlt, zahlt auch wieder ein. Diese Mikrotransaktionen läppern sich.

Relativ neu ist die *Social-Media-Sucht*. Egal ob Facebook, Twitter, Snapchat oder Instagram: Viele Kinder und Jugendliche steigern sich in diese Netzwerke hinein. Einerseits geht es darum, eigene Inhalte zu veröffentlichen: Es entsteht eine *Like-Sucht*. Andererseits scheint es wichtig, möglichst viele Chat-Kontakte zu pflegen: Es entsteht eine *Chat-Sucht*. Schrittweise manifestiert sich so etwas wie ein sozialer Druck. Eine längere Offline-Phase führt dann in die (vermeintliche) Isolation und zu heftigen Entzugserscheinungen. Kids, die einmal ein solches Suchtverhalten zeigen, sind sehr schwierig zu ‚entgiften'. Beispiel: Die Eltern meinen es gut und nehmen dem Kind abends (also über Nacht) das Smartphone ab. Diese elterliche Erziehungsmaßnahme ist durchaus vernünftig. Wie reagiert das Kind? Es wird zickig, möglicherweise aggressiv (wenn auch nur verbal), schläft schlecht, hat einen schlechten Schultag – und schuld sind dann die Eltern. Eltern, die sich in einer solchen Situation befinden, sollten Hilfe in Anspruch nehmen.

Ein neues und weitgehend unerforschtes Phänomen ist die *Digital-Dating-Addiction (übersetzt: digitale Dating-Sucht)*. Diese Form der Sucht manifestiert sich ab der späten Jugendphase und zieht sich bis ins Erwachsenenalter. Apps wie Tinder und Lovoo – wir haben sie oben bereits kennengelernt – sind wie gigantische Kataloge und in ihrem Konzept so oberflächlich, dass es vorrangig um das Aussehen und die eigene Bestätigung geht. Matches und Likes füllen das virtuelle Flirt-Konto. Ergo: Wer viel davon kassiert, fühlt sich innerlich reich und begehrt. Beliebt und zugleich verpönt ist das Sammeln von Kontakten innerhalb dieser Apps. Menschen, denen es nur darum geht, werden *Match-Sammler* genannt. Einige Benutzer häufen Hunderte Matches an, löschen sich und melden sich dann wieder neu an, um erneut Matches zu sammeln – am besten noch schneller, um einen neuen Rekord aufzustellen. Anders gesagt: Viele junge Menschen in Deutschland leiden an einer *Tinder-Bulimie*. Die von diesem Phänomen Betroffenen verletzen die Gefühle anderer Menschen. Von ungefähr kommt das aber nicht: Die Problematik ist nicht zuletzt der Gesellschaft und den Sozialen Medien geschuldet, wird doch jungen Menschen schon sehr früh eingebläut, möglichst beliebt zu sein und viele digitale Kontakte, also Online-Freunde, Flirts etc., zu haben.

1.2 Selbstverfremdung

Mit den verschiedenen digitalen Suchttypen geht ein schleichender Prozess der Selbstverfremdung einher. Der Mensch existiert im Internet in Form eines Avatars, also als „virtuelle Kunstfigur im Cyberspace"[221]. Man ist also an einem Ort, ohne dort tatsächlich körperlich zu sein, offenbart sich allerdings in Form von Bildern, Pseudonymen, Profiltexten und weiteren Informationen. Viele Menschen, nicht nur Jugendliche, stellen sich in den verschiedenen Online-Netzwerken uneinheitlich dar. Auf Xing ist man seriös unterwegs, auf Facebook weltoffen und leger, auf Instagram hip und trendy – und auf Tinder sportlich und sexy. Diese unterschiedlichen Darstellungsweisen können zu einer Fragmentierung der Persönlichkeit führen. Irgendwann stellt sich dann auch im analogen Leben die Frage: „Wer bin ich denn nun eigentlich?" Und weiter: „Ich komme als sportlicher Typ am besten an. Also soll ich mein Leben in diese Richtung ändern?" Sport kann natürlich gut sein. Doch wie sieht es mit einer Schönheits-OP aus? Oder mit Luxusurlauben, die sich in den Sozialen Medien wunderbar visualisieren und verkaufen lassen?

Es ist ja durchaus nachvollziehbar, wenn versucht wird, in den Sozialen Medien die eigene Schokoladenseite zu zeigen. Inzwischen gibt es bei weiblichen Teenagern auch den bewussten Trend, ungeschminkte Fotos ins Internet hochzuladen, was sehr mutig ist. Doch oftmals sind die Bilder stark bearbeitet und sehen gut aus – zu gut. Einige Teenager verfremden ihre Selfies so sehr, dass sie gar nicht mehr menschlich aussehen. Per App retuschierte Augenringe, entfernte Muttermale, weichgezeichnete Hautpartien und neu eingefärbte Augen haben mit dem Blick in den Spiegel überhaupt nichts zu tun. Erschreckend ist aber, dass solche Bilder innerhalb der Kinder- und Jugendkultur sehr gut ankommen.

Wenn sich Menschen nicht persönlich kennen und irgendwann im echten Leben treffen, fliegt der Schwindel auf. Wo ist der süße Leih-Hund? Warum hast du grüne Augen und nicht blaue wie auf den Fotos? Kinder und Jugendliche, die sich im Internet (vermeintlich!) perfekt darstellen, huschen in der Realität unsicher durch die Straßen, weil der glamouröse und schützende Zaubermantel der inszenierten Virtualität plötzlich fehlt. Die magischen Superkräfte sind weg, denn sie gelten nur im Cyberspace, wo jeder Zauberspruch zu funktionieren scheint. Für Kinder und Jugendliche – natürlich auch für Erwachsene – ist es daher wichtig, möglichst viel Kontakt mit wohltuenden Menschen im echten Leben zu haben.

1.3 Menschenverachtende Inhalte

Kinder und Jugendliche kommen bei ihrer Abenteuerreise durch den Cyberspace früher oder später mit unguten Kontakten und schädlichen Inhalten in Berührung. Passieren kann das fast überall: in Spielen, WhatsApp-Gruppen, in den Sozialen Medien oder auch allein beim Schauen von Netflix und YouTube. Gefährlich sind menschenverachtende Inhalte, die als eine Form von Humor verpackt sind. Schnell entwickeln sich daraus Insider-Jokes, die dann an Freunde weitergeleitet werden – bis das eigene Kind damit konfrontiert wird.

Besonders populär sind rassistische Witze in Form von Grafiken. Da werden schon einmal Konzentrationslager als „Diät-Camps" bezeichnet. Auf einer anderen Fotomontage ist ein lachender Adolf Hitler zu sehen: „Wenn der jüdische Lehrer einen schlechten Witz erzählt, du aber gute Noten brauchst." Gerade solche Sprüche haben einen Bezug zur jugendlichen Lebenswelt, weil es um das Thema Schule geht. Über WhatsApp sind solche ,Witze' rasch verschickt, und viele Kids denken sich dabei nicht einmal was. Auch Menschen mit Behinderung werden von einigen zum Gespött gemacht. Zu sehen ist ein Junge im Rollstuhl: „Hannes (16 Jahre) hat keine 5 auf dem Zeugnis, bleibt aber trotzdem sitzen." Diese Sprüche sind böse und pädagogisch alles andere als wertvoll. Doch sie sind noch harmlos im Vergleich zu dem, was bei einer Google-Suche so alles zu finden ist.

Was unter rassistisch oder menschenverachtend verstanden wird, hängt natürlich von der Erziehung und den vermittelten Moralvorstellungen ab. Bedacht werden muss, dass die Erziehung nicht nur durch die Eltern oder die Schule geschieht, sondern auch durch die Medien. In den Sozialen Medien landen sehr viele Inhalte ungefiltert bei den Kids. Deshalb: Kinder sollten niemals *unbegleitet* durch die Sozialen Medien spazieren. Ein vertrauensvolles Eltern-Kind-Verhältnis ist wichtig, damit der Nachwuchs auch im Teenager-Alter zugänglich bleibt, denn 16-jährigen Mädels oder Jungs kann man die Sozialen Medien wohl kaum verbieten. Es gilt daher, Medienkompetenz zu vermitteln, damit die Jugendlichen selbst erkennen, welche Inhalte ihnen guttun – und welche nicht.

1.4 Sexuelle Übergriffe in digitalen Privaträumen

In den 90er-Jahren des 20. Jahrhunderts, als so langsam die öffentlichen Chaträume aufkeimten, konnten sich die Chat-User in ein sogenanntes Séparée zurückziehen. Ein Séparée war ein privater Chatraum. Andere User konnten also nicht mitlesen, weshalb die Gespräche teilweise sehr schlüpfrig wurden. Dieses altmodische System gehört natürlich schon seit vielen Jahren der Vergangenheit an, doch manches davon ist geblieben. Heute sind es die Sozialen Medien, die zunächst öffentlich zugänglich sind. Wer einer Person auf Facebook allerdings etwas Persönliches oder gar Intimes sagen möchte, schreibt die Botschaft nicht in die öffentliche Chronik, sondern per Privat-Message an den jeweiligen User. Die private Kommunikationsebene ist als *digitaler Privatraum* zu bezeichnen.

Ebene I: Der Weg zur Privat-Message

Social-Media-Kanäle wie Facebook und Instagram bieten ein Direct-Messaging-System an. Die User können sich also ungestört unterhalten. Kinder unter 16 Jahren sollten eigentlich keinen eigenen Account haben. Wenn sie aber einen haben, sollten die Einstellungen so vorgenommen werden, dass die Inhalte nicht öffentlich sichtbar sind. Ist ein Instagram-Account auf „privat" gestellt, kann der Account-Inhaber entscheiden, welche User als Abonnenten bestätigt werden.

Nun ist es allerdings so, dass viele Kids ihre Bilder ganz gezielt öffentlich sichtbar schalten, schließlich ist das die einzige Möglichkeit, im Internet ein wenig bekannter zu werden. Neue Kontakte entstehen meist dadurch, dass fremde User irgendwelche Bilder kommentieren: „Wow, du bist ja eine hübsche Maus." Auf diese Weise entsteht ein Erstkontakt, der die Wahrscheinlichkeit erhöht, dass auch die Kommunikation via Privat-Message weiterläuft, ist so doch die Kommunikation für Außenstehende unsichtbar. Dies aber birgt gerade für Minderjährige, die nun auf sich allein gestellt sind, eine Gefahr, die sie nicht unbedingt als solche erkennen: Sie sind sexuellen Belästigungen und Übergriffen schutzlos ausgeliefert. Deshalb: Social-Media-Accounts sind nichts für Kinder.

Ebene II: Verlagerung der Kommunikation

Lernen sich zwei Menschen über Facebook, Instagram oder Tinder kennen, ist es ganz normal, dass die Kommunikation irgendwann auf WhatsApp verlagert wird. Das hat zwei Gründe. Erstens ist das ein Vertrauensbeweis. Zweitens signalisiert die Herausgabe der Nummer eine gewisse Verbindlichkeit. Es könnte irgendwann zu einem persönlichen Treffen kommen. Außerdem bietet WhatsApp die Möglichkeit von Sprachnachrichten in unbegrenzter Länge, Video-Chats und natürlich die vielen lustigen Emojis.

Kinder sollten ihre Handynummer niemals an fremde Menschen herausgeben. Neben den genannten Möglichkeiten, die WhatsApp bietet, kann die Handynummer von potenziellen Tätern als Druckmittel verwendet werden: „Schick mir Bilder, oder ich veröffentlich deine Nummer überall im Internet!" Es gilt also: Das Kind ist nur dann geschützt, wenn es, egal über welchen Kanal, nicht mit Fremden kommuniziert. Eltern sollten regelmäßig mit ihrem Kind darüber sprechen, mit welchen Menschen es via Smartphone chattet und spricht.

1.5 Cyber-Mobbing als digitale Gewalt

Die scheinbare Anonymität des Internets verleitet viele Menschen dazu, sich über andere lustig zu machen. Auch Beleidigungen, Drohungen und schlimme Erniedrigungen sind keine Seltenheit. Kinder und Jugendliche, die ein Smartphone besitzen, sind für Mobber jederzeit erreichbar. Die kindliche Gewohnheit, lustige und peinliche Bilder mit Online-Freunden zu teilen (die nicht immer wahre Freunde sind), stellt ein großes Risiko dar. Denn diese Personen leiten die Inhalte, das können auch Sprachnachrichten sein, oftmals ungefragt weiter. Auf diese Weise kann es immer passieren, dass Informationen in falsche Hände geraten – vielleicht an einen Menschen, der sich über diese Inhalte dann öffentlich in den Sozialen Medien lustig macht.

Auch üble Nachrede in Foren, Chats und in den Sozialen Medien kann für eine Kinderseele sehr belastend sein. Besonders dann, wenn Bloßstellungen hinzukommen. Das Internet ist wie ein digitaler Pranger, und leider schauen zu viele Menschen weg, weil sie einfach ihre Ruhe haben möchten. Im Gegenteil: Mobber finden im Internet teilweise sehr viele Unterstützer, die fiese Beiträge kommentieren oder mit einem Like belohnen. Cyber-Mobbing ist kaum steuer- oder eingrenzbar, weil in den Sozialen Medien schnell eine virale Eigendynamik entsteht.

Hänseleien schaukeln sich vor allem über WhatsApp hoch, weil die Online-Kommunikation sehr anfällig für Missverständnisse ist. Cyber-Mobbing ist als Gewalt in verbaler Form zu verstehen, die allerdings in körperliche Gewalt umschlagen kann. Konflikthaltige Chat-Gespräche mit anderen Kids sind somit ein erstes Indiz für die Eltern, dass etwas nicht stimmt. Zwar spielen Mobbing-Opfer

Konflikte mit anderen oftmals herunter, Mobbing-Attacken, auch die digitalen, dürfen jedoch nicht ignoriert werden. Die Betroffenen sollten nicht direkt auf solche Angriffe antworten, sondern zunächst mit ihren Eltern oder anderen Vertrauenspersonen sprechen. Eine kompetente Anlaufstelle ist JUUUPORT e. V. (www.juuuport.de).

2. „Cyber-Mobber greifen rund um die Uhr an"

Klartext-Interview mit Lea Römer von JUUUPORT e. V.

JUUUPORT e. V. ist ein gemeinnütziger Verein, der junge Menschen bei Problemen im Web unterstützt und sich für einen respektvollen Umgang in der Onlinekommunikation einsetzt. Ein Spezialgebiet des Vereins ist Cyber-Mobbing. Dr. Frederik Weinert im Gespräch mit Lea Römer, Redakteurin und Pressereferentin bei JUUUPORT e. V.

Dr. Frederik Weinert: Hallo, Frau Römer. Es gibt sehr viele Formen von Cyber-Mobbing. Gibt es einen typischen Beginn und Verlauf, auf den sowohl Eltern als auch Kinder/Jugendliche achten sollten? Was sind die ersten „Alarmzeichen"?

JUUUPORT: Cybermobbing kann bereits damit beginnen, dass jemand aus bestimmten Online-Gruppen oder Chats bewusst und regelmäßig ausgeschlossen wird. Grundsätzlich versteht man unter Cybermobbing aber das absichtliche Beleidigen, Bedrohen, Bloßstellen oder Belästigen anderer im Internet über einen längeren

Zeitraum hinweg. Oft kennen Opfer und Täter*in einander aus dem realen Leben, z. B. der Schule. Mobbing und Cybermobbing finden deshalb meist zusammen statt. Das Verheerende an Cybermobbing ist, dass die Attacken (auch nach der Schule) nicht aufhören und die Mobber*innen ihre Opfer über das Web rund um die Uhr angreifen können. Außerdem gerät Cybermobbing schneller außer Kontrolle als Mobbing, da Inhalte oder Fotos online sehr leicht verbreitet und nur schwer wieder gelöscht werden können. Anzeichen für Cybermobbing können zunächst Verzweiflung, Wut, Hilflosigkeit und ein Sich-Zurückziehen aus dem sozialen Umfeld sein. Schlafstörungen, Kopf- oder Bauchschmerzen können als Beschwerden hinzukommen. Mögliche langfristige Folgen sind Essstörungen, Depressionen, Angststörungen und sogar Suizidgedanken oder -versuche.

Dr. Frederik Weinert: Jede Kinderseele ist unterschiedlich, und manche Kinder sind besonders feinfühlig. Provokant gefragt: Ist Cyber-Mobbing auch immer etwas Subjektives? Gibt es also Umgangsweisen, die manche Kids als Mobbing wahrnehmen, während andere Kids damit eher cool umgehen?

JUUUPORT: Es gibt sicherlich fließende Übergänge, also Umgangsweisen, die für manche Kinder schon Mobbing darstellen, für andere noch nicht. Das hat viel mit der Person (Erfahrungen, Persönlichkeit, Ressourcen etc.) und der konkreten Situation (Umgangsweisen, Unterstützung, Abgrenzungs/Handlungsmöglichkeiten etc.) zu tun. Es gibt aber auch Mobbingverhalten, das nahezu alle Menschen an ihre Grenzen bringen dürfte, nämlich dann, wenn man dem Verhalten hilflos gegenübersteht und sich daraus konkrete Konsequenzen für das weitere Leben ergeben (es also unkontrollierbar wird). Das ist zum Beispiel der Fall, wenn Falschaussagen über eine Person gemacht werden, die ihr eine Teilnahme am gesellschaftlichen Leben (sowohl privat als auch beruflich) verwehren. Gerade das

Internet kann schnell zu unkontrollierbaren Situationen führen, da Inhalte weit verbreitet und lange gespeichert werden können.

Dr. Frederik Weinert: Mobbing kann sowohl im analogen Alltag (Schulhof, Sportunterricht, Clique etc.) als auch online in den Sozialen Medien beginnen. Gerade durch das Smartphone ist das Kinderzimmer kein geschützter Raum mehr, weil der/die Gemobbte damit auch digital erreichbar ist. Nun könnte man natürlich raten, das Smartphone auszuschalten. Doch ist es nicht genau das, was die Täter möchten? Welchen Rat haben Sie?

JUUUPORT: Das Smartphone auszuschalten, kann eine erste Reaktion des/der Gemobbten sein, um sich den Attacken zu entziehen, aber natürlich ist das keine langfristige Lösung, denn Jugendliche kommunizieren ja mit Freund*innen über das Smartphone und nutzen es auch für andere Dinge wie Musikhören, Serienschauen etc. Das Smartphone komplett auszuschalten oder wegzunehmen, wäre deshalb eine zusätzliche Bestrafung für das Opfer und würde es dadurch weiter isolieren. Stattdessen sollten die Gemobbten frühzeitig Hilfe suchen, am besten bei einer Vertrauensperson wie Eltern oder Freunden oder auch bei Hilfsorganisationen wie JUUUPORT oder Nummer gegen Kummer. Es ist wichtig, dass sie erkennen: Sie sind nicht schuld an dem Verhalten der Mobbenden. Außerdem ist es empfehlenswert, die Täter*innen zu sperren und entsprechende beleidigende Beiträge bei den Online-Plattformen zu melden. Darüber hinaus sollten Screenshots von den Beleidigungen gemacht werden, um Beweise für die Angriffe zu sammeln. Wenn all das nicht hilft, kann man zur Polizei gehen und Anzeige erstatten. Mobbing als solches ist nicht strafbar, aber viele damit zusammenhänge Taten wie Beleidigung oder Verleumdung.

Dr. Frederik Weinert: Auf Ihrer Webseite gibt JUUUPORT beispielsweise diesen Ratschlag: „Bewerte Dich und Deinen Körper nicht anhand von Zahlen und Statistiken." Könnten Sie das genauer erklären? Und haben Sie da ein konkretes (wenn möglich echtes) Fallbeispiel?

JUUUPORT: Dieser Ratschlag stammt aus den Zehn Geboten der Digitalen Ethik, die wir in Zusammenarbeit mit Masterstudierenden der Hochschule der Medien Stuttgart entwickelt haben, und bezieht sich zum Beispiel auf die Nutzung von Fitness-Apps. Viele Apps vermessen uns regelrecht und zeigen uns durch Grafiken an, ob wir sportlich, dünn oder gesund genug sind. Diese Selbstvermessung kann – gerade auf Jugendliche – viel Druck ausüben und negative Gefühle auslösen, wenn man bestimmte Ziele nicht erreicht. So bekommen wir Anfragen von Jugendlichen, die etwa wissen wollen, wie viel eine 15-Jährige wiegen darf, ohne dass sie als fett gilt. Es geht dann nicht darum, solche Apps, die zur Selbstoptimierung anspornen, zu verteufeln, aber klarzumachen, dass man sich davon nicht beherrschen lassen sollte. Manchmal kann es viel besser sein, auf sich und sein Gefühl zu hören. „Habe ich heute Lust, noch eine Runde joggen zu gehen?", kann eine sinnvollere Frage sein als die Stimme im Hinterkopf: „Laut App müsste ich heute noch mindestens sechs Kilometer laufen, um die nötigen Kalorien loszuwerden." Wir sagen den Jugendlichen, dass es normal ist, sich Gedanken um sein Aussehen und den eigenen Körper zu machen. Gleichzeitig betonen wir, dass Vorstellungen von einem perfekten Körper stark über die (Sozialen) Medien vermittelt werden, es aber nicht den einen perfekten Körper gibt, sondern jeder Mensch auf seine Art und Weise interessant und einzigartig ist. Am wichtigsten ist, dass man sich wohlfühlt und gesund bleibt.

Dr. Frederik Weinert: WhatsApp darf eigentlich erst ab 16 Jahren benutzt werden. Ganz allgemein: Ab welchem Alter sollten Kinder ein Smartphone in die Hand gedrückt bekommen?

JUUUPORT: Kinder sollten Smartphones nie einfach so in die Hand gedrückt bekommen, dieser Prozesse sollte vielmehr begleitet werden. Ein geeignetes Alter für ein eigenes Smartphone ist aus unserer Sicht frühestens zwölf oder dreizehn Jahre. Dabei ist wichtig, dass sich Eltern und ihre Kinder bewusst mit dem Thema auseinandersetzen und gemeinsame Regeln vereinbaren. Eltern sollten sich vorher genau informieren und festlegen, welche Anwendungen sie ihrem Kind zugänglich machen wollen und welche nicht. Außerdem sollten sie sich mit Themen wie Privatsphäreneinstellungen befassen. Unter Jugendlichen können schnell Apps zum Trend werden, von denen die Eltern noch nie etwas gehört haben. Im Gespräch zu bleiben und immer wieder Interesse zu zeigen, ist deshalb wichtig. Die Initiative „SCHAU HIN! Was Dein Kind mit Medien macht" zum Beispiel hilft Familien bei der Medienerziehung und hat immer wieder nützliche Tipps für Eltern.

Dr. Frederik Weinert: Frau Römer, herzlichen Dank für das informative Gespräch. Ich kann JUUUPORT mit gutem Gewissen weiterempfehlen.

Teil VI: Ein Handyfahrplan für Kids

1. Warum ein Handyfahrplan für Kinder so wichtig ist

Dem 16-jährigen Sohn eine Flasche Schnaps in die Hand drücken? Das machen verantwortungsbewusste Eltern ganz bestimmt nicht. Der 14-jährigen Tochter ein paar Zigaretten für den Schulweg mitgeben? Auch das machen verantwortungsbewusste Eltern ganz bestimmt nicht. Den Kids ein Smartphone mit Internetflatrate schenken? Das machen viele Eltern sehr gerne – und manche von ihnen kommen sich dabei sehr verantwortungsbewusst vor, weil sie es ja eigentlich gut meinen. Es ist ja bloß ein Handy. Von wegen! Das Smartphone öffnet das Tor in eine Welt, in der es nicht immer einfach ist, zwischen Gut und Böse zu unterscheiden. Eltern mit Medienkompetenz mag das gelingen, Kindern allerdings nicht. Sie irren durch ein Cyber-Labyrinth und klammern sich an jede Person, die einen lieben Eindruck macht. Dass das der berüchtigte Wolf im Schafspelz sein könnte, ist den Kids nur selten bewusst.

Dabei ist so ein Smartphone doch ein tolles Teil. Die Kids können damit spielen, sich berieseln lassen und via Social Media der ganzen Welt lustige Emojis schicken. Die Smartphone-Kameras sind hochauflösend, es gibt Apps für die Verschönerung von Selfies, und auf dem dunklen Weg zur Schule hilft die Handy-Taschenlampe. Medienkompetenz ist jedoch nicht nur für die kindliche Freizeit wichtig, sondern auch für das spätere Schul- und Berufsleben. Sowohl die Schule als auch die Eltern stehen in der Verantwortung, die Kinder für die digitale Zukunft, die längst begonnen hat, medial vorzubereiten und auszubilden.

Es ist erfreulich, dass sich viele Eltern, so auch die Leserinnen und Leser dieses Buchs, Gedanken darüber machen, wie sie ihre Kids richtig an das Smartphone heranführen. Welches Alter ist das richtige, um dem eigenen Kind ein so mächtiges Multimedia-Gerät zu schenken? Gibt es Regeln, die das Kind berücksichtigen sollte? Wie schafft man als Elternteil den schwierigen Spagat zwischen wohltuender Wachsamkeit und konsequenter Kontrolle? Die bekannte Schauspielerin Yasmina Filali, Ehefrau des beliebten Sportmoderators Thomas Helmer, hat einen inspirierenden 10-Punkte-Handyfahrplan für ihre Tochter entwickelt. Er beinhaltet zehn Regeln, die eine wunderbare Diskussionsgrundlage für die eigene Nutzung darstellen.

Zunächst erklärt Yasmina Filali in einem spannenden Interview, mit welchem Alter ihre Tochter ihr erstes eigenes Smartphone bekam. Das Kapitel schließt mit dem Handyfahrplan für Kids, wie ihn Yasmina ihrer Tochter gemeinsam mit dem Smartphone schenkte. Ein solcher Handy-Fahrplan – er darf gerne für jedes Kind und jede Familie individuell gestaltet sein – ist eine wirklich schöne Idee. Lassen Sie sich inspirieren und diskutieren Sie darüber, liebe Leserinnen und Leser!

2. „Ich wahre die Privatsphäre meiner Kinder"

Interview mit der Schauspielerin Yasmina Filali

Yasmina Filali ist Schauspielerin und begann ihre Karriere mit 14 Jahren als Model. Dies brachte sie für Shootings nach Athen, Mailand, Barcelona, Madrid, Paris, Kapstadt und Brasilien. „Ich habe nicht nur anständig Englisch gelernt, sondern auch, wie man von einer Orange pro Tag lebt", sagt die erfolgreiche Frau mit einem Augenzwinkern. Wenn Yasmina heute auf dem Roten Teppich steht, ist ihr Make-up immer selbst gemacht. Ihr Beauty-Wissen und ihre Schminkanleitungen teilt sie mit der Öffentlichkeit auf ihrem Blog www.yasminafilali.com. Ebenso ist Yasmina Filali unter ihrem Namen auf YouTube und Instagram aktiv. Seit 2005 ist sie mit dem ehemaligen Fußballnationalspieler und Europameister von 1996 Thomas Helmer (jetzt Sportmoderator) verheiratet. Gemeinsam haben die beiden zwei Kinder (8 und 11 Jahre). In diesem Interview gibt Yasmina Filali spannende Einblicke ins digitale Familienleben.

© Yasmina Filali

Dr. Frederik Weinert: Hallo Yasmina! Im Jahr 1996 warst du Serienstar in der beliebten Soap „Gute Zeiten, schlechte Zeiten". Außerdem warst du zu der Zeit als Model sehr erfolgreich. Damals gab es noch keine Sozialen Medien. Ist das schade? Oder bist du dankbar, ohne Soziale Medien und ständige Erreichbarkeit aufgewachsen zu sein?

Yasmina Filali: Hallo Frederik! Als ich mein erstes Handy in der Hand hielt, hatte ich sofort das Gefühl, dass ich genau auf diese Erfindung gewartet hatte. Ich war davon überzeugt, dass es mir mein Leben ungeheuer erleichtern würde. Und ich sollte mit dieser Einschätzung recht behalten. Als Myspace (Vorgänger von Facebook) auf den Markt kam, sah ich wirklich nicht die Notwendigkeit und konnte mir beim besten Willen nicht vorstellen, dass ich Stunden vor dem Mac verbringe und mit alten Freunden chatten würde, die ich aus gutem Grund aus den Augen verloren hatte und auch gar nicht wiederfinden wollte. Auch da habe ich Recht behalten.

Dr. Frederik Weinert: Mit deinem Ehemann Thomas Helmer hast du zwei Kinder. Wer von euch beiden macht die Medienerziehung? Haben eure Kids ein Smartphone?

Yasmina Filali: Wir sind uns da beide ziemlich einig. Unsere Tochter hat (tatsächlich als fast Letzte in der Klasse) zum 11. Geburtstag ein Handy bekommen. Theoretisch hätte ich es gerne noch hinausgezögert, aber da sie nun viele Wege allein und morgens auch im Dunkeln bewältigen muss, war es eine Entscheidung der Notwendigkeit. Aber ich habe ihr zusammen mit dem Handy einen 10-Regeln-Plan „geschenkt", in der die Handynutzungshaltung von mir mehr oder weniger vorgegeben wird. Außerdem ist ein Jugendschutzprogramm auf ihrem Telefon installiert, sodass bestimmte Apps gar nicht heruntergeladen werden können (YouTube, Instagram, Facebook etc.). Zum Abendbrot wird das Telefon bei mir abgegeben. Kein Handy beim Essen (auch nicht für die Erwachsenen) etc. erklärt sich von selbst. PS: Unser Sohn ist acht und hat natürlich kein Smartphone.

Dr. Frederik Weinert: Du hast einen Beauty-Blog und einen erfolgreichen YouTube-Kanal, wo du Beauty-Tipps gibst. Du kommst bei deinem Publikum sehr gut an. Was ist dein Geheimrezept, um die Menschen über die Sozialen Medien zu erreichen?

Yasmina Filali: Na, so richtig habe ich das noch nicht raus. ;-) Und ich glaube auch, dass ich nie die Dimension erreichen werde, die man bräuchte, um von einem Influencer der Extraklasse sprechen zu können. Dafür bin ich am Ende zu wenig Mainstream und zu ehrlich, was am Ende des Tages nicht so gut ankommt, auch wenn etwas anderes behauptet wird.

Dr. Frederik Weinert: Du gibst auf Instagram viele Einblicke in dein Privatleben. In Bildern erzählst du von deinem Asthma-Anfall im Oktober 2017 und deiner erfolgreichen Augen-OP im Dezember 2018 kurz vor Weihnachten. Fällt es dir so einfach, dich nahbar zu zeigen, oder macht genau das deine Beliebtheit aus?

Yasmina Filali: Bis zu einem gewissen Punkt, ja. Aber es gibt sehr viele Dinge, die ich nie thematisieren oder visualisieren würde. Ich spreche nie über private Dinge wie Probleme innerhalb der Familie etc. Und vor allen Dingen zeige ich nie meine Kinder, das habe ich noch nie getan und werde ich in absehbarer Zukunft auch nicht tun. Ich habe auch, als sie kleiner waren, keine Geschichten davon erzählt, wie süß sie auf dem Topf aussehen oder Ähnliches. Ich wahre ihre Privatsphäre so lange, bis sie selbst in der Lage sind, diese für sich selbst zu gestalten.

Dr. Frederik Weinert: Dein Mann Thomas Helmer ist seit Januar 2019 ebenfalls auf Instagram aktiv dabei. Du hast ihn dort sogar auf sehr liebenswerte Weise begrüßt. Würdet ihr euren Kids, wenn sie beispielsweise 16 Jahre alt sind, Mut machen, ebenfalls auf Instagram aktiv zu sein? Und was sagst du dazu, wie sich andere Teenies in den Sozialen Medien teils halbnackt präsentieren?

Yasmina Filali: Ich werde meinen Kindern sicherlich nicht Mut machen, sich auf Instagram anzumelden, genauso wenig wie ich sie ermutigen werde, Alkohol zu trinken. Da aber beides gesellschaftlich anerkannt ist, würde ich es mit meinem Verbot nur interessanter machen. Also hoffe ich, meinen Kindern bis zu diesem Zeitpunkt so viel beigebracht zu haben, dass sie selber einschätzen können, wie viel gut für sie ist.

Dr. Frederik Weinert: Vielen herzlichen Dank für das Gespräch!

3. Handyfahrplan by Yasmina Filali

10 Regeln zur Smartphone-Nutzung für Kinder

Die Schauspielerin Yasmina Filali schenkte ihrer Tochter zum 11. Geburtstag ein Handy sowie einen Handynutzungsplan. Der Medienexperte Dr. Frederik Weinert findet die Idee gut und empfiehlt einen solchen Handyfahrplan für Kinder und Jugendliche. Vielen Dank an Yasmina Filali für die exklusive Veröffentlichung in diesem Buch.

1. Telefon wird zum Abendbrot abgegeben, danach ist bis zum Morgen handyfreie Zeit.

2. Beim Essen kein Telefon.

3. Außer in der Schule muss innerhalb von 20 Minuten auf den Anruf der Eltern reagiert werden.

4. Es werden nur Bilder als Porträt an Freunde verschickt. Keine Strandbilder im Badeanzug oder andere leicht bekleidete Bilder.

5. In Gruppenchats wird unsere Adresse niemals genannt!

6. Ich kontrolliere niemals Dein Handy, habe aber eine GPS-App („life 360") auf Deinem Telefon installiert. Diese darf niemals ausgeschaltet werden. Passiert es doch, schicke ich ein „Überfallkommando" :-).

7.   Kein Instagram, kein Facebook, keine anderen Sozialen Medien, bei denen es um Follower oder Likes geht.

8.   Es gibt eine Handyanstandsregel, die mir wichtig ist. Schreibe nichts, was Du Dich im echten Leben nicht trauen würdest zu sagen. Wenn Du in Gruppenchats liest, dass jemand gemobbt und fertiggemacht wird, erwarte ich von Dir, dass Du Dich für ihn einsetzt (aber das machst Du sowieso ;-). Wenn man im wahren Leben in einer tiefen und wichtigen Unterhaltung mit Freunden oder der Familie ist und Dein Telefon klingelt oder es kommt eine SMS, geh nicht ran. Führe Deine Gespräche zu Ende und reagiere dann darauf. Das echte Leben geht vor, immer!

9.   Wenn ich sehe, dass Du das Telefon zu intensiv nutzt, schlechte Laune bekommst oder nur noch auf Dein Display starrst, werde ich es Dir wegnehmen.

10. Hab Spaß mit Deinem Handy, aber noch mehr mit Deinen Freunden und Deiner Familie!

ICH LIEBE DICH!

Teil VII: Fazit und Ausblick

Kinder sind nicht mehr nur Kinder. Sie sind Magier, Kriegshelden, Farmer, Fotomodels und in manchen Fällen sogar echte Social-Media-Stars. Follower, Likes und virtuelle Küsschen regieren die digitale Welt. Wer täglich online ist und viel Zeit sowie Geld investiert, steigt im Cyber-Milieu schnell auf. Neue Freunde sind rasch gewonnen, wenn die Kids halb nackte Bilder und Poser-Selfies von sich auf Instagram und Facebook veröffentlichen. In Online-Spielen zählt ein möglichst hohes Level, das Sammeln von Items und ein mächtiger Account. Die Ronaldo- und Messi-Kiddys machen in der Fußballsimulation „FIFA 19" alle Kumpels platt. Soziale Hierarchien und Gruppendynamiken entstehen nicht mehr in der echten, analogen Welt, sondern in den digitalen Räumen. Smartphones und Tablets sind Portale in eine neue Welt, die voller Gefahren, Risiken, aber auch Chancen ist. Kritische Pauschalurteile, dass die digitalen Medien sowieso nur blöd und dumm machen, sind unangebracht.

Die digitale Erziehung ist ein neues Feld, das viele Eltern und Pädagogen vor große Herausforderungen stellt. Spannend ist vor allem, dass sich die Kids mit den Neuen Medien viel besser auskennen als die meisten Erwachsenen. Die wahren Internetexperten, das sind die pfiffigen Teenager von heute. Doch es genügt nicht, sich technisch perfekt auszukennen, wenn mit diesem Wissen dann digitaler Unfug und riskante Späße getrieben werden, aus denen brutaler Ernst werden kann. Ich habe großen Respekt davor, wenn Jugendliche einen YouTube-Kanal mit 500.000 Abonnenten aufbauen. Es braucht sehr viel Know-how, Videos zu schneiden, Tonspuren zu bearbeiten und ansprechende Thumbnails (Vorschaubilder) zu erstellen. Ebenso ist Ausdauervermögen wichtig. Von jetzt auf gleich wird niemand zum Star. Viele YouTuber durchbrechen erst nach Jahren die Schallmauer, um mit ihrem Hobby Geld zu verdienen. Um Erfolg zu haben, sollten mindestens drei Videos pro Woche ins Netz gestellt werden. Das ist viel Arbeit und muss man erst einmal schaffen. Aber es gibt eben auch die andere Seite: Mit Prank-Videos, in denen andere Menschen zu Schaden kommen, kann und will ich nichts anfangen. Die meisten Eltern werden mir wohl zustimmen. Kids, die sich online in den Sozialen Medien und Spielen danebenbenehmen, machen den Ruf der vorbildlichen Internet-Kids kaputt. Auf diese Weise entstehen viele Vorurteile, und die Smartphones werden vorschnell als stumpfsinnige „Verblödungsgeräte" abgestempelt.

Die schlauen Geräte, das deutet ja bereits das Wort „smart" in Smartphone an, können viel mehr. Das Smartphone ist ein praktisches Arbeitsgerät, sofern es von den Kids als solches erkannt und eingesetzt wird. Die hochauflösenden Bilder und Videos eignen sich für die Schülerzeitung und andere Schulprojekte wie die Erstellung eines Blogs. Gedanken und sogar Interviews können via Sprachnotiz in toller Qualität aufgezeichnet werden. Sinnvolle Apps und Lernspiele erleichtern und optimieren das Lernen und das Wissensmanagement. Nicht zu vergessen: Das Smartphone ist ein hervorragendes Recherche-Gerät, denn im Internet gibt es coole Seiten für Kids wie beispielsweise „www.fragfinn.de", „www.blinde-kuh.de" und „www.seitenstark.de". Wir alle können das Smartphone auf sinnvolle und wohltuende Weise nutzen. Taschenlampe, Wettervorhersage, Kompass und digitale Wasserwaage: All das kann das Gerät, das wir jeden Tag wie ein Schweizer Taschenmesser in unserer Hosentasche herumtragen. Und wer es spirituell mag, findet auf YouTube umgehend eine Anleitung zum autogenen Training.

Es ist unsere Entscheidung, wie wir mit der Digitalisierung umgehen. Kinder und Jugendliche besitzen diese digitale Mündigkeit allerdings (noch!) nicht. Medienerziehung muss daher sowohl in der Schule als auch im Elternhaus aufgegriffen und praktiziert werden. Die schulische Medienbetreuung stellt sicher, dass eine medienpädagogisch ausgebildete Person immer in der Nähe ist. Anders sieht es im Familienalltag aus, wo die Eltern ihren Kids nur selten mit

Rat und Tat zur Seite stehen. Das ist kein Vorwurf, denn die meisten Eltern kennen die Gefahren nicht, die im Internet lauern. Und ihnen ist nicht bekannt, dass die Kids in den Sozialen Medien und Online-Games nach Anerkennung und Selbstbestätigung streben. Nicht selten tun sie das, weil solche Momente im analogen Alltag zu kurz kommen. Aus diesem Grund ist eine emotionale Annäherung an die Kinder und Jugendlichen wichtig – auf Augenhöhe und nicht lehrerhaft. Die Gefühlsarbeit im Elternhaus ist enorm wichtig. Das Sprechen über positive Empfindungen und Gefühle stärkt die Kids in ihrem Selbstwert, ebenso gemeinsame Unternehmungen in der realen Welt (Ferien auf einem Bauernhof, Radtour, Kartbahn, Schwimmbad, Ausflüge, Brettspielabende etc.). Ja, manchmal sind die Kids vielleicht kleine, süße „Smombies", denen das Tüfteln am Smartphone Spaß macht. Mit der richtigen Erziehung verfallen die Kids definitiv nicht in einen digitalen Rausch. Gelingt sie, können wir alle optimistisch in die digitale Zukunft blicken.

Empfohlene Literatur

100 % Jugendsprache (2014). Hrsg. von Langenscheidt. München.

Baacke, Dieter (2007): *Medienpädagogik*. Tübingen.

Schulze, Gerhard (1997): *Die Erlebnisgesellschaft. Kultursoziologie der Gegenwart*. 7. Aufl. Frankfurt/Main.

Tulodziecki, Gerhard / Herzig, Bardo (2004): *Handbuch Medienpädagogik. Band 2: Mediendidaktik*. Stuttgart.

Tulodziecki, Gerhard / Herzig, Bardo (2006): *Computer & Internet im Unterricht. Medienpädagogische Grundlagen und Beispiele*. 5. Aufl. Berlin.

Weinert, Frederik (2019): *Digitalkunde als Schulfach*. München.

Anmerkungen

1   O. V.: https://www.gesundheitsstadt-berlin.de/kinder-und-jugendliche-immer-mehr-unfaelle-durch-smartphone-nutzung-13265, abgerufen am 30. April 2019.

2   Ebd.

3   Ebd.

4   Flachsenberg, Helene (2018): https://www.bento.de/today/in-litauen-gibt-es-jetzt-eine-smombie-spur-fuer-smartphone-guckende-fussgaenger-a-d2934175-e39d-4b86-9a9f-158b22ed08b5, abgerufen am 1. Mai 2019.

5   O. V.: https://www.zeit.de/gesellschaft/zeitgeschehen/2018-08/kinder-medien-studie-digitalisierung-smartphone-nutzung, abgerufen am 1. Mai 2019.

6   Vgl. ebd.

7   Schiffer, Christian (2018): https://www.br.de/nachrichten/netzwelt/tod-durch-selfie,R5VMX6F, abgerufen am 21. Januar 2019.

8   O. V. (2019): https://www.pnp.de/nachrichten/bayern/3219110_Selfies-fuehren-zu-Sperrung-der-Bahnstrecke-Leipzig-Hof.html, abgerufen am 5. Februar 2019.

9   Stand: 22. Januar 2019. URL: https://www.instagram.com/grasreh91.

10 Wünsche, Anne (2019): https://www.instagram.com/p/BsK-MDvlo-iV/?utm_source=ig_embed, abgerufen am 22. Januar 2019.

11 Käufer, Tobias (2016): https://www.stuttgarter-nachrichten.de/inhalt. shitstorm-nach-selfie-die-geissens-verlieren-werbevertrag.b3598dc2-0060-40ca-9a05-546e01061329.html, abgerufen am 22. Januar 2019.

12 Duden Online (2019): https://www.duden.de/rechtschreibung/Selfie, abgerufen am 22. Januar 2019.

13 Patalong, Frank (2014): http://www.spiegel.de/lebenundlernen/schule/facebook-biernominierung-ist-neuer-internet-trend-a-951679.html, abgerufen am 22. Januar 2019.

14 Weinert, Frederik (2014): https://www.pnp.de/lokales/stadt_und_land-kreis_passau/passau_stadt/1193560_Uni-Dozent-zu-Facebook-Trend-Trinken-fuer-fuenf-Minuten-Ruhm.html, abgerufen am 22. Januar 2019.

15 Vgl. Schulze, Gerhard (1997): Die Erlebnisgesellschaft. Kultursoziologie der Gegenwart. 7. Aufl. Frankfurt/Main, S. 330.

16 Ebd., S. 322.

17 Vgl. ebd., S. 321

18   Vgl. ebd., S. 318.

19   https://www.youtube.com/watch?v=5h1AfRDv0js, abgerufen am 23. Januar 2019.

20   O. V.: https://rp-online.de/nrw/panorama/wickede-18-jaehriger-bei-scherz-mit-kettensaege-schwer-verletzt_aid-9687799, abgerufen am 23. Januar 2019.

21   O. V.: http://www.spiegel.de/netzwelt/web/youtube-star-apored-bewaeh-rungsstrafe-wegen-bomben-prank-a-1199632.html, abgerufen am 23. Januar 2019.

22   Strohmeier, Gerd (2004): *Politik und Massenmedien. Eine Einführung.* Baden-Baden, S. 222.

23   Vgl. Dulinski, Ulrike (2003): *Sensationsjournalismus in Deutschland.* Konstanz, S. 291.

24   Weinert, Frederik (2018): *Nazi-Vergleiche und Political Correctness. Eine sprach- und kommunikationswissenschaftliche Analyse.* Baden-Baden, S. 76.

25   Vgl. Weinert, Frederik (2018): Promis und Populismus in den Sozialen Medien. Wie Stars und Sternchen mit rechter Sprache umgehen. In: Altmeppen, Dieter/Filipovic, Alexander (Hg.): *Communicatio Socialis. Zeitschrift für Medienethik und Kommunikation in Kirche und Gesellschaft,* 51. Jg. Baden-Baden, S. 182–191, hier S. 184.

26   Ebd.

27   Vgl. Reimann, Horst / Giesen, Bernard / Goetze, Dieter / Schmid, Michael (1991): *Basale Soziologie: Theoretische Modelle.* 4. Aufl. Opladen, S. 213.

28   Vgl. Paetzel, Ulrich (2001): *Kunst und Kulturindustrie bei Adorno und Habermas. Perspektiven kritischer Theorie.* Wiesbaden, S. 38.

29   Anm. d. Autors.

30   Lingenhöhl, Daniel (2016): https://www.spektrum.de/news/likes-aktivieren-das-belohnungszentrum/1412016, abgerufen am 24. Januar 2019.

31   Vgl. ebd.

32   Vgl. Strohmeier (2004), S. 210 ff.

33   Klovert, Heike (2015): http://www.spiegel.de/lebenundlernen/schule/smombie-ist-jugendwort-des-jahres-a-1062671.html, abgerufen am 24. Januar 2019.

34   Vgl. Tulodziecki, Gerhard / Herzig, Bardo (2006): *Computer & Internet im Unterricht. Medienpädagogische Grundlagen und Beispiele.* 5. Aufl. Berlin, S. 125 ff.

35   Vgl. ebd.

36   Weinert, Frederik (2019): *Digitalkunde als Schulfach.* München, S. 89.

37 Tulodziecki/Herzig (2006), S. 127.

38 Ebd., S. 128.

39 Vgl. Weinert (2019), S. 22.

40 Lüdemann, Dagny (2018): https://www.zeit.de/digital/internet/2018-03/social-media-dak-studie-instagram-whatsapp-sucht-jugendliche, abgerufen am 25. Januar 2019.

41 https://www.polizei-beratung.de/themen-und-tipps/betrug/scamming/romance-scamming, abgerufen am 27. Januar 2019.

42 Vgl. Baacke, Dieter (2007): *Medienpädagogik*. Tübingen, S. 94.

43 Weinert /2019), S. 51.

44 Eberle, Christoph (2019): Sex-Übergriff im Suff? In: *Am Sonntag* vom 27. Januar 2019, Ausgabe 4, S. 8.

45 Vgl. Gellner, Winand / Glatzmeier, Armin (2004): *Macht und Gegenmacht. Einführung in die Regierungslehre*. Baden-Baden, S. 341.

46 Vgl. Merkert, Rainald (1992): *Medien und Erziehung*. Darmstadt, S. 102ff.

47 Bigalke, Katja (2018): https://www.deutschlandfunkkultur.de/das-schoenste-ich-macht-social-media-uns-zum-narziss.1264.de.html?dram:article_id=409376, abgerufen am 29. Januar 2019.

48 Ebd.

49 Vgl. Weinert (2019), S. 42.

50 Vgl. Bourdieu, Pierre (2015): *Die verborgenen Mechanismen der Macht*. Durchges. Neuauflage der Erstauflage 1992. Hamburg, S. 55.

51 Ebd., S. 57.

52 Vgl. ebd., S. 63.

53 Vgl. ebd., S. 64.

54 Weinert (2019), S. 42.

55 Vai, Juno (2017): http://www.spiegel.de/panorama/gesellschaft/pussy-slapping-was-steckt-dahinter-a-1145128.html, abgerufen am 31. Januar 2019.

56 https://www.youtube.com/watch?v=CkKkuH4hdFc, abgerufen am 31. Januar 2019.

57 Wagner, Stefanie (2018): https://www.br.de/nachricht/schwaben/inhalt/grusel-whatsapp-nachricht-veraengstigt-kinder-im-allgaeu-100.html, abgerufen am 31. Januar 2019.

58 Ebd.

59 Wüstenhagen, Claudia (2012): https://www.zeit.de/zeit-wissen/2012/06/Sprache-Worte-Wahrnehmung, abgerufen am 31. Januar 2019.

60 Vgl. ebd.

61 https://www.shell.de/ueber-uns/die-shell-jugendstudie/jugend-und-politik. html, abgerufen am 31. Januar 2019.

62 Ebd.

63 Unterberg, Swantje (2018): http://www.spiegel.de/lebenundlernen/schule/ lehrer-umfrage-zu-wenig-demokratieunterricht-in-der-schule-a-1238410. html, abgerufen am 31. Januar 2019.

64 Weinert (2019), S. 22.

65 Ebd., S. 32.

66 Vgl. Baacke (2007), S. 66 f.

67 Giordano, Matthias (2019): https://www.welt.de/kmpkt/article188097465/ Goldstandard-Studie-Das-passiert-mit-dir-wenn-du-Facebook-loeschst. html, abgerufen am 6. Februar 2019.

68 KL Krems (2018): https://www.kl.ac.at/news/psychologische-interventions-studie-schon-kurzfristiger-verzicht-auf-social-media-fuehrt-zu-entzugs-erscheinungen, abgerufen am 6. Februar 2019.

69 Vgl. ebd.

70 Ebd.

71 Baacke (2007), S. 62.

72 Firsching, Jan (2019): http://www.futurebiz.de/artikel/instagram-statistiken-nutzerzahlen, abgerufen am 7. Februar 2019.

73 Weinert (2019), S. 22.

74 Meineck, Sebastian (2017): http://www.spiegel.de/netzwelt/web/instagram-likes-und-follower-kaufen-ein-insider-berichtet-a-1183106.html, abgerufen am 7. Februar 2019.

75 Ebd.

76 *FAZ* vom 20. März 2001, S. B13.

77 Gellner/Glatzmeier (2004), S. 326.

78 Baacke (2007), S. 99.

79 Bader, Anna (2018): https://www.glamour.de/beauty/beauty-tipps/fish-gape, abgerufen am 8. Februar 2019.

80 Bourdieu, Pierre (2001): Wie die Kultur zum Bauern kommt. Hamburg, S. 19f.

81 Becker, Tai (2018): https://www.zdf.de/nachrichten/heute/whatsapp-kuenftig-erst-ab-16-100.html, abgerufen am 25. Januar 2019.

82 O. V. (2019): https://www.futurezone.de/apps/article215631093/Whats-Apps-neueste-Funktion-koennte-dir-ganz-schoen-auf-die-Nerven-gehen. html, abgerufen am 11. Februar 2019.

83 Weinert (2019), S. 48.

84 O. V. (2019): https://www.bz-berlin.de/berlin/reinickendorf/war-auf-6-

beerdigungen-wo-mobbing-ausloeser-fuer-selbstmord-war, abgerufen am 11. Februar 2019.

85   O. V. (2019): https://www.bild.de/regional/berlin/berlin-aktuell/schuelerin-11-tot-mobbing-an-dieser-schule-seit-jahren-ein-problem-59927616.bild.html, abgerufen am 11. Februar 2019.

86   O. V. (2019): https://www.klicksafe.de/themen/kommunizieren/cyber-mobbing/cyber-mobbing-was-ist-das, abgerufen am 11. Februar 2019.

87   Baacke (2007), S. 62.

88   Vgl. Grice, Herbert Paul (2000): Logik und Konversation (1975). In: Hoffmann, Ludger (Hrsg.): *Sprachwissenschaft. Ein Reader.* Berlin, New York, S. 163–182, hier S. 168.

89   Steinlechner, Peter (2018): https://www.golem.de/news/c-c-rivals-ange-spielt-tiberium-fuer-unterwegs-1812-138085.html, abgerufen am 13. Februar 2018.

90   Ebd.

91   Weinert, Frederik (2013): Gamersprache. In: Koch, Günter (Hg.): *Sprachminderheit, Identität und Sprachbiographie.* Regensburg, S. 233–254, hier S. 233.

92   Weinert (2019), S. 33.

93   O. V. (2019): https://www.pnp.de/lokales/stadt_und_landkreis_passau/passau_land/3228354_Nigeria-Connection-Rentnerin-ueberweist-mehrere-100.000-Euro.html, abgerufen am 20. Februar 2019.

94   Vgl. *100 % Jugendsprache* (2014): Hrsg. von Langenscheidt. München.

95   Ansorge, Katrin (2014): https://www.horizont.net/medien/nachrichten/Bravo-Titel-130188, abgerufen am 20. Februar 2019.

96   Laurenz, Nike (2018): http://www.spiegel.de/lebenundlernen/schule/heppenheim-schueler-montieren-gesichter-ihrer-lehrer-in-pornos-a-1240794.html, abgerufen am 20. Februar 2019.

97   Vgl. ebd.

98   Kloock, Daniela / Spahr, Angela (2012): *Medientheorien. Eine Einführung.* 4. Aufl. Paderborn, S. 50.

99   Ebd.

100   Vgl. ebd., S. 51.

101   Vgl. ebd., S. 50 sowie Freud, Sigmund (1972): *Das Unbehagen in der Kultur.* Frankfurt am Main.

102   Gehlen, Arnold (1986): *Anthropologische und sozialpsychologische Untersuchungen.* Reinbek.

103   Kloock/Spahr (2012), S. 39.

104   Ebd., S. 48.

105 McLuhan, Marshall (1992): *Die magischen Kanäle. „Unterstanding Media".* Düsseldorf/Wien (ursprünglich 1968), S. 18.

106 McLuhan, Marshall / Fiore, Quentin (2016): *Das Medium ist die Massage.* 4. Auflage. Stuttgart.

107 Kloock/Spahr (2012), S. 44.

108 McLuhan (1992), S. 59.

109 Kloock/Spahr (2012), S. 51.

110 Ebd., S. 73.

111 Vgl. Baudrillard, Jean (1989): Videowelt und fraktales Subjekt. In: Ars Electronica (Hrsg.): *Philosophien der neuen Technologie.* Berlin, S. 113–133, hier S. 125.

112 Kloock/Spahr (2012), S. 71.

113 Vgl. McLuhan (1992), S. 399.

114 Kloock/Spahr (2012), S. 75.

115 https://www.youtube.com/watch?v=8IBgT0Eh-AA, abgerufen am 23. Februar 2019.

116 Weinert (2019), S. 44.

117 Androutsopoulos, Jannis (2001): Von *fett* zu *fabelhaft*: Jugendsprache in der Sprachbiografie. In: Gessinger, Joachim / Sachweh, Svenja (Hrsg.): *Sprechalter.* Oldenburg, S. 55–78, hier S. 66.

118 Vgl. Oerter, Rolf / Dreher, Eva (2008): Jugendalter. In: Oerter, Rolf / Montada, Leo (Hrsg.): *Entwicklungspsychologie.* 6. Aufl. Weinheim, Basel, S. 271–332, hier S. 272.

119 Weinert (2019), S. 34.

120 Baacke (2007), S. 65.

121 Vgl. Bandura, A. / Ross, D. / Ross, S. A. (1963): Stellvertretende Bekräftigung und Imitationslernen. In: Hofer, M. / Weinert, F. E. (Hrsg.), *Pädagogische Psychologie. Grundlagentexte 2: Lernen und Instruktion.* Frankfurt am Main, S. 61–74.

122 Vgl. ebd.

123 Tulodziecki, Gerhard / Herzig, Bardo (2004): *Handbuch Medienpädagogik. Band 2: Mediendidaktik.* Stuttgart, S. 131 f.

124 Ebd., S. 132.

125 Vgl. Mietzel, G. (1998): *Pädagogische Psychologie des Lernens und Lehrens.* 5. Aufl. Göttingen, S. 165 f.

126 Tulodziecki/Herzig (2004), S. 131.

127 Ebd., S. 132.

128 Vgl. Herzig, B. / Mütze, Ch. / Greiff, S. (1995): *Drehbuch für eine Hyperme-*

dia-Arbeitsumgebung zum sozialen Lernen. Entwurf. Paderborn: Universität-GH, FB2.

129 Berg, Christa (1991): *Kinderwelten.* Frankfurt/Main, S. 107.

130 Vgl. Baacke (2007), S. 63.

131 Weinert (2019), S. 32.

132 Ebd., S. 34.

133 https://www.duden.de/rechtschreibung/Wildnis, abgerufen am 24. März 2019.

134 https://www.youtube.com/watch?v=k0dW5baYrSU, abgerufen am 24. März 2019.

135 Michelsen, Jan / Kochinky, Dennis (2019): https://www.computerbild.de/artikel/cb-News-Internet-Momo-Challenge-WhatsApp-Horror-Gefahr-23080987.html, abgerufen am 24. März 2019.

136 Ebd.

137 Schulze (1997) , S. 150.

138 Vgl. ebd.

139 Ebd., S. 151.

140 Ebd., S. 153.

141 Vgl. ebd., S. 151.

142 Vgl. ebd., S. 153.

143 Ebd.

144 Ebd.

145 Ebd., S. 152.

146 https://www.bravo.de/dr-sommer, abgerufen am 24. April 2019.

147 O. V. (2019): https://www.pnp.de/lokales/stadt_und_landkreis_passau/passau_stadt/3251249_Mann-missbraucht-neun-Maedchen-per-WhatsApp-und-Instagram.html, abgerufen am 26. März 2019.

148 Ebd.

149 Vgl. Klovert, Heike / Kaufmann, Matthias (2016): http://www.spiegel.de/lebenundlernen/schule/jugend-studie-so-denken-junge-menschen-in-deutschland-a-1089407.html, abgerufen am 26. März 2019.

150 https://www.duden.de/rechtschreibung/exoterisch, abgerufen am 26. März 2019.

151 https://www.duden.de/rechtschreibung/elitaer, abgerufen am 26. März 2019.

152 Vgl. Weinert (2019), S. 82 f.

153 Weinert (2019), S. 49.

154 O. V. (2019): https://www.pnp.de/nachrichten/bayern/3115018_Spass-aus-Langeweile-Junge-bietet-Freund-im-Internet-zum-Verkauf-an.html, abgerufen am 27. März 2019.

155 O. V. (2018): https://www.pnp.de/lokales/stadt_und_landkreis_passau/hauzenberg/3010101_Schlechter-Scherz-muendet-in-Anzeige-wegen-Noetigung.html, abgerufen am 27. März 2019.

156 Ebd.

157 cp (2019): https://www.pnp.de/lokales/stadt_und_landkreis_passau/passau_land/3271981_Fetischist-missbraucht-Kinder-via-Handy-Bewaehrungsstrafe-und-Therapie.html, abgerufen am 27. März 2019.

158 pnp (2019): https://www.pnp.de/lokales/landkreis_freyung_grafenau/waldkirchen/3247588_16-Jaehriger-faellt-bei-Facebook-auf-Heirats-schwindlerin-rein.html, abgerufen am 27. März 2019.

159 Vgl. ebd.

160 https://www.duden.de/rechtschreibung/Freundschaft, abgerufen am 28. März 2019.

161 Zimmermann, Sarah (2013): https://www.spektrum.de/news/die-gesetze-der-freundschaft/1190912, abgerufen am 28. März 2019.

162 Ebd.

163 Weinert (2019), S. 37.

164 https://www.bitkom.org/Presse/Presseinformation/Kinder-und-Jugend-liche-zocken-taeglich-rund-zwei-Stunden.html, abgerufen am 24. Februar 2019.

165 Ebd.

166 Vgl. Weinert (2013).

167 Neumaier, Rudolf (2013): Bierbuff und anderer Zauber. In: *Süddeutsche Zeitung* vom 7. August 2013, S. 12.

168 Weinert (2013), S. 235.

169 Von Lieben, Mathias (2018): https://www.deutschlandfunk.de/e-sport-im-bundestag-ein-gutes-zeichen-fuer-die-games.890.de.html?dram:article_id=432822, abgerufen am 25. Februar 2019.

170 Ebd.

171 Vgl. ebd.

172 Vgl. Löffler, Heinrich (2010): *Germanistische Soziolinguistik*. 4., neu bearbeitete Aufl. Berlin, S. 114.

173 Vgl. Thimm, Caja (2000): *Alter – Sprache – Geschlecht. Sprach- und kommunikationswissenschaftliche Perspektiven auf das höhere Lebensalter.* Frankfurt am Main, S. 215.

174 Löffler (2010), S. 114.

175   Vgl. Steinig, Wolfgang (1986): *Soziolekt und soziale Rolle*. 2. Aufl. Hamburg, S. 149.

176   Kubczak, Hartmut (1979): *Was ist ein Soziolekt? Überlegungen zur Symptomfunktion sprachlicher Zeichen unter besonderer Berücksichtigung der diastratischen Dimension*. Heidelberg, S. 129.

177   Weinert (2013), S. 240.

178   Weinert, Frederik (2018): *Die Sprache der Rechten. Wie wir täglich manipuliert werden*. Baden-Baden, S. 185.

179   O. V. (2017): http://www.buffed.de/World-of-Warcraft-Spiel-42971/Kolumnen/Goldhain-erotisches-RP-1239473, abgerufen am 1. März 2019.

180   O. V. (2011): http://www.spiegel.de/netzwelt/web/spieler-verspottet-rtl-entschuldigt-sich-fuer-gamescom-beitrag-a-782546.html, abgerufen am 3. März 2019.

181   https://www.duden.de/rechtschreibung/zergen, abgerufen am 5. März 2019.

182   O. V. (2018): https://www.huffingtonpost.de/entry/tinder-user-nutzen-app_de_5b05874be4b0784cd2b09320, abgerufen am 6. März 2019.

183   https://www.gutefrage.net/frage/wieviele-matches-habt-ihr-bei-tinder-ca, abgerufen am 6. März 2019.

184   Busch, Wilhelm (1963): *Lustige Wilhelm Busch Sammlung*. München, S. 10, 12, 14, 15.

185   Schumann, Susanne (2019): https://www.brigitte.de/liebe/singles/breadcrumbing--fieseste-dating-masche-ever--11543612.html, abgerufen am 13. März 2019.

186   Vgl. ebd.

187   Baur, Susanne (2018): https://www.instyle.de/lifestyle/tinder-beziehungen-halten-laenger, abgerufen am 13. März 2019.

188   O. V. (2016): https://www.vip.de/cms/hauptsache-alessio-geht-s-gut-so-scherzen-promis-und-netzgemeinde-ueber-den-sohn-von-sarah-und-pietro-4049886.html, abgerufen am 16. März 2019.

189   Weeber, Karl-Wilhelm (1999): *Panem et circenses. Massenunterhaltung als Politik im antiken Rom*. Mainz, S. 48.

190   Ebd., S. 3.

191   Janich, Nina (2005): *Werbesprache. Ein Arbeitsbuch*. 4. Aufl. Tübingen, S. 174.

192   Vgl. Busch, Albert / Stenschke, Oliver (2008): *Germanistische Linguistik*. 2. Aufl. Tübingen, S. 241.

193   Baacke (2007), S. 89.

194   Vgl. Busch/Stenschke (2008), S. 221.

195   Vgl. ebd., S. 220.

196   https://virtual.bundesliga.com, abgerufen am 28. März 2019.

197 Van Göns, Hauke (2019): https://www.sport1.de/esports/counter-strike-go/2019/03/cs-go-brollan-sergej-und-co-mit-16-jahren-counter-strike-star, abgerufen am 28. März 2019.

198 Rasche, Marco (2019): https://www.spieleratgeber-nrw.de/Playerun-knowns-Battlegrounds.5209.de.1.html, abgerufen am 28. März 2019.

199 O. V. (2017): https://www.dw.com/de/welches-game-hat-das-zeug-zum-esport/a-40306434, abgerufen am 28. März 2019.

200 Ebd.

201 Mittler, Dietrich (2019): https://www.sueddeutsche.de/bayern/gesund-heit-mit-dem-motorrad-durch-die-geriatrie-1.4386745, abgerufen am 29. März 2019.

202 O. V. (2019): https://www.barmer.de/gesundheit/praevention/individuel-le-gesundheit/senioren-aktiv-25746, abgerufen am 29. März 2019.

203 Mittler, Dietrich (2019): https://www.sueddeutsche.de/bayern/gesund-heit-mit-dem-motorrad-durch-die-geriatrie-1.4386745, abgerufen am 29. März 2019.

204 Vgl. ebd.

205 Ärzteblatt (2015): https://www.aerzteblatt.de/nachrichten/61381/Video-spielen-schult-die-Reflexe, abgerufen am 29. März 2019.

206 Weiler, Julia (2017): https://idw-online.de/de/news681963, abgerufen am 29. März 2019.

207 https://bluebrainclub.de/login#teacher, abgerufen am 29. März 2019.

208 Schütz, Felix (2019): http://www.pcgames.de/Steam-Software-69900/News/Vergewaltigung-BPjM-Jugendschutz-Steam-Valve-1278517, abgerufen am 29. März 2019.

209 Ebd.

210 O. V. (2019): https://sportbild.bild.de/fifa-19/2019/e-sport/kein-fifa-coins-verkauf-in-belgien-59875504.sport.html, abgerufen am 29. März 2019.

211 Ebd.

212 Ebd.

213 Lo Zito, Fabio (2015): https://press.innogames.com/forge-of-empires-spielt-mehr-als-100-millionen-euro-ein#, abgerufen am 29. März 2019.

214 FoETipps (2018): https://www.youtube.com/watch?v=jiSqQ4ch5x4, abgeru-fen am 29. März 2019.

215 https://www.mmooftheyear.com/hall-of-fame/2013, abgerufen am 29. März 2019.

216 https://www.gutefrage.net/frage/forge-of-empire-fuer-kids, abgerufen am 30. März 2019.

217 Denk, Hubert (2018): http://www.buergerblick.de/nachrichten/15-jaehri-ger-berufsschueler-stirbt-nach-pruegelei-a-0000031932.html, abgerufen am 30. März 2019.

218 tis (2014): https://www.pnp.de/lokales/stadt_und_landkreis_passau/passau_land/1544394_Sex-vor-Diskothek-in-Aicha-Schaulustige-filmen-Paerchen.html, abgerufen am 30. März 2019.

219 DAK (2019): https://www.dak.de/dak/gesundheit/internetsucht-1713176.html, abgerufen am 31. März 2019.

220 DAK (2019): https://www.dak.de/dak/gesundheit/internetsucht-symptome-erkennen-1713216.html, abgerufen am 31. März 2019.

221 https://www.duden.de/rechtschreibung/Avatar, abgerufen am 31. März 2019.

8/19